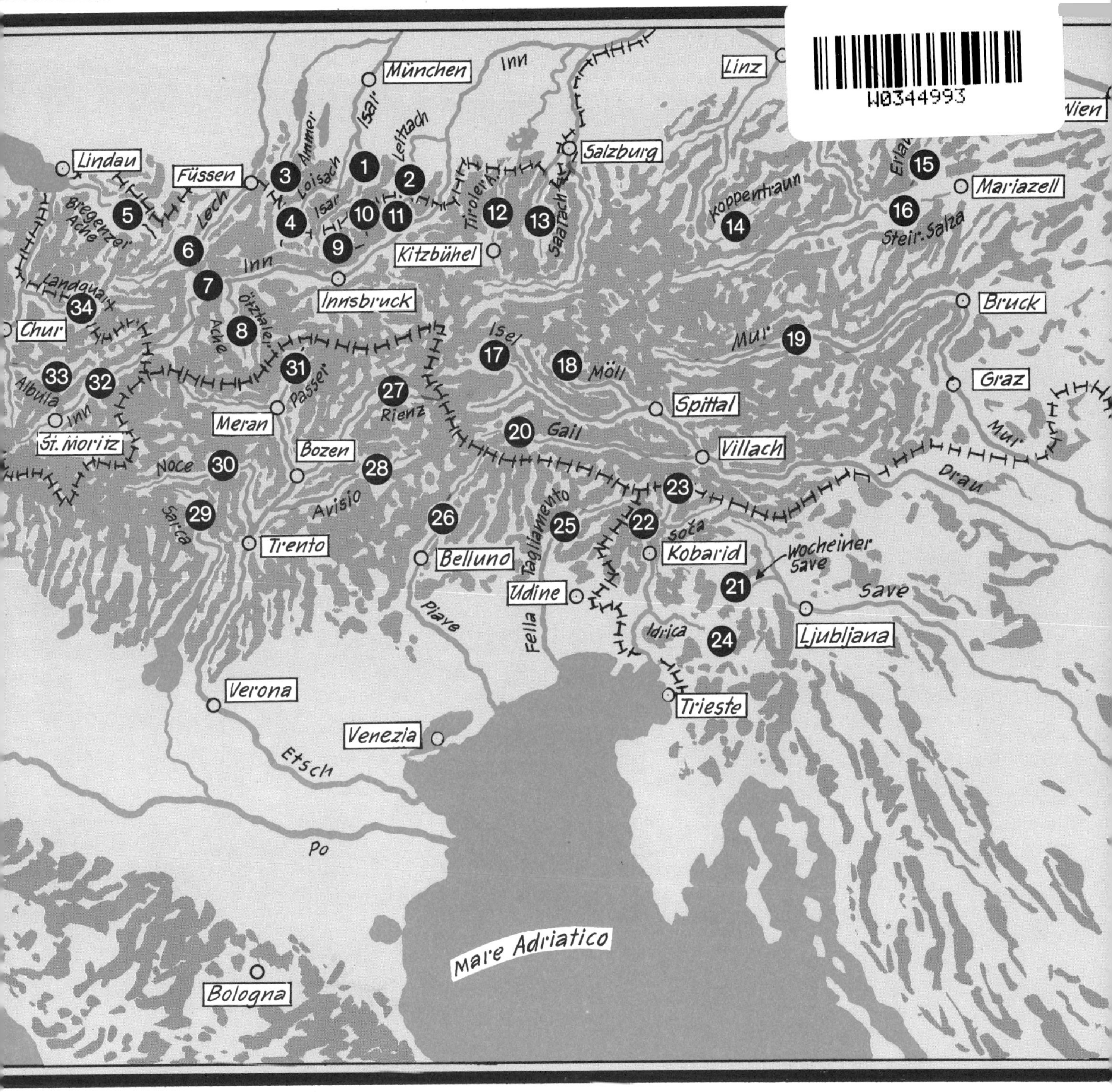

Italien
25 Fella/Tagliamento
26 Piave
27 Rienz
28 Avisio
29 Sarca
30 Noce
31 Passer

Schweiz
32 Inn/Engadin
33 Albula
34 Landquart
35 Vorderrhein
36 Simme
37 Saane
38 Große Emme
39 Kleine Emme

Frankreich
40 Durance
41 Ubaye
42 Var
43 Vesubie
44 Verdon
45 Eyrieux
46 Ardèche
47 Chassezac
48 Chapeauroux
49 Allier
50 Tarn

Robert Steidle

Wildwassertouren in den Alpen

Robert Steidle

Wildwassertouren in den Alpen

BLV Verlagsgesellschaft
München Wien Zürich

CIP-Kurztitelaufnahme der Deutschen Bibliothek

Steidle, Robert:
Wildwassertouren in den Alpen / Robert Steidle.
[Zeichn.: Hellmut Hoffmann]. – München, Wien,
Zürich: BLV Verlagsgesellschaft, 1980.
(BLV Kombi-Wildwasserbuch)
ISBN 3-405-12011-X

Schriftliche und bildliche Darstellungen dieses Werkes erfolgten nach bestem Wissen und Gewissen des Autors. Das gleiche gilt auch für Herrn Eugen Dorner, der die Befahrbarkeit folgender Flüsse recherchierte: Kleine und Große Emme, Simme, Saane, Vorderrhein. Die Befahrung der Flüsse nach diesen Vorschlägen geschieht auf eigene Gefahr. Eine Haftung kann nicht übernommen werden.

Zeichnungen: Hellmut Hoffmann, München

Satz und Druck: Passavia Passau
Bindung: Grimm & Bleicher, München
Printed in Germany · ISBN 3-405-12011-X

Erläuterung der Kartensymbole

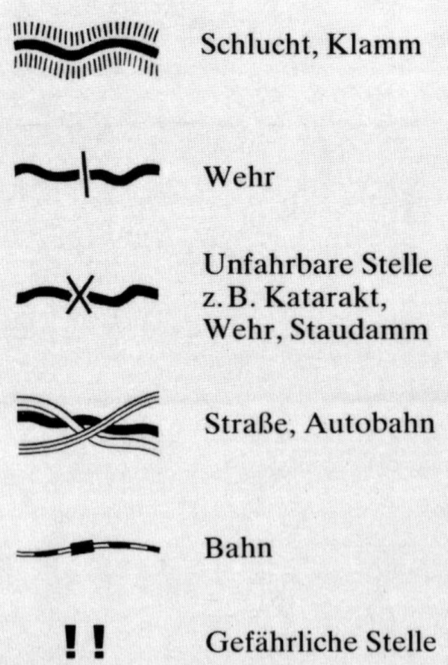

Foto Seite 2/3: Auf der Steierischen Salza (siehe Tour 16).

Bildverzeichnis

Gerhard Broszeit: Seite 12.
Eugen Dorner: Seite 113, 114, 115, 117, 119, 120, 122, 125, 126.
Marion Steidle: Seite 37, 128.
Robert Steidle: Seite 7, 14, 15, 17, 19, 21, 25, 27, 29, 30, 32, 33, 35, 36, 41, 42, 43, 45, 47, 48, 49, 51, 53, 54, 55, 57, 59, 60, 61, 63, 65, 66, 67, 69, 71, 72, 74, 75, 76, 78, 79, 81, 83, 84, 85, 87, 91, 93, 95, 96, 103, 105, 123, 127, 135, 143, 144, 149, 150, 156, 158, 159.
Ulla Steidle: Seite 11, 18, 23, 24, 39, 89, 97, 99, 101, 102, 107, 108, 109, 110, 129, 132, 134, 137, 138, 140, 141, 145, 147, 152, 153, 155.

Inhaltsübersicht

Deutschland

Österreich

Jugoslawien

Italien

Schweiz

Frankreich

Am Ausgang der Kaiserklamm der Brandenberger Ache in Tirol.

Einführung

Anfangs waren wir noch unverbesserliche Idealisten. Wir sagten, wir beschreiben in diesem Buch nur Flüsse, die so schön sind, daß man am liebsten darin baden möchte, die so einsam sind, daß man nicht weiß, soll man weiterpaddeln oder einen Tag auf einer Sandbank oder von der Sonne aufgewärmten Felsplatte vertrödeln.

Außerdem waren wir der Meinung, die Umgebung der 50 »Traumflüsse« müsse noch so intakt sein, daß man ohne weiteres eine Woche oder länger Urlaub machen könne, ohne von den sogenannten Segnungen der Zivilisation ereilt zu werden.

So machten wir uns auf die Suche, fuhren einige zigtausend Kilometer kreuz und quer durch die Alpen und waren nicht bereit, Zugeständnisse zu machen. Schließlich hatten wir die 50 Touren beisammen, ausgewählt nach den erwähnten Maßstäben. Obendrein sollte die Befahrung Spaß machen, sich im Rahmen des Möglichen halten und zumindest im Durchschnitt nicht über WW IV hinausgehen und möglichst lange über die Saison realisierbar sein.

Dabei kam der Gesichtspunkt dazu: warum nicht auch Flüsse mit hereinnehmen, an denen mancher bisher achtlos und ahnungslos vorüberfuhr? So verfielen wir auf den herrlichen Noce, die ebenso reizvolle Sarca und den völlig übersehenen Avisio. Dafür mußten wir zum Beispiel die Malta, die Lieser und die obere Drau, den Eisack und einige andere Flüsse von der Liste streichen.

Es soll nicht verheimlicht werden, daß diese vierjährige Bestandsaufnahme auch sehr viele Enttäuschungen mit sich brachte. Vor allem über die Differenz zwischen den allenthalben gemachten Versprechungen der Verantwortlichen, für eine saubere und lebenswerte Umwelt zu sorgen einerseits, und der rapiden Zunahme von Zerstörungen an Flußlandschaften andererseits, wobei der Zynismus derer, die sich die Paradiese per Jet in Übersee einverleiben, nicht zu übersehen ist.

Mancher leidenschaftliche Wildwasserfahrer mag den Vorwurf erheben, daß das weitere Anheizen dieses Sports nur dahin führen könne, wo man beim Skifahren heute gelandet ist.

Davon kann beileibe keine Rede sein, ja umgekehrt, während der alpine Skilauf eine nicht mehr bestrittene Phase der Destruktion der Bergwelt eingeleitet hat, ist vom Wildwasserfahren eher das Gegenteil zu erwarten.

Eines Tages, so unsere Hoffnung, werden so manche Flüsse, die heute ohne Wasser oder als Kanal den Naturfreund schockieren, renaturiert werden, vielleicht in Form von Wildwasserparks, wobei die wiederhergestellte Natur zum Fremdenverkehrsfaktor werden könnte. Ich denke da an die in trostlosem Zustand befindliche Mangfall zwischen Tegernsee und Westerham, dann die Leitzach von Leitzach bis Westerham, an die Isar von Icking bis Freising ... Die Zahl der zu regenerierenden Flüsse ist groß genug, um diesen Gedanken unter den verschiedensten Aspekten weiterzuverfolgen und zu realisieren. Provokative Gedanken, meinetwegen, wir wollen auch kein Disney-Land für Wildwasserfahrer, doch jeder die Einsamkeit Liebende sollte daran denken, daß hier Kompromisse besser sind als die weiterschreitende Zerstörung.

Beim Studium der Schwierigkeitsgrade wird sich mancher wundern, wenn er etwa beim Lech ab Steg WW II liest. Dazu einige Bemerkungen: In den Anfängen des Sports wurde Wildwasser eher gelegentlich von Wanderfahrern bezwungen, sei es, weil keine andere Wahl blieb, sei es, weil das Problem reizte. Heute hat sich seit dem Siegeszug des Kunststoffbootes der typische Wildwasserfahrer entwickelt, dessen Hauptbeschäftigungsfeld das Wildwasser ist, zumeist mittleres bis schweres. Infolge dessen hat sich die Schwierigkeitsskala erheblich verlagert, so daß eine Wildwasserstrecke, die 1960 als WW IV galt, heute oft als WW II angesehen werden muß.

Neben der Verlagerung des Betätigungsfeldes hat sich die gesamte Ausrüstung laufend fortentwickelt und in den meisten Punkten tatsächlich verbessert. Ich denke da an die Festigkeit und die Fahreigenschaften moderner Wildwasserboote, verglichen mit denen von Faltbooten. Dazu kam die Entstehung von speziellen Lehrmethoden und spezialisierten Wildwasserschulen, insbesondere im Süden Deutschlands, so daß insgesamt heute vom guten Fahrer am Sonntagnachmittag gefahren wird, was zehn Jahre zuvor als blanker Wahnsinn abgetan wurde.

Gleichzeitig mit dem Verschieben um mehrere Grade mußte mit einer alten Wanderfahrertradition gebrochen werden, nämlich den Fahrtanweisungen; denn auf echtem Wildwasser ist es sinnlos und lebensgefährlich, einer detaillierten Angabe zu vertrauen. Man kann sich nur anregen lassen. Vertrauen kann man nur dem, was man (äußerst kritisch) unmittelbar vor der Befahrung mit eigenen Augen gesehen hat. Danach muß man seine Entscheidungen treffen und nicht danach, ob etwa irgendwo steht, wie ein bestimmter Abschnitt zu befahren sei. Wer garantiert denn die Richtigkeit von detaillierten Angaben, wenn ein Hochwasser oder ein anderer Eingriff das Flußbett entscheidend verändert hat.

Dazu kommt, was englische Bergsteiger schon lange erkannt haben: Detaillierte Anleitungen nehmen demjenigen, der eine Tour nachvollzieht, einen großen Teil des Abenteuers. Das »Wie« herauszufinden, sich an Ort und Stelle zu informieren und die Entscheidung zu fällen, das gehört ja gerade zu den elementaren Freuden des Wildwassersports.

Um andererseits die Problematik der Wildwasserskala ganz allgemein zu entschärfen, wurden einige objektive Daten eingeführt, die vergleichbar sind:

1. das Gefälle auf 1000 Meter bezogen
2. die geschätzte Wassermenge, bezogen auf einen angegebenen Pegel, die sich rechnerisch folgendermaßen ergibt: Flußtiefe × Breite × Wassergeschwindigkeit in Metern pro Sekunde

3. der Hinweis, ob der Fluß durch eine Klamm läuft, die Ufer also nicht begehbar sind oder ob beispielsweise in einer Schlucht die Ufer begangen werden können.

Die Bewertung der Flüsse fand übrigens während und sofort nach der Fahrt statt, so daß die Gefahr vermieden wurde, schon Bekanntes zu leicht einzuordnen. Um das Dilemma der Wildwasserskala weiterhin zu entschärfen, wurden nach Möglichkeit vergleichbare Touren aufgeführt.

Die Wildwasser-Schwierigkeitsgrade

Wie beim Klettern sind beim Wildwassersport Schwierigkeitsgrade gebräuchlich, um dem Sportler eine Vorstellung von den bevorstehenden Schwierigkeiten zu ermöglichen. Dabei taucht das Problem auf, dem völlig verschiedenen Charakter von Wildflüssen mit Wasserwucht einerseits und Verblockungen andererseits in einem Schwierigkeitskatalog gerecht zu werden.

WW I leicht
Gelegentlich kleine Schwälle mit niedrigen und regelmäßigen Wellen. Die zweckmäßige Fahrbahn ist leicht zu erkennen. Ihre Einhaltung wird durch einfache Hindernisse wie Sandbänke, Brückenpfeiler und dergleichen erschwert.

WW II mittelschwer
Häufige Schwälle, Wellen meist noch regelmäßig, leicht überwindbare Wirbel und Kehren. Zweckmäßige Fahrbahn im allgemeinen noch leicht zu erkennen. Leichte und mittelschwere Floßgassen.

WW III schwer
Zahlreiche Schwälle mit hohen, unregelmäßigen Wellen, Brechern, Wirbeln und Kehrwassern. Zweckmäßige Fahrbahn nicht immer leicht zu erkennen. Schwierige Floßgassen.

WW IV sehr schwer
Lang ausgedehnte Schwallstrecken mit hohen, unregelmäßigen Wellen, schwierigen Brechern, schwierigen Wirbeln und scharfen Kurven.
Zweckmäßige Fahrbahn schwer zu erkennen, vorherige Besichtigung wird empfohlen. Schwierigste Floßgassen (Sturzhelm und Schwimmweste sind Pflicht). Für Faltboot-Zweier nicht mehr geeignet.

WW V überaus schwer
Lange, durchgehende Schwallstrecken mit schwierigen, ganz unregelmäßigen Brechern, die durchfahren werden müssen. Schwierigste Kehren- und Wirbelbildungen, außerordentliche Strömungsgeschwindigkeit. Vorherige Besichtigung unerläßlich. Sturzhelm und Schwimmweste sind Pflicht.

WW VI äußerst schwer
Steigerung aller genannten Schwierigkeiten bis an die Grenze des heute zu Bewältigenden.

Bemerkungen
Wenn ein Fluß auf kurzen, leicht durch Umtragen zu vermeidenden Stellen höhere Schwierigkeitsgrade hat, so können diese als Fußnote der Schwierigkeitsangabe angehängt werden (z. B. WW II_4).
Auf folgende Punkte möchte ich besonders hinweisen:

Grundsätze beim Wildwasserfahren

- Gehen Sie niemals allein auf ein Wildwasser oder zum Trainieren.
- Fahren Sie nie Wildwasser, wenn Sie nicht gesund sind.
- Trainieren Sie die Wildwassertechnik, -manöver und -taktik, bevor Sie auf einen Wildfluß gehen.
- Lernen Sie Schwimmen und Tauchen.
- Lernen Sie Rettungsschwimmen, Erste Hilfe und Wiederbelebung.
- Gehen Sie nur mit einer Ausrüstung, die in Ordnung ist, auf Wildwassertour.
- Schließen Sie sich nicht Wildwasserfahrern an, deren Können Sie nicht kennen.
- Fahren Sie nie einen Wildfluß, von dessen Schwierigkeiten Sie sich keine Vorstellungen machen können. Überprüfen Sie die Angaben kritisch und versuchen Sie, sich durch Vergleiche mit bekannten Flüssen ein Bild zu machen. Bedenken Sie, daß jede Wasserstandsveränderung und Hochwasser den Flußlauf und die Schwierigkeiten stark verändern können.
- Vereinbaren Sie mit den Kameraden eindeutige Zeichen, um die Verständigung zu erleichtern.
- Studieren Sie jede vom Boot aus nicht erkennbare Strecke zu Fuß am Ufer entlang, möglichst aus Paddlerperspektive. Ein Blick von weit oben herunter kann über die wahren Schwierigkeiten hinwegtäuschen.
- Fahren Sie niemals auf Verdacht, sondern auf Sicht. Auch Abschnitte, die man von früher her kennt, können inzwischen lebensgefährlich geworden sein.
- Gehen Sie allen Flußbaustellen aus dem Wege.
- Halten Sie beim Fahren immer so weit Abstand, daß genug Platz zum sicheren Landen bleibt.
- Fahren Sie jeden unbekannten Fluß zuerst wie im Training, also von Kehrwasser zu Kehrwasser. So werden Sie schneller damit vertraut.
- Das Tempo richtet sich immer nach dem Schwächsten. Gönnen Sie ihm Ruhepausen.
- Haben Sie ruhig den Mut, nein zu sagen, statt Ausrüstung, Gesundheit oder Leben aufs Spiel zu setzen.
- Jedes Wildwasser, auch WW I, erfordert mindestens die sichere Beherrschung des Abschwingens und der Seilfähre, denn hinter jeder Kurve kann die Gefahr lauern in Form von Seilen, von angespülten Bäumen, von herabfallenden Fußgängerstegen und ähnlichem.

Robert Steidle

Dank an alle,
die mich begleitet haben und mir mit Rat und Tat zur Seite standen:

Monika Bachmayer, Eugen Dorner, Erich Keller, Günther Merkle, Thomas Merkle, Alto Nürnberger, Winni Potrykus, Hans Rohde, Lisa Riedl, Bernd Schönwitz, Ursel Schönwitz, Christof Steidle, Ulla Steidle, Horst Vervoorts.

1 Isar

Leichtes Wildwasser

Deutschland
Oberbayern

Was die Ardèche für Südfrankreich, das ist die Isar für Bayern: das klassische Wildwasserrevier, auf der so mancher seine ersten Schwimmversuche im Boot unternahm.
Die Isar hat die verrücktesten Fahrzeuge gesehen und die komischsten Kenterungen. Faltboote aus der Pionierzeit, sogenannte Haderndampfer, alle Variationen rassiger Falteiner und Kunststoffboote, mögliche und unmögliche Schlauchboote. Das lustigste aber waren die »Wasserskifahrer«, nicht diejenigen, die im Schlepp eines Motorbootes hängen, sondern die zwei kleinen Schifferl, auf denen man erhaben über den Wassern steht und sich fast die Hax'n ausreißt, wenn man mit einem Bein ins Kehrwasser gerät. Ich hab's selbst probiert.
Gutmütig für den Kenner, ist die Isar für den Ahnungslosen voller Tücken. Das beginnt bald nach dem Start unterhalb des Sylvensteinsees, wo der Fluß recht ursprünglich im U-förmigen Tal dahinfließt. Begeistert und berauscht paddeln die Leute auf dem frisch erworbenen Untersatz so dahin, nicht ahnend, warum auf dem »Pavianfelsen« oder »Wanderl« ihnen die Leute so freudig voller Erwartung entgegenblicken. An sich ohne Probleme, schießt der Fluß in eine große Gumpe vor einer senkrecht zur Richtung stehenden Wand, daher der Name. Links und rechts rotieren energische Kehrwasser. In der Panik, die Wand zu rammen, drehen die Fahrer entweder das Boot zu früh ins Kehrwasser und fallen mangels Erfahrung drüber, oder sie kommen quer an die Wand und legen sich vom falschen Instinkt geleitet von dieser weg, kriegen die Strömung aufs Deck und liegen im Wasser. Und genau darauf haben die auf dem »Pavianfelsen« Sitzenden gewartet.
Nach dem »Wanderl«, wo man sich von seinem Anfängerschreck erholen kann, geht's weiter in Richtung Lenggries. Ein Wehr war früher – bei Fleck – über eine Floßgasse befahrbar; man schaut es sich

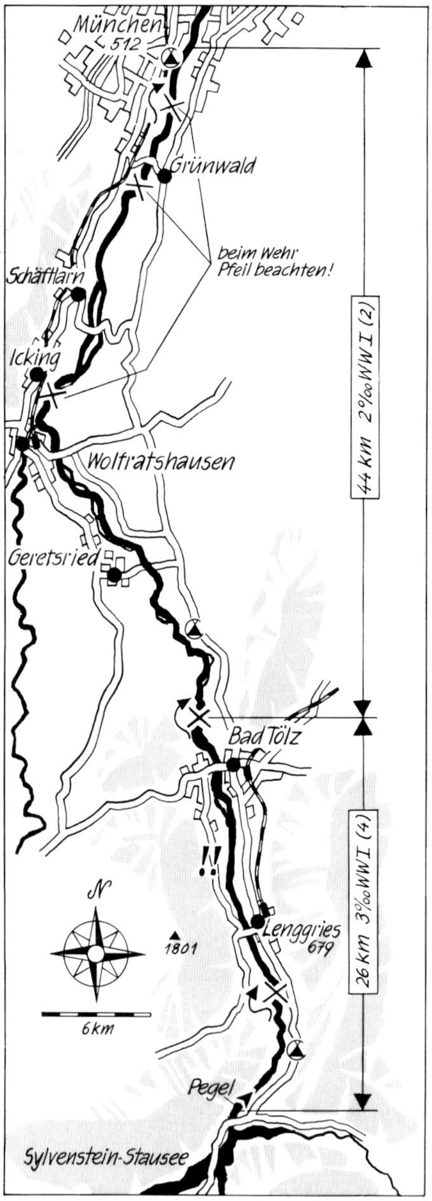

besser genau an. Später kommt der Isarkatarakt beim Wirtshaus Isarburg, ebenfalls Schauplatz meist lustig endender Kenterungen, jedoch nicht ungefährlich für den Kopf. In Bad Tölz am Stausee ist man dann schon ziemlich erledigt.
Doch der schönste Abschnitt, die Fahrt durch die Pupplinger Au, steht erst bevor. Man sollte aber vorher bei Einöd aussteigen und den sagenhaften, über den Teller hängenden Paddler-Pfannkuchen verlangen.
Bei schönem Wetter kann man irgendwo auf dem Kiesstrand übernachten; der Zeltplatz ist sowieso überfüllt. Am nächsten Morgen geht es weiter durch die Pupplinger Au, deren Auftakt man am Vorabend schon erlebt hat. Man muß sie gesehen haben, dieses Stück Flußwildnis vor den Toren Münchens, eine Rarität im gesamten Alpenraum. Im Frühjahr und bei hohem Wasser kann man bei Ikking im alten Isarbett bleiben, denn wie der Lech, die Iller, der Inn und die Loisach blieb auch die Isar nicht vor den Leuten verschont, die die Landschaft als Ware oder zumindest als etwas betrachten, was gebändigt werden muß, obwohl, wie die Bibel sagt »Gott sah, daß es gut war«.
Schließlich bietet die Isar, nachdem sie seit Tölz die Berge vollends verlassen hat, hier wieder Waldschluchten, wenn auch recht offen, doch sehr romantisch. In Münchens Floßlände dem »Idiotenhügel« vieler Kajakschüler, ist die lange, herrliche Fahrt zu Ende.
Der Weiterfahrt durch München wurden durch Stauwerke und Verbote bis Freising alle möglichen Riegel vorgeschoben. Doch wenn die Zeichen nicht trügen, wird die Stadt München irgendwann, vielleicht nicht zu spät, die Isar wieder zu einem Fluß machen, der diesen Namen verdient und der Landeshauptstadt als dem führenden Zentrum des Wildwassersports würdig ist. Vielleicht geschieht dies in Form eines Wildwasserparks à la Englischer Garten.

Das »Wanderl« an der Isar, Trainingsschwall, Badeplatz und Brotzeitstrand für Unentwegte.

Überblick

Allgemeines klassischer Wildfluß durch die letzten Ausläufer der Alpen und durch herrliche Aulandschaften, besonders in der Pupplinger Au ▪ **Gebirgsfluß; Urlaubsfluß** ▪ **Wassermenge** ca. 20 cbm/sec bei **Pegel** 270 unterhalb der Brücke unterhalb des Sylvensteinstausees ▪ **Start** an der Brücke; 1. Tagestour bis Bad Tölz, 2. Tagestour bis München ▪ **Ausbooten** an der Floßlände in München ▪ **Flußcharakter** im U-förmigen, oft sehr weiten Tal teilweise reguliert, größtenteils aber noch völlig ursprünglich im Kiesbett, leichte Schwälle, manchmal verzweigt, gelegentlich Pfosten und Blöcke im Fluß, Prallwände; bei Hochwasser in der Pupplinger Au Wildwasser-Erfahrung unbedingt notwendig; ab dem Wehr bei Ickling Weiterfahrt im Isarbett nur bei Hochwasser möglich, ansonsten im Kanal bis München ▪ **Gefälle** sehr ausgeglichen ▪ **Ufer** überall begehbar ▪ **Besondere Gefahren** Wehr bei Fleck, ansehen, Pfosten (!); Katarakt hinter Lenggries beim Gasthof Isarburg; ab Bad Tölz überhändende Bäume, Treibholz, bei Hochwasser läuft die Isar kreuz und quer durch eine Auwaldwildnis; Wehre und Stufen ab Icking ▪ **Vergleichbare Schwierigkeiten** teilweise wie am Lech ▪ **Autobegleitung** Kontaktaufnahme oft sehr schwierig ▪ **Boote** Faltboote, Kunststoffboote, Schlauchboot ▪ **Übernachtung** Zelten bei Fleck direkt am Fluß, bei Einöd direkt am Fluß, in München/Thalkirchen an der Floßlände; Hotels und Gasthöfe in Lenggries, Bad Tölz, Wolfratshausen, München ▪ **Anfahrt** München – Sylvensteinstausee, ca 80 km ▪ **Literatur** Deutsches Fluß- und Zeltwanderbuch ▪ **Karten** Bayerisches Landesvermessungsamt 1:50000, Nr. 8134, 8334 und 7934

Sehenswertes

Lenggries Bauernhöfe im Tiroler Stil mit flachen Giebeldächern

Bad Tölz pittoreske Altstadt am rechten Ufer
▪ Wellenbad »Alpamare« ▪ Jodquellenbad ▪ Wallfahrtskapelle St. Leonhard auf dem Kalvarienberg mit Blick ins Isartal

Wolfratshausen Stadtpfarrkirche St. Andreas (1484), erneuert 1619, letzte Wiederherstellung 1650

Pupplinger und Ascholdinger Au Naturschutzgebiet

München Frauenkirche (1468–1488) ▪ Asamkirche (1733) ▪ Theatinerkirche (1663–1688) ▪ Michaelskirche (1583–1597) ▪ Schloß Nymphenburg (ab 1664) ▪ Schloß Schleißheim (ab 1597) ▪ Residenz mit Schatzkammer ▪ Residenzmuseum, Werke von 9. bis 19. Jh. ▪ Altes Residenztheater (Cuvilliés-Theater) (1751/53) ▪ Alte- und Neue Pinakothek ▪ Haus der Kunst mit wechselnden Ausstellungen ▪ Bayerisches Nationalmuseum ▪ Völkerkundemuseum ▪ Stadtmuseum ▪ Deutsches Museum ▪ Tierpark Hellabrunn ▪ Englischer Garten ▪ Olympiagelände ▪ Fußgängerzone im Zentrum

Ob bei Hoch- oder Niederwasser, die Isar erlebt seit den Pionierjahren des Wildwassersports Boote in allen Variationen – vom Lastautoschlauch bis zum immer beliebter werdenden offenen Canadier.

2 Leitzach

Wildwasser mit meist geringen Schwierigkeiten

Deutschland
Oberbayern

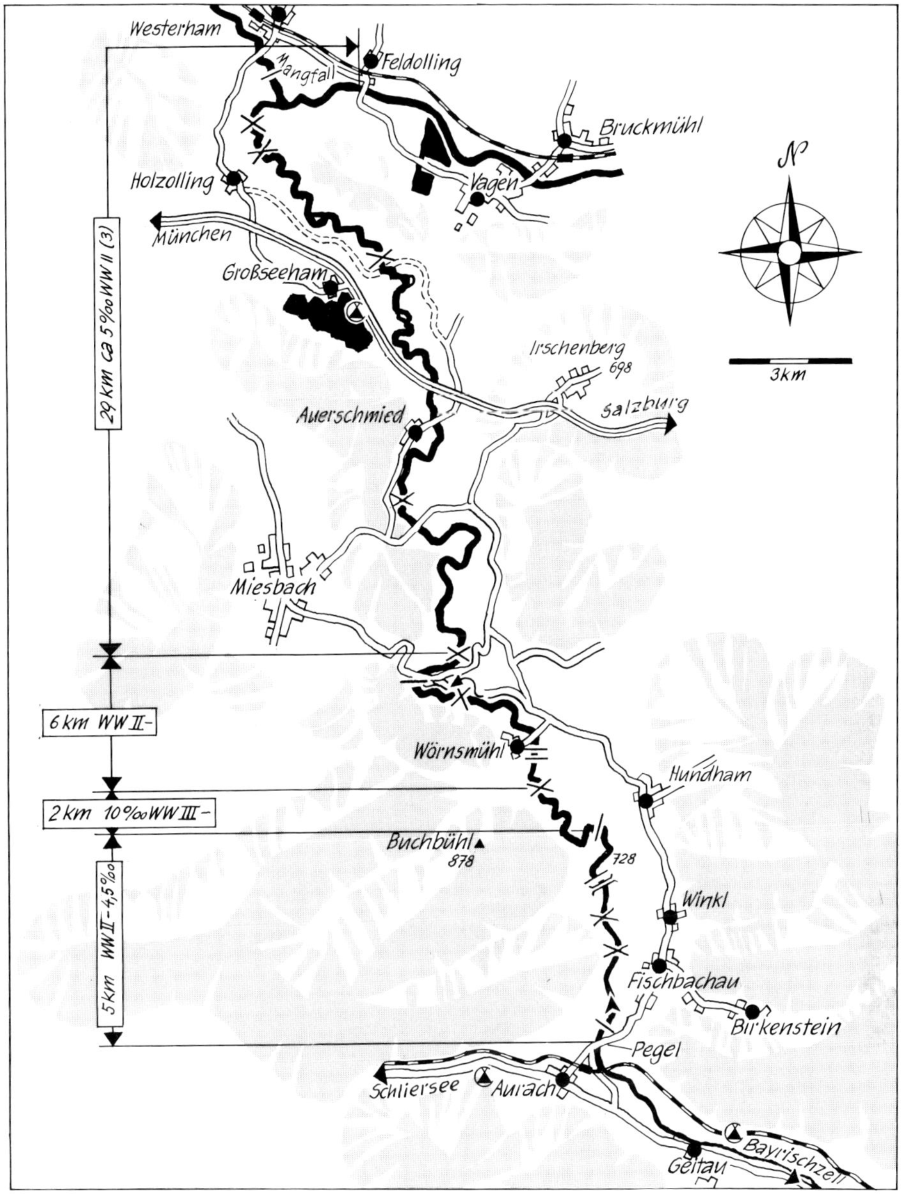

Im Frühjahr, wenn die Schmelzwasser zu Tal rauschen, kann man in den Bayerischen Voralpen eine der längsten Wildwassertouren, die hierzulande möglich sind, absolvieren, obendrein eine der schönsten.

Der Fluß heißt Leitzach und läßt sich von Bayrischzell bis nach Westerham an der Mangfall auf sage und schreibe 40 Kilometer befahren. Er hat noch einen weiteren Superlativ zu bieten, da er nämlich der von München aus am schnellsten erreichbare Wildfluß sein dürfte, auf dem man sportlich wirklich gefordert wird.

Auch nach längeren heftigen Regenfällen, wie sie uns im Alpenvorraum oft von den hartnäckigen atlantischen Tiefdruckgebieten beschert werden, läßt sich der größte Teil der Leitzach, vor allem die Strecke vom Stollen zum Seehammer See bis zur Mündung in die Mangfall befahren. Gerade dieser Abschnitt gehört dann zu den sportlich reizvollen und, was das Leitzachtal betrifft, landschaftlich hervorragenden Wildwassertouren.

Vom Start – je nach Wassermenge – bis zur Brücke bei Stauden ist der Fluß zwar zwischen Dämme gezwängt, aber die vielen niedrigen Stufen sind eine Fundgrube für den, der sich in Walzen am liebsten querliegend aufhält, wobei schon mancher mit verblüfftem Gesicht sein Boot verlassen hat.

Die Landschaft rings umher ist echt oberbayerisch. An den Nordhängen der Aiplspitz (1758 m) liegen noch die letzten Schneefelder, das flache, breite Tal läßt Raum für schöne, einzeln stehende Höfe. Ab Stauden, wo an der Brücke der Pegel zu finden ist, ändert sich der Landschaftscharakter: sanfte Hügel, zur Linken zum dichtbewaldeten Breitenberg und Schliersberg, zur Rechten zum Breitenstein aufsteigend, darunter der bekannte Wallfahrtsort Birkenstein und das ob seiner Riesenkuchen nicht weniger bekannte Winkelstüberl. Dazwischen schlängelt sich die Leitzach, anfangs noch etwas korrigiert, später wieder echtes Wildwasser, ein Anblick, der immer wieder entzückt, sogar den von Slowenien und Südfrankreich verwöhnten Kanusportler.

Der Charakter ändert sich im Drachental nach einer scharfen Linkskurve noch mehr, so daß man schließlich meinen könnte, irgendwo auf der Ammer unterhalb von Rottenbuch im Boot zu sitzen. Zwischendrin gibt es noch ein Steilwehr, ein gefährliches Kastenwehr und zwei flache Mühlenwehre zu befahren. Die Hänge steigen rechts steil vom Fluß auf, dicht bewaldet, weit weg von der Straße.

Links liegen noch immer die bewaldeten Höhen des Schliersberges.
In Wörnsmühl trifft man nach langer Fahrt zum erstenmal wieder auf eine Ortschaft am Fluß. Drei Wehre und eine hinterlistige Stufe sind zu überwinden, dabei ist beim ersten auf Beton zu achten, der im Unterwasser lauert.
Bis Leitzach geht es dann nochmal recht abwechslungsreich dahin, ein Wehr muß umgehoben werden. Bei Leitzach und ab Wasserentzug zum Seehamer See reicht der Wasserstand für die Weiterfahrt nur bei Hochwasser. Dabei geht es wieder, oft weitab von den Dörfern, durch das wunderbare Leitzachtal, später unter der Autobahn München–Salzburg hindurch und in zahllosen Kurven, teilweise verzweigt durch eine an die Pupplinger Au erinnernde Flußlandschaft mit Weiden, Kiefern, herrlichen Blumen und Schmetterlingen. Vorbei an abgerutschten Steilhängen, an den Mischwäldern der Schäffleiten und der Gnadenleiten fährt man auf einem wirklich urigen, also gar nicht so harmlosen Wildwasser dahin. Querliegende Bäume können einem am meisten zu schaffen machen. Einige in den letzten Jahren eingebaute Stufen zwingen zum Aussteigen. Es ist einsam an der Leitzach in dieser Jahreszeit und bei solchem Wetter, das für Wasserstand sorgt, während sonst schon recht viel Münchner die Kiesstrände besuchen. Wer Glück hat, sieht manchen Vogel, der anderwo schon fast ausgestorben ist.
Die gesamte Strecke Bayrischzell–Westerham ist kaum an einem Tag zu bewältigen. Am besten fährt man bei Hochwasser nur die Strecke ab Wasserentzug, der übrige Teil führt auch sonst fast immer genügend Wasser.
Zum Ausbooten ein Tip: Nach dem Erreichen der Mangfall fährt man auf dieser weiter bis zur Brücke Feldolling–Vagen, da der Ortsunkundige schwerlich per Auto die Mündung der Leitzach in die Mangfall finden wird.

Die Landschaft zwischen Achau und Wörnsmühl gehört zu den urwüchsigsten der oberen Leitzach.

Überblick

Allgemeines längste oberbayerische Wildwasserstrecke, bei Hochwasser von Bayerischzell bis Westerham, in abwechslungsreicher und teilweise einsamer Landschaft ▪ **Gebirgsfluß; Urlaubsfluß** ▪ **Wassermenge** ca. 10 cbm/sec bei Pegel 65 bei Stauden ▪ **Pegel** am Unterlauf an der Brücke zwischen Westerham und Narring; bei Pegel zwischen 50–100 fahrbar ▪ **Start** beim Pegel bei Stauden, bei mehr Wasser auch oberhalb bis Bayrischzell ▪ **Ausbooten** bei Leitzach; bei Hochwasser Weiterfahrt bis Westerham, ab hier auf der Mangfall bis zur Brücke Feldolling–Vagen ▪ **Flußcharakter** schmaler Fluß, bis zur Obermühle reguliert, aber trotzdem lohnend durch viele niedrige Stufen mit schönen Walzen dahinter, zwei hohe Stufen, die besichtigt werden müssen; ab Obermühle bis Wörnsmühl fast unberührt in herrlicher Waldschlucht, verblockt, Felsrippen, Schwälle, dann einige hohe, teilweise fahrbare Wehre und Stufen in Wörnsmühl; dann leichter, aber abwechslungsreich in breitem Flußbett bis ca 1 km vor Leitzach ein Wehr; danach ca. 200 m trocken; in Leitzach ein Wehr, bei viel Wasser eventuell fahrbar; bei Hochwasser Weiterfahrt bis zum Wehr mit Stollen zum Seehamer See; danach bis Westerham, auf weite Strecken unreguliertes Flußbett, leicht verblockt, hohe Geschwindigkeit, enge Kurven, überhängende Bäume, Treibholz, Verzweigungen, einige Stufen und Wehre die angesehen werden sollten; Mündung in die Mangfall; am besten Weiterfahrt bis Brücke Feldolling–Vagen, ▪ **Gefälle** gleichmäßig ▪ **Ufer** überall begehbar ▪ **Besondere Gefahren** Wehre, Treibholz, überhängende Bäume ▪ **Vergleichbare Schwierigkeiten** die Leitzach erfordert etwa soviel Fahrkönnen wie die Ammer ▪ **Autobegleitung** nur zwischen Wörnsmühl und Leitzach möglich ▪ **Boote** stabile Einer eventuell Zweier-Canadier ▪ **Anfahrt** von München über Miesbach, Fischbachau, Stauden, ca 70 km ▪ **Übernachtung** Zeltplätze im Leitzachtal unterhalb von Bayrischzell; Gasthöfe z.B. Miesbach, Fischbachau, Bayrischzell ▪ **Literatur** Flußführer des Bayerischen Kanuverbandes ▪ **Karten** Bayerisches Landesvermessungsamt 1:25 000 Nr. 8336 und 8136

Eine Leitzach-Befahrung ist bei ablaufendem Hochwasser besonders reizvoll, jedoch mit erhöhter Vorsicht zu genießen.

Sehenswertes

Fischbachau Kirche, die teilweise auf eine um 1100 erbaute Basilika zurückgeht, Stuckarbeiten von Wessobrunner Herkunft (1737/38)
Birkenstein Wallfahrtskirche (1709/10) ▪ Café Winkelstüberl, bekannt durch seine riesigen Kuchenportionen, große Kaffeemühlensammlung im Treppenhaus

3 Ammer

Wildwasser mit mittleren Schwierigkeiten

Deutschland
Oberbayern

Die Ammer ist Deutschlands schönstes Wildwasser. Sie fließt durch eine Voralpenlandschaft, die Bayern weit über die Landesgrenzen berühmt gemacht hat: den Pfaffenwinkel, Zentrum des bayerischen Barock mit seinem Höhepunkt, der Wieskirche.
Barock ist auch das Land, zumal im Mai, wenn von den Ammergauer Bergen die letzten Schneefelder leuchten und die Wiesen in voller Blüte stehen. Man muß dann gar nicht Wildwasser-Enthusiast sein, um sich für den Farben- und Formenreichtum zu begeistern: Seen, Moore, wild mäandrierende Bäche, Mischwälder und wenige Dörfer, sanft dahinfließende Hügel und Mulden, von der Kraft der Eiszeiten geprägt.
Herbert Rittlinger schrieb über die Ammer: »Steile Ufer lassen keinen Fußweg zu, und das Boot wird zum einzigen Mittel, in dieses Paradies einzudringen.«
Wie die Steyr und die Steierische Salza bietet die Ammer eine überraschende Vielfalt an Bodenformen und daraus resultierenden Freuden für den Paddler.

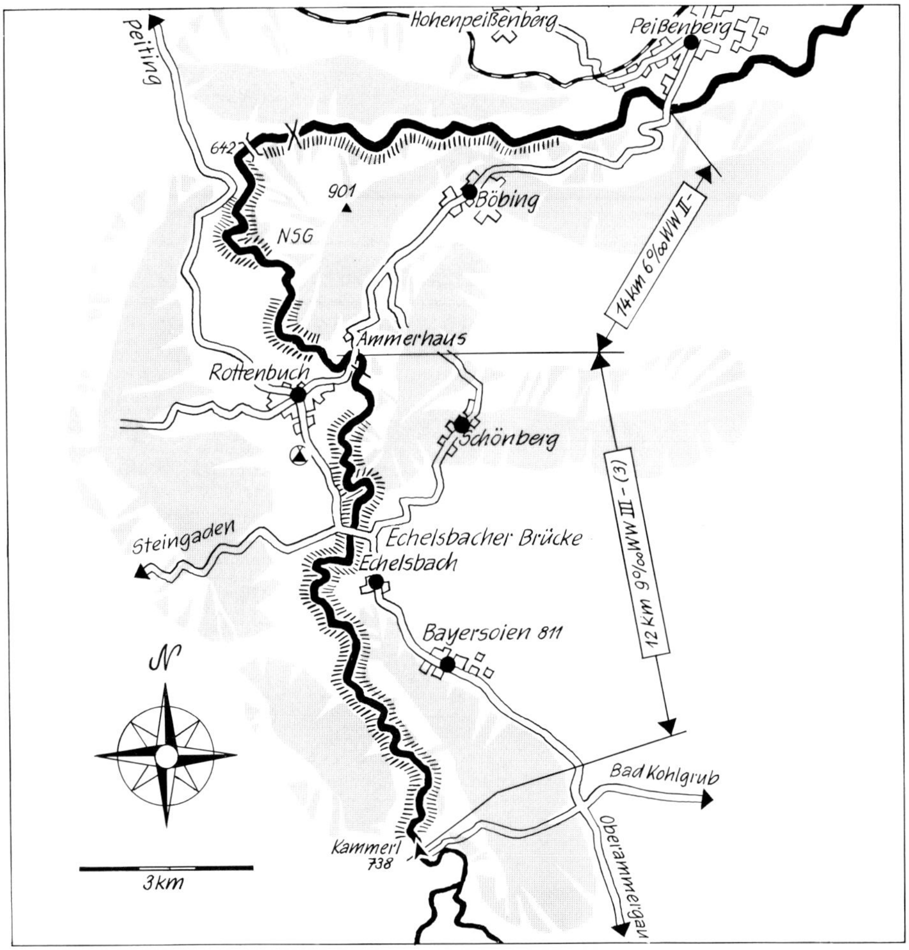

Das tief in tertiäre Molasse, das heißt Konklomeratgesteinsmassen eingegrabene Bett dieses Wildwassers steht teilweise unter Naturschutz. Es spukte, wie wäre es anders zu erwarten, einige Zeit in den Gehirnen derer, die aus allem Energie gewinnen wollen, doch scheint die Gefahr einer Zerstörung vorläufig gebannt zu sein.
Die urwaldartige Vegetation der steilen Uferhänge, die herrlichen Schleierfälle, Felsrippen, Inseln, Wasserfälle, sauberes Wasser – kein Wunder, daß bei diesem Angebot der Natur an den Wochenenden des Frühjahrs und Frühsommers der Parkplatz beim E-Werk Kammerl nicht ausreicht.
Wer die Ammer noch nie gefahren ist, höchstens etwas von einer sagenhaften »Scheibum« gehört hat, macht sich zu Fuß auf den Weg, um sich dieses Naturschauspiel anzusehen. Wer sie schon kennt, ebenso; das gehört sich anscheinend so vor einer Ammer-Befahrung. Jeder erweist ihr – der »Scheibum« – seine Reverenz. Wenn man Glück hat, kann man dann zuschauen, wie andere paddelnde Zeitgenossen das Problem lösen.
An der besagten Stelle schießt die Ammer recht steil bergab, erst nach links, dann nach rechts und zuletzt über eine schräg im Schuß stehende Rippe. Bei weniger Wasser, wenn man von der Brücke bis zur Mündung des E-Werk-Kanals schon aufsitzt, kracht es hier oft fürchterlich. Bei viel Wasser wird dagegen fleißig geschwommen. Die komplizierte Einfahrt, die Schaulustigen am Ufer, die schräge Walze, das alles ist nach nur 500 Meter Fahrstrecke einfach zu viel verlangt.
Tiefen Eindruck hinterläßt dann eine gekonnte Eskimorolle im anschließenden Kehrwasser, wobei man sich beeilen

Ablaufendes Hochwasser im »Kammerl«, dem Sammelplatz derer, die schon in der »Scheibum« gekentert sind. Hier hat man Zeit, die phantastischen Felsriegel zu bewundern.

muß, nicht kopfüber in den nächsten Schwall gespült zu werden.
Durch die »Scheibum« hindurch, hat man dann Zeit, die fantastischen Felsriegel zu bewundern. Und weiter geht's, vorbei an einem riesigen »Badestrand für Gestrandete«, vorbei an Felsrippen, Kiesbänken, über eine Naturstufe, die recht überraschend kommt und mit Herzklopfen genommen wird.
Immer wieder wartet der Fluß mit Überraschungen auf, und unter der Echelsbacher Brücke sollte man lieber auf die Ammer als auf die Leute achten, die oben winken.
Diejenigen, denen ein Stein aus der Krone fallen würde, wenn sie auf WW I gingen, steigen in Rottenbuch aus, wiederholen die Tour, was zwar lustig, aber auch eine Variante von »Kilometerfresserei« ist.
Wir lassen uns auslachen und fahren bis zur Brücke vor Peissenberg weiter. Zwar nehmen die Probleme ab, aber darüber kommt man mit den Jahren hinaus. Hier wird es ruhiger, man kann Stockenten, Flußuferläufer, die seltenen Gänsesäger und hoch über der Schlucht kreisende Bussarde beobachten. Immer wieder verzweigt sich der Fluß, fällt über Felsrippen, rauscht über breite Kiesbänke, entwurzelt Bäume und verlegt seinen Lauf. Es ist eine Wildwasser-Wildnis ohnegleichen.

Überblick

Allgemeines Deutschlands schönstes klassisches Wildwasser durch abwechslungsreiche Tertiärschluchten, fahrtechnisch sehr abwechslungsreich, sauberes Wasser ▪ **Gebirgsfluß; Urlaubsfluß** ▪ **Wassermenge** geschätzt 15 cbm/sec, wenn man von der Brücke gerade ohne Grundberührung bis zum E-Werkkanal links paddeln kann ▪ **Pegel** unbekannt ▪ **Start** an der Brücke oder am E-Werkkanal ▪ **Ausbooten** in Rottenbuch oder Peißenberger Brücke ▪ **Flußcharakter** das Flußbett ist im Gegensatz zu den vielen anderen Wildflüssen hauptsächlich geprägt durch die vielfältigen Erosionsformen im anstehenden massiven Fels, wodurch kleinere und größere Naturstufen aller Art entstanden sind; dazu kommen breite Kiesbankschwälle, leichte verblockte Durchfahrten (alle Stellen, auch »Scheibum«, sind vom Boot aus übersehbar, Ausnahme Naturwehr); die Wassergeschwindigkeit ist abgesehen von der »Scheibum« und wenigen kurzen Abschnitten relativ gering, überall ausgeprägte Kehrwasser ▪ **Gefälle** anfangs groß, relativ gleichmäßig bis auf die Bereiche der Naturstufen ▪ **Ufer** bis auf kurze Abschnitte überall begehbar ▪ **Besondere Gefahren** Anfänger und Wanderfahrer sind durch angetriebene Bäume besonders gefährdet; auch WW I und II erfordern bereits gute Fahrtechnik ▪ **Vergleichbare Schwierigkeiten** teilweise wie die Leitzach im »Drachental« und die Saalach ab Unken ▪ **Autobegleitung** nicht möglich ▪ **Boote** stabile Einer und WW-Canadier ▪ **Übernachtung** in den Naturschutzgebieten Zelten verboten; Campingplätze am Soiener See, in Saulgrub, Staffelsee; Hotels, Zimmer in Saulgrub, Bad Kohlgrub ▪ **Anfahrt** von München über Murnau, Bad Kohlgrub, Saulgrub, ca. 90 km ▪ **Literatur** van Erschel/Kopp, Wildwasserfahren heute; Bauer/Holz, Kanufahren ▪ **Karten:** Bayerisches Landesvermessungsamt 1:25000, L8330 und 8332

Sehenswertes

Wies Bayern berühmteste Barockkirche (1746)
Steingaden ehemalige Prämonstratenser-Klosterkirche St. Johann Baptist, Bau romanisch (1200) Innenausstattung barock
Echelsbacher Brücke 76 m hoch, über die Ammer
Rottenbuch romanische Kirche (12. Jh.) mit großartiger barocker Innenausstattung

Einfahrt in die »Scheibum«, eine der Schlüsselstellen der Ammer. Sie befindet sich gleich nach dem Start, wo der Fluß in schräg aufrollenden Walzen über eine Reihe von Felsrippen schießt.

4 Loisach

Mittleres, streckenweise schweres Wildwasser

Deutschland Oberbayern

Eine hervorragend entwickelte Fahrtechnik ist auf der Loisach wesentliche Voraussetzung, um heil durch das stark verblockte Wildwasser zu kommen.

Mit der Loisach machen viele Kanufahrer Münchens schon recht früh auf unfreiwillige Weise Bekanntschaft, wenn sie sich in ihren Falt-, Polyester- und Schlauchbooten von der Isar gemütlich durch die Pupplinger Au in Richtung München spülen lassen. Nichtsahnend treiben sie dahin, denken schon an die Radlermaß an der Münchner Floßlände, und ehe sie begreifen, wie ihnen geschieht, werden sie an der Mündung des Loisachkanals erfaßt und aus dem Boot gestülpt.
Ganz ähnlich, aber doch mit einer gewissen Gefaßtheit, ergeht es jährlich vielen Wildwasser-Enthusiasten, nachdem sie sich ihre ersten Lorbeeren auf der Ammer, Leitzach oder der oberen Isar geholt haben, auf der oberen Loisach in der bekannten Griesener Schlucht bei Garmisch. Die darf man sich nicht allzu dramatisch vorstellen, was ihre Tiefe und Länge betrifft, und mancher Südfrankreich- oder Jugoslawienkenner mag bei ihrem Anblick nur heimlich lächeln. Für den ehrgeizig nach mehr Schwierigkeitsgraden Strebenden jedoch kann diese Schlucht zur Hölle werden, und zahlreiche Bootsscherben, von der Loisach gnädig bis zur Unkenntlichkeit verarbeitet, geben ein aufschlußreiches Bild.
Bei Normalwasser (Pegel 120 am Gschwandsteg) setzt man vor dem Gschwandsteg am Ende der leichten Strecke unterhalb der Landesgrenze ein. Noch hat man Zeit, einen Blick auf die immer wieder begeisternde Kulisse der Zugspitze zu werfen, wie überhaupt das obere Loisachtal jedesmal schlagartig in Urlaubsstimmung versetzt.
Wie schwer die Schlucht ist, kann man am besten abschätzen, wenn man jahrelang alle möglichen anderen Wildwasser gefahren ist und die »Griesener« nicht mehr auswendig kennt.
Natürlich fehlen die Wucht der Ötztaler Ache, die Abstürze des Eyrieux oder der Brandenberger Ache und die Geschwindigkeit der Koppentraun. Aber man muß schon über eine sehr entwickelte Fahrtechnik verfügen, um die chaotisch im Flußbett liegenden Felsblöcke sauber zu umfahren. Es gibt zwar genügend Kehrwasser, so daß man sich von einem zum anderen flußab hangeln kann wie ein Gibbon durch den Urwald. Doch, ob

Kehrwasser oder nicht, man kann sich vom Boot aus an einigen Stellen nicht mehr entscheiden, wohin man sich inklusive seinem Fahrzeug wenden soll. Und im »Dom« fahren dann manche prompt in die »Garage«, nämlich dahin, wohin das meiste Wasser läuft und die Weiterfahrt unmöglich ist.
Weiter unten im »Treppenhaus« wenn man glaubt, sich daran gewöhnt zu haben, daß man vor lauter Felsen die Loisach nicht sieht, fällt der Fluß ziemlich steil nach unten. In einem Felschaos, durch das man das Boot fast auf den Zentimeter genau manövrieren muß, bildet er einen herrlichen Schwall – dem Könner ein echtes Vergnügen, dem Neuling ein Beweis, daß WW III schon außerordentlich viel Technik und Taktik verlangt. Man lasse sich durch diese Bewertung nicht verdrießen, denn WW III ist immerhin schon schweres Wildwasser.
Typisch für die Loisachschlucht ist das relativ schmale Flußbett, das manchmal gar keine Wahl der Durchfahrt zuläßt. Technisch nehmen bei sinkendem Wasserstand die Probleme zu, bei viel Wasser dagegen kann mancher Felsen überfahren werden. Aber es empfiehlt sich immer, jede unübersichtliche Durchfahrt vorher zu erkunden, denn hier liegt oft an den unmöglichsten Ecken das Treibholz – eine tödliche Falle!

Besonders schön ist die große Loisachtour mit Start ganz oben bei Ehrwald, wo der Fluß aus einer riesigen moorigen Ebene, eingebettet zwischen Zugspitze, Mieminger Kette und Grubigstein, sein Wasser bezieht.
Entlang der Straße, später weiter entfernt, schäumt und rauscht die Loisach dahin, durch lockeren Bergwald und eine wundervolle alpine Vegetation. Es ist eine schnelle, lustige Fahrt, nur eine hinterlistige Stelle »der Gumpen« sollte jedesmal neu erkundet werden. Hier schießt die Loisach nach zunehmendem Gefälle etwa 2 Meter steil nach unten. Danach wird der Fluß allmählich leichter bis zum Gschwandtsteg, dem Beginn der Loisachschlucht.
In Garmisch schließlich ist die Fahrt zu Ende. Dort ist auch der offizielle Zeltplatz, und wem das nicht genügt, der findet in Garmisch-Partenkirchen gewiß eine passende Unterkunft.

Überblick

Allgemeines technisch und landschaftlich außerordentlich reizvolles Wildwasser am Fuße des Zugspitzmassivs, ab Gschwandtsteg in einer ursprünglichen niedrigen Schlucht, meist sauberes Wasser ▪ **Gebirgsfluß; Urlaubsfluß** ▪ **Wassermenge** ca. 10 cbm/sec bei **Pegel** 120 am Gschwandtsteg. ▪ **Start** beim Pegel, bei Hochwasser (120–170) bei Ehrwald ▪ **Ausbooten** am Zeltplatz von Garmisch Partenkirchen ▪ **Flußcharakter** von Ehrwald bis zum Gschwandtsteg schneller, leicht verblockter Wildbach mit einer gefährlichen Stelle, dem »Gumpen«, der vorher besichtigt werden muß; ab Gschwandtsteg »Naturslalom« in der Griesener Schlucht; viele technisch anspruchsvolle Passagen zwischen Blöcken verschiedenster Höhe, die teilweise von Kehrwasser zu Kehrwasser befahren werden können, teilweise vor jeder Neubefahrung nach Hochwassern wegen Treibholz besichtigt werden müssen; oft enge Durchfahrten (»Schlüsselloch«, »Nadelöhr«); bei Pegel 120 mäßige Wasserwucht, bei steigen-

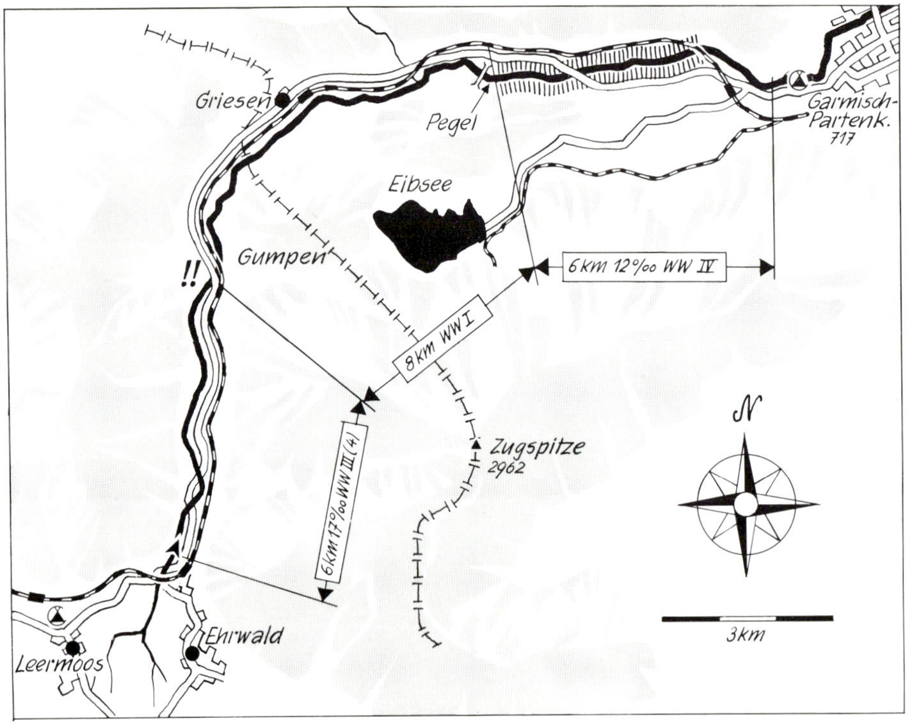

dem Wasser abnehmende technische Schwierigkeiten ■ **Gefälle** im oberen Teil ausgeglichen, ab Gschwandtsteg teilweise stufenförmig ■ **Ufer** fast überall beidseitig begehbar ■ **Besondere Gefahren** – Treibholz, z.B. im »Gumpen«, Verklemmen im Boot, zu geringer Abstand zum Vordermann; die Loisach sieht viel leichter aus als sie tatsächlich ist ■ **Vergleichbare Schwierigkeiten** keine ■ **Boote** stabile, möglichst kurze Einer-Kajaks ■ **Autobegleitung** im Prinzip möglich ■ **Übernachtung** Zelten auf dem Campingplatz an der Loisach in Garmisch-Partenkirchen; Hotels und Zimmer überall ■ **Anfahrt** von München über Garmisch-Partenkirchen, ca. 100 km ■ **Literatur** van Erschel/Kopp, Wildwasserfahren heute ■ **Karten** Freytag & Berndt 1:100000, Nr. 24

Sehenswertes

Garmisch-Partenkirchen bemalte Bauernhäuser ■ Philosophenweg von der St.-Antons-Anlage am Wank bis Farchant ■ Partnachklamm ■ Zugspitze, Deutschlands höchster Berg (2966 m) ■ Wank (1780 m) mit herrlichem Rundblick

Lermoos Pfarrkirche, Ausstattung in alpenländischem Rokoko ■ besonders schöne Lage mit Aussicht auf die Gebirgsstöcke der Zugspitze und Mieminger Kette

Diese Aufnahme, mit einem Superweitwinkelobjektiv gemacht, zeigt besonders deutlich, wie stark es auf der Loisach »um die Ecken« gehen kann.

5 Bregenzer Ache

Wildwasser mit überwiegend mittleren Schwierigkeiten

Österreich
Vorarlberg

Es gibt am Nordrand der Alpen nur noch wenige Wildflüsse, die auf so lange Strecken befahrbar sind wie die Bregenzer Ache. Auf beinahe 50 Kilometer Länge findet fast jeder auf diesem Fluß das, was ihm am meisten liegt. Anfangs ein schmaler, rasanter Bach mit vielen Blöcken, wird er dann leichter und fließt immer noch zügig bis Mellau, später durch eine enge Schlucht mit einer technisch sehr interessanten Stelle, an der sich der ganze Fluß durch einen schmalen Spalt von 3 Meter Breite hindurchpreßt und anschließend eine kräftige Walze bildet.

Bei hohem Wasserstand kann man nach Umtragen der Wehranlage von Hof die Schwarzenbergschlucht – eine Waldschlucht mit zügigem, ursprünglichem Wildwasser – fahren und weiter bis nach Egg. Hier steigern sich die Schwierigkeiten, das Gefälle nimmt zu. Gleich nach der hohen Brücke von Egg fällt die Bregenzer Ache über eine Naturstufe. Die Durchfahrten sind nicht ohne weiteres zu finden. Später folgen Schwälle, am bekanntesten der Kraftwerksschwall, später der Lingenauer Tobel und andere Wildwassergenüsse. Bis zur Station der Schmalspurbahn in Langenegg kommt man als Liebhaber von Wasserschlachten wirklich auf seine Kosten. Beim erstenmal ist es vielleicht ratsam, den größten Löchern und Walzen etwas aus dem Weg zu gehen.

In Langenegg-Krumbach steigen die Wanderfahrer ins Boot. Schon schießt der Fluß in die nächste Kurve, mit einem eindrucksvollen Presswasser vor dem Prallhang und den hier planlos herumliegenden Blöcken. Die Situation ist typisch für die Bregenzer Ache. Natürlich kann man leicht am Kehrwasser entlang vorbeirutschen, doch welcher Anfänger wird nicht von diesem gepackt und nach einer Drehung um die eigene Achse flußaufwärts befördert, wo er dann unaufhaltsam und deshalb mit gemischten Gefühlen auf die Stromzunge zutreibt.

Die Strecke ab Langenegg-Krumbach erscheint in der Tat sehr geeignet für Wildwasser-Neulinge. Doch möchte ich vorsichtshalber für die Beherrschung des Abschwingens und Startens plädieren, denn auch hier ist die Bregenzer Ache kein Bach für ahnungslose Sonntagspaddler.

Landschaftlich ist die gesamte Strecke sehr abwechslungsreich. Die den Fluß begleitenden Gebirgszüge und Waldschluchten, oft mit dichtem Mischwald bestanden, lassen einen streckenweise ganz vergessen, daß man sich inmitten einer immer dichter bebauten Landschaft befindet.

Doch Einsamkeit, wie wir Wildwasserfahrer sie mögen, findet man erst in den Waldschluchten des Unterlaufs, wo keine Straße mehr dem Fluß zu nahe rückt und die vielen kleineren und größeren Ortschaften ganz vom Fluß verschwinden. Am Bahnhof von Doren überkommt einen das Gefühl, endlich einmal dem allgegenwärtigen Götzen Auto entkommen zu sein, ohne tausend Kilometer hinter sich bringen zu müssen.

Die kleine Schmalspurbahn entlang der Bregenzer Ache ist eine weitere angenehme Zutat. In offenen Anhängern kann man seine ganze Ausrüstung inklusive sich selbst flußauf transportieren

Im Oberlauf ist die Bregenzer Ache ein seichter, reißender Wildbach, der vom Befahrer blitzschnelle Reaktionen verlangt.

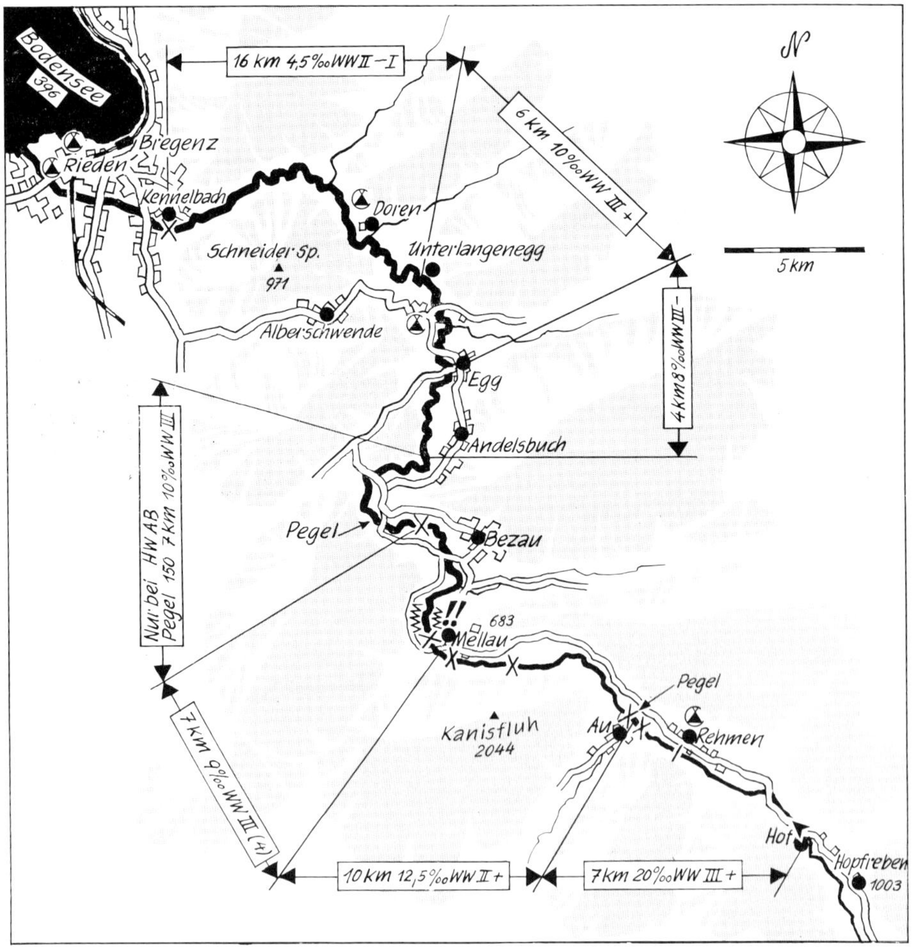

lassen, von Kennelbach bei Bregenz über Doren, Langenegg, Egg, Andelsbuch, Schwarzenegg und Hof bis Bezau, um bei hohem Wasserstand diese Riesenstrecke auf der Ache wieder abzufahren.
Wer mehr mit dem Oberlauf liebäugelt, muß in dem dichtbesiedelten U-förmigen Tal mit Schwierigkeiten rechnen, einen idealen Zeltplatz zu finden, so daß mancher lieber gleich sein Standquartier an den nicht sehr weit entfernten Lech verlegt.

Überblick

Allgemeines abwechslungsreicher, ab Egg auf große Strecken ursprünglicher Wildfluß in landschaftlich schönen Waldschluchten zwischen imposanten Bergkulissen ▪ **Gebirgsfluß; Urlaubsfluß** im Unterlauf ▪ **Wassermenge** 15–20 cbm/sec bei **Pegel** 60 am zweiten Wehr von Au ▪ **Start** für gute Fahrer bei Hopfreben, Umsetzen mit dem Auto bei Hof, wieder Einsetzen am Kraftwerk Andelsbuch ▪ **Ausbooten** am Wehr von Kennelbach ▪ **Flußcharakter** zwischen Hopfreben und Mellau weitgehend reguliert, dadurch sehr schnell, leicht verblockt, kleinere Abstürze, schwer zu landen; nach Mellau kurze und enge Schlucht mit einer Stelle WW IV, insgesamt sechs Wehre; Hof bei Normalwasser wegen Wasserentzug unfahrbar, ab Pegel 150 möglich; vom Kraftwerk Andelsbuch bis Egg Schwälle, ab Egg Naturstufen mit Walzen, wuchtige, mit Blöcken durchsetzte Schwälle, Presswasser an den Prallhängen, aber alles vom Boot aus zu überblicken; ab Langenegg abnehmende Probleme, inzwischen recht wasserreicher Fluß ▪ **Gefälle** meist ausgeglichen ▪ **Ufer** überall begehbar ▪ **Besondere Gefahren** die vielen Wehre, speziell bei Hochwasser; im Oberlauf teilweise überhängende Bäume, im Frühjahr Lawinengefahr, oberhalb Mellau gefährliche Brücke aus Betonrohren, T-Träger im Fluß, Kraftwerk zwischen Langenegg und Doren ▪ **Vergleichbare Schwierigkeiten** ab Egg etwas leichter als die Ötztaler Ache bei Pegel 90 ab Ötz ▪ **Autobegleitung** möglich bis Egg, dann Kontakte sehr schwierig ▪ **Boote** bis Egg am besten Einer aus Kunststoff, dann auch Zweier-Canadier, ab Langenegg auch Faltboot-Einer ▪ **Bootstransport** mit Bahn von Kennelbach bis Bezau ▪ **Übernachtung** in allen Orten möglich; Zelten in Doren am Unterlauf sowie Lingenau, Au-Neudorf ▪ **Anfahrt** von München über Kempten, Bregenz, ca. 200 km ▪ **Literatur** van Erschel/Kopp, Wildwasserfahren heute; Hans Matz, Wildwasser-Kurzführer ▪ **Karte** Freytag & Berndt 1:100000, Nr. 36

Nur eine kleine Schmalspurbahn, auf der man seine Boote flußauf transportieren kann, begleitet die Bregenzer Ache zwischen Egg und Kennelbach.

Sehenswertes

Bregenz Oberstadt, aus einer keltischen Fluchtburg um 400 v. Chr. entstanden ▪ Martinsturm, Wahrzeichen der Stadt mit Blick auf den Bodensee und Bregenz ▪ Heimatmuseum ▪ Landesmuseum ▪ Seekapelle (15. Jh.) ▪ schöner Blick vom Pfänder
Dornbirn »Rotes Haus«, schönstes Rheintalhaus, gleichzeitig Wirtshaus und Heimatmuseum ▪ Naturkundemuseum ▪ Pfarrkirche mit Campanile ▪ Rappenlochschlucht ▪ Panorama vom Karren (977 m)
Bezau Pfarrkirche, Sakramentshäuschen 16. Jh. ▪ Kapuzinerkloster (1633) ▪ Heimatmuseum ▪ typische »Waldhäuser«
Au gotische Pfarrkirche

6 Lech

Überwiegend leicht befahrbarer Wildfluß

Österreich
Tirol

Es ist bedauerlich, zu welchen Verunstaltungen der Natur- und Kulturlandschaft die moderne Industriegesellschaft fähig ist, um sich dabei zu erwirtschaften, was sie vor kurzem noch vor der Haustüre hatte. Ich meine, wir finanzieren mit Überstunden und Karriere unsere aufwendigen Versuche, dem zerstörerischen Instrumentarium der Zivilisation den Rücken zu kehren: Safari in Afrika, Helicopterskiing in Kanada oder Alaska und Wildwasserfahren auf dem Colorado oder im Himalaya. Eines der Opfer, das wir diesen Trips ans andere Ende der Welt gebracht haben, ist zweifelsohne der Lech. Und es ist eine Ironie des Schicksals, daß 1972 Kanuten aus aller Welt zusahen, wie der Lech in der Wildwasserretorte des Augsburger Eiskanals noch einmal auf klägliche Weise zum Leben erweckt werden sollte mit dem für heute so typischen, sinnlosen technischen Aufwand.
Ein Hauch von Wildwasser in Augsburg zwischen Beton und Tribünen, ein Hauch von Urwelt droben in den Lechtaler Alpen, wohin es Jahr für Jahr mehr Lebenskünstler mit ihren Kanus zieht. Denn der Lech vor der Türe gehört der Vergangenheit an, und der Anblick der Staustufen mitten in einem Naturschutzgebiet provoziert viele unangenehme Fragen.

So fahren wir heute aus Oberbayern, der Wiege des Wildwassersports, hinauf bis hinter Füssen, vorbei an König Ludwigs nostalgischen Schlössern, ins Lechtal, um wieder einmal einen Fluß erleben zu können, einen Anblick, der uns sonst in den nördlichen Ostalpen nur noch in der immer wieder bedrohten Pupplinger Au an der Isar und am Südrand der Alpen an der Gail, in Friaul an der Fella und an der Piave gegönnt ist. In der Sonne flimmernder Kies, von der Wucht der Hochwasser sortiert in die verschiedensten Größen, Sandbänke, Pioniervegetation, wie sie das ganze Voralpenland nach der Eiszeit bedeckte, eine Fülle seltener Blumen, Schmetterlinge. Dazwischen der Lech, graugrün vom Schmelzwasser oft bis mitten in den Sommer, türkisgrün und klar im Herbst, an den Steilhängen die Reste der Lawinen, Wasserfälle. Eine Landschaft, wie sie in dem berühmten Bild »Der Schmadribachfall« von Joseph Anton Koch (1768–1839) verewigt wurde. Er wuchs im Tiroler Lechtal auf.

Das Lechtal bietet Zeltplätze in Hülle und Fülle, die weite Trogform, von Gletschern ausgehobelt, wirkt wie eine Befreiung auf den Stadtmenschen. Kleinflächig betriebene Landwirtschaft genießt noch immer den Vorzug. Die Dörfer sind ursprünglich, wenn auch die Zahl der Neubauten zunimmt, die Dimensionen menschlich. Kein Wunder, daß gerade die Holländer alljährlich das Lechtal beinahe überfluten. Zum Himmel strebende Hotels »mit allem Komfort« wird man vergeblich suchen, falls Wildwassersportler im Urlaub überhaupt darauf aus sind.
Am Lech kann man es tagelang aushalten. Am besten, man einigt sich mit einem Bauern, zahlt ihm ein angemessenes Entgelt für die Nutzung einer versteckten Wiese am Fluß und läßt den Lech an sich vorbeirauschen. Vielleicht hat man gerade einen netten Schwall mit beidseitigen Kehrwassern vor der »Tür«, dann halten es auch die »dynamischen« Wildwasserfahrer längere Zeit aus. Schließlich kann nicht jeder be-

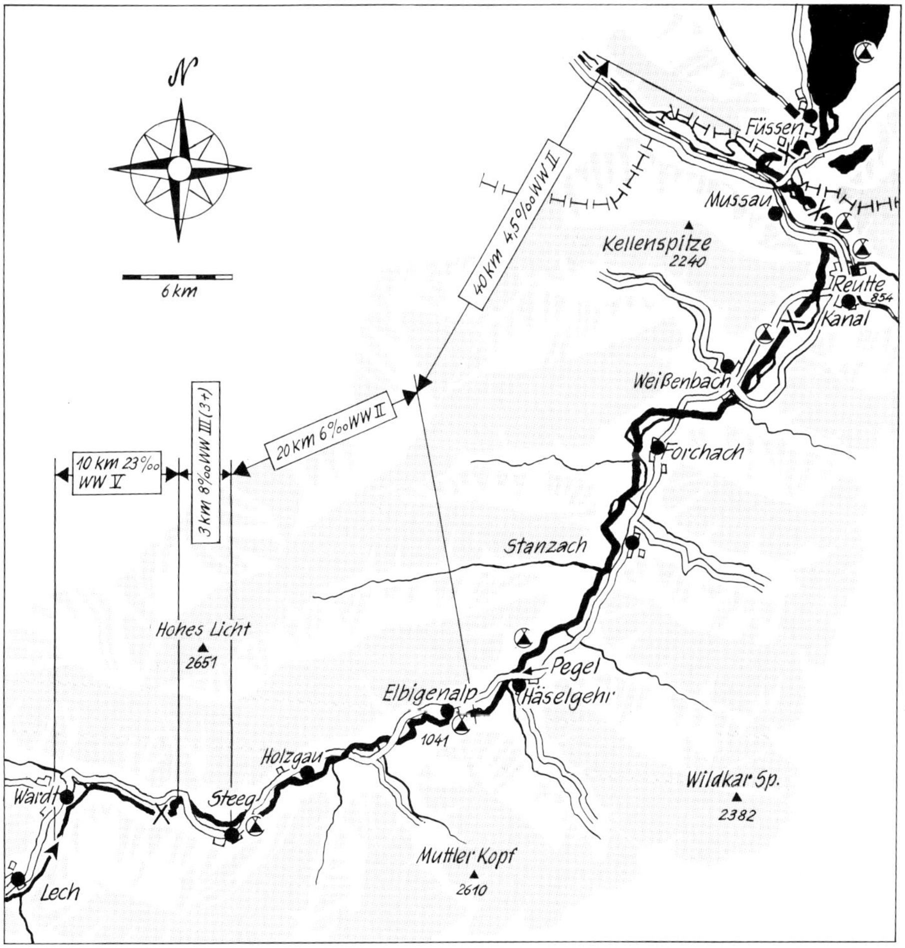

haupten, die Eskimorolle links und rechts, von vorne, von hinten, mit und ohne Paddel perfekt zu beherrschen.
Die wirklichen Könner finden am Oberlauf in den tiefen Klammen bei ausreichend niedrigem Wasserstand ein extremes, abenteuerliches Wildwasser. Den Normalverbrauchern bieten sich auf der Strecke vor Steeg genügend Möglichkeiten, ihre Fähigkeiten anzuwenden. Etwa bei den bekannten »Elefantenzähnen« unter der Straßenbrücke, wo der Fluß mit unheimlicher Geschwindigkeit zwischen Blöcken nach unten schießt, um an einer Prallwand scharf rechts abzubiegen, so daß man bei der ersten Fahrt überzeugt ist, den Bug seines Boots an dieser Wand zu zertrümmern. Dabei nimmt einen der Fluß ganz von selbst vorbei, solange man sich zusammenreißt und nicht sinnlos mit dem Paddel herumfuchtelt.
Doch genauso reizvoll wie das Wildwasserproblem ist die Harmonie der Flußlandschaften ab Häselgehr, die der Ausdruck der formenden Kräfte eines Wildflusses ist. Abgesehen davon ist der Lech wie selten ein Wildfluß dazu geeignet – Pegel zwischen 50 und höchstens 100 in Häselgehr vorausgesetzt –, einen talentierten Anfänger einzuweisen. Man muß dabei nur auf einige scharfe Ecken, an denen Treibholz hängt, achten.
Für den ökologisch denkenden Wildwasserfahrer eröffnet der Fluß Aspekte der Wildwasserverbauung, die weit erfreulicher sind als die im allgemeinen praktizierten Erkenntnisse der Flußbauämter. Hier am Lech wird der hochwasserführende Fluß auf weite Strecken nicht etwa eingezwängt und durch »Verschönerung« des Flußbettes beschleunigt; im Gegenteil, man läßt ihm den nötigen Spielraum, in dem er sich austoben kann, um dann etwas beruhigt der bayerischen Grenze zuströmen zu können. Die quer durch die Aulandschaften gebauten Buhnen nehmen dem Fluß bei steigendem Wasser die Wucht. Das Auland ist einige Zeit überflutet, aber die zerstörerische Erosionskraft gebrochen. Hoffen wir, daß es noch lange so bleibt und daß sich andere Flußbauämter hierher verirren und daran ein Beispiel nehmen.

Überblick

Allgemeines grandioser Wildfluß mit gewaltigen, nur für extreme Kajakfahrer geeigneten Schluchten im Oberlauf und auf weite Strecken im Unterlauf fast unreguliertem Wildbett mit vielen Verzweigungen ▪ **Gebirgsfluß; Urlaubsfluß** ▪ **Wassermenge/Pegel** 50 in Steeg für den Oberlauf 8 cbm/sec (AKC-Pegelliste); bei Pegel 50–100 in Häselgehr links nach der Brücke 15–25 cbm/sec für die übrige Strecke ▪ **Start** für extreme Fahrer zwischen Warth und Lech; für gute Fahrer vor der Brücke oberhalb Steeg ▪ **Ausbooten** vor der Landesgrenze ▪ **Flußcharakter** in den V-förmigen Schluchten teilweise starke Verblockungen, enormes Gefälle, viele, teilweise mehrere Meter hohe Abstürze, von denen einer angeblich vorher nicht be-

◁ *Die weiten, vom Wildfluß geformten Kiesflächen des Lech lassen erkennen, wie die flachen Talböden entstanden sind.*

Noch Anfang Mai trifft der Wildwasserfahrer in den engen Schluchten des Lech oberhalb Steeg auf winterliche Verhältnisse. ▷

sichtigt werden kann; ab der Brücke oberhalb Steeg abnehmende Verblockung, Kies- und Geröllbankschwälle, einige leichte Blockstellen, sehr heftige Kehrwasser und Strudel an den Buhnen; hohe Geschwindigkeit ▪ **Gefälle** oben extrem steil, teilweise stufenförmig, später immer gleichmäßiger ▪ **Ufer** in den Schluchten oft unbegehbar, später praktisch überall möglich ▪ **Besondere Gefahren** der Oberlauf ist eine Expedition und benötigt alle Sicherheitsvorkehrungen; Steinschlag, Treibholz, Lawinenreste; im Unterlauf Achtung auf ehemalige Brückenpfeiler und heftige Strudel ▪ **Vergleichbare Schwierigkeiten** am Unterlauf teilweise wie die Isar bei Pegel über 270 unterhalb Sylvensteinstausee ▪ **Autobegleitung** im Ober- und Unterlauf teilweise möglich ▪ **Boote** im Oberlauf nur stabile Einer, im Unterlauf auch Zweier-Canadier und stabile Schlauchboote mit versierten WW-Fahrern ▪ **Übernachtung** im ganzen Lechtal möglich; Zeltplätze in Häselgehr, Reutte ▪ **Anfahrt** von München, über Garmisch, Erwald, Reutte, Steeg, ca. 230 km ▪ **Literatur** Matz, WW-Kurzführer; Bauer/Holz, Kanusport; van Erschel/Kopp, Wildwasserfahren heute ▪ **Karte:** Freytag & Berndt 1:100000, Nr. 35

Sehenswertes

Neuschwanstein Schloß von König Ludwig II. (1887)
Hohenschwangau gegenüber von Neuschwanstein, Burgsitz der Herren von Schwangau (12./13. Jh.), im 16. Jh. abgetragen und wiederaufgebaut, 1809 zerstört, 1833 als Sommersitz des Kronprinzen Maximilian (1848 König Max II. von Bayern) in romantisch-biedermeierlichem Stil errichtet, landschaftlich hervorragende Lage, Ausmalung der Räume zum Teil nach Entwürfen von Moritz von Schwind, Schwanenbrunnen von Ludwig Schwanthaler
Füssen ehemaliges Kloster St. Markus, Gründung der Benediktiner von St. Gallen ▪ Stadtpfarrkirche, ursprünglich romanisch, umgebaut (1701–1717) ▪ Annakapelle mit Totentanz von einem einheimischen Künstler (um 1600) ▪ im Stiftsmuseum Heimatmuseum
Reutte Pfarrkirche (1691) ▪ Heimatmuseum ▪ schöne, breite Giebelhäuser mit dekorativen Fassaden ▪ Ehrenberger Klause ▪ Stuibenfälle ▪ Seen in der Umgebung

7 Inn/Imster Schlucht

Sehr wuchtiger, mittelschwerer Wildfluß

Österreich
Tirol

Manche Flüsse haben offensichtlich die magische Kraft, die schauerlichsten Geschichten zum Wuchern zu bringen, während andere wiederum der Inbegriff seliger, am Wildwasser verbrachter Sonntage sind.
Der Inn, genauer gesagt die sogenannte Imster Schlucht, geistert noch heute als Kajakschreck durch die Köpfe der Wildwasserfahrer. Das fängt an bei dem Wort »Schlucht«, nach der man vergeblich sucht und wenn man sie gefunden hat nicht recht weiß, was daran so schwierig sein soll. Die Stellen, an denen man Probleme hat, entdeckt man sowieso nicht vom Land aus. Eine Weisheit, die man angesichts nicht vorhandener Riesenwalzen und Löcher aber prompt vergißt.
Was ist dran an den Überschlägen vorwärts und rückwärts, den Flügen frei durch die Luft, aber kopfüber – ich habe sie mit eigenen Augen gesehen – an den kilometerlangen Schwimmereien, an den 3 Meter hohen Wellen, so hoch, daß man seine Kameraden nicht mehr sieht? Nun, das Problem liegt an der verhältnismäßig riesigen, für alpine Kajakfahrer ungewohnten Wassermenge. Der Inn ist ein Fluß, kein lustig plätschernder Bach. Bei Imst hat er schon eine erstaunlich lange Strecke vom oberen Engadin herunter zurückgelegt. Das Einzugsgebiet ist entsprechend groß, und Gletscherwasser stellt einen gewaltigen Anteil.
Wenn so viel Wasser »wild« wird, sieht das zwar von der Straße oben genauso aus wie bei einem Wildbach, aber aus der Bootsperspektive doch ganz anders: Man weiß, wenn man die »Imster« erstmals befährt tatsächlich oft nicht recht,

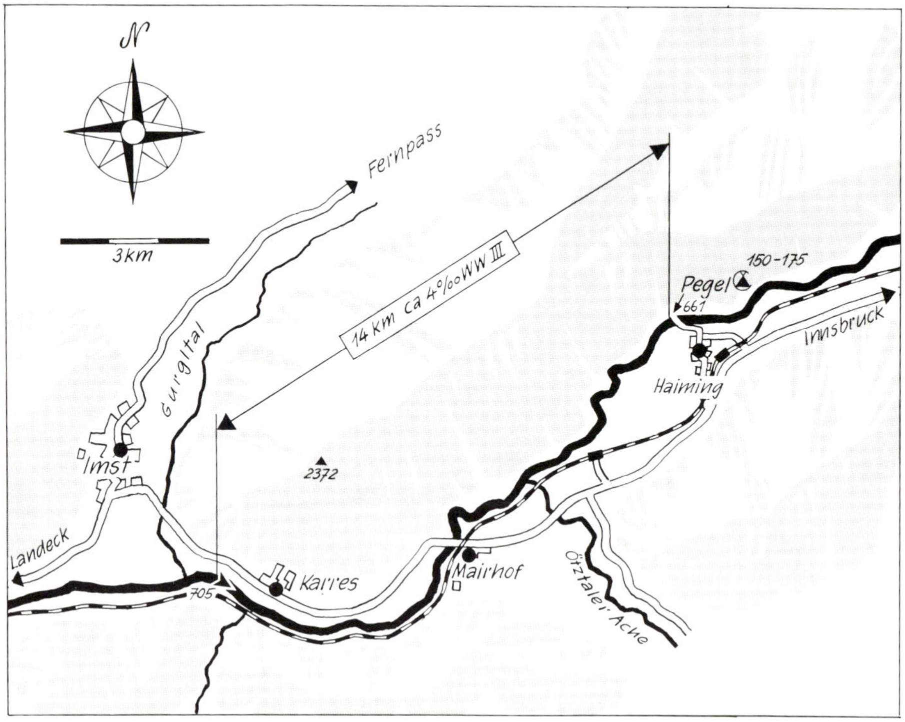

Kurz vor und nach der Mündung der Ötztaler Ache bietet der Inn für jeden, der wuchtiges Wildwasser liebt, besonders delikate Walzen und Schwälle.

wo man sich befindet. Die Wellen sind riesig, die Geschwindigkeit enorm und das Donnern und Rauschen beachtlich. Doch man gewöhnt sich daran, und dann macht es Spaß. Man wird übermütig, hält immer mitten hinein, was zu den bekannten »Freiflügen« führen kann. Denn da, wo die »Imster« am schwersten ist, ist sie tatsächlich außerordentlich in ihrer brutalen Gewalt. Wenn man zum Beispiel vor der Mündung der Ötztaler Ache im Stromzug bleibt, fällt man über Stufen mit je nach Wasserstand derartigen Walzen, daß man einen Looping drehen kann. Auch gleich danach warten einige Stellen darauf, den Kajakfahrer aus dem Boot zu schleudern. Es ist tatsächlich eine recht angenehme Sache, fest im Boot zu sitzen und sicher eskimotieren zu können. Andernfalls sollte man sich nach einer Kenterung von den anderen abschleppen lassen, wenn man nicht Hunderte von Metern schwimmen will.

Warum die Meinung über die Schwierigkeitsgrade so weit auseinandergehen, liegt neben dem Mangel an Gewöhnung (der Inn gehört zu den wasserreichsten Wildflüssen der Ostalpen) auch daran, daß man sich oft nicht einig ist, wie und wo ein Fluß bewertet wird. Die einen bewerten die schwierigsten Durchfahrten und kommen, je nach Wasserstand, mit Recht auf WW IV–V. Richtiger ist aber, die leichteste mögliche Route zu beurteilen, was sich in der Imster

Schlucht mit den primitivsten Mitteln bewerkstelligen läßt: mit einfachem Vorwärtspaddeln und gelegentlichen Kontern. Was dabei herauskommt, ist eine Wildwassertour, die sich beim günstigen Pegel (150) vom Boot aus überall überblicken läßt, auch wenn man anfangs durch die hohen Wellen leicht verwirrt ist. Man muß eben, wenn man oben ist, schauen, wo es hingeht. Breiten Wellenbergen gehe man aus dem Wege. Darunter verstecken sich fast immer große Felsblöcke, dahinter tiefe Löcher oder Walzen, beides geeignet, einen Kajakfahrer blitzschnell zum Kentern zu bringen.

Bei der zweiten Tour kann man sich dann der »Imster« gegenüber schon mehr herausnehmen, vielleicht so manche Walze rückwärts anfahren, und am meisten Spaß macht es, querliegend die Schwälle abzureiten. Wasser ist überall genügend, so daß man nicht aufschlägt. Dann sieht man auch die herrliche Umgebung, die Südabstürze des Tschirgant und die südöstlichen Ausläufer der Lechtaler Alpen.

Zum Einfahren für weniger Sportliche eignet sich die Strecke von unterhalb Landeck bis zur Brücke ins Pitztal. Sie ist auch ein guter Test, denn wer da schon in Panik gerät oder gar schwimmt, braucht gar nicht weiterzufahren.

Eine immer beliebter werdende Kombination ist die Zweiflüssefahrt mit Start in Ötz auf der Ötztaler Ache (Tour 8), allerdings nur wirklich guten Fahrern zu empfehlen.

Überblick

Allgemeines wasserreicher, fahrtechnisch sehr lohnender Gebirgsfluß in teilweise noch einsamer Landschaft mit Kiefernwäldern und Sandbänken, herrlicher Blick auf die Lechtaler Alpen ▪ **Gletscherfluß; Urlaubsfluß** ▪ **Wassermenge** ca. 50 cbm/sec bei **Pegel** 150 bei Haiming ▪ **Start** nach Landeck oder Imst (Brücke Pitztal) ▪ **Ausbooten** bei Haiming links nach der Brücke ▪ **Flußcharakter** weitgehend natürliches Flußbett, ungewöhnliche Wassermenge und in den Schwällen entsprechende Wasserwucht; von Landeck bis Imst relativ einfach; ab da lange Schwälle mit meterhohen Wellen, riesigen Walzen und Brechern, tiefe Löcher hinter überlaufenen Felsen, in manchen Schwällen sehr unregelmäßige Wellenformationen, alles jedoch vom Boot aus gerade noch überschaubar; bei der ersten Tour empfiehlt es sich, den größten Wellen aus dem Weg zu gehen, vor allem vor und nach der Mündung der Ötztaler Ache ▪ **Gefälle** ziemlich ausgeglichen ▪ **Ufer** fast überall begehbar ▪ **Besondere Gefahren** nach Kenterungen schwimmt man (ohne Eskomotieren) oft sehr weit, dabei kann das eiskalte Wasser ein Risiko darstellen; unvorstellbare Wasserwucht bei Hochwasser ▪ **Vergleichbare Schwierigkeiten** schon bei Normalwasser übertrifft die Imster Schlucht an Wasserwucht alles, was man ansonsten bei Wildwasserfahrten gewohnt ist ▪ **Autobegleitung** sehr schwierig ▪ **Boote** Kunststoff-Einer und geschlossene Zweier-Canadier, für Erfahrene auch Schlauchboote ▪ **Übernachtung** Camping in Imst und Oberstadt; Hotels und Gasthäuser in Imst, Haiming, Ötztal und Landeck ▪ **Anfahrt** von München über Garmisch, Fernpaß nach Imst, ca. 120 km ▪ **Literatur** Hans Matz, Kurzführer ▪ Bauer/Holz, Kanusport ▪ **Karte** Freytag & Berndt 1:50000, Nr. 25

Sehenswertes

Imst spätgotische Pfarrkirche, barock umgestaltet ▪ Kirche St. Lorenz auf dem Kalvarienberg, in der Apsis Reste frühgotischer Fresken, Schnitzfiguren ▪ schöne gotische Bauten aus der Fuggerzeit ▪ Heimatmuseum mit Keltenfunden und Volkskundlicher Sammlung

Ötztal immer lohnend eine Fahrt ins Ötztal, mit Gletscherregionen bis 3700 m

Landeck Schloß Landeck 13. Jh. ▪ Liebfrauenkirche (1471) ▪ entlang der Hauptstraße schöne Gebäude aus dem 13.–16. Jh.

Immer häufiger trifft man auch auf schwerem Wildwasser Schlauchboote an, wobei weniger die Akrobatik als das gemeinsame Vergnügen im Vordergrund steht.

8 Ötztaler Ache

Überwiegend schweres Wildwasser, teilweise bis an die Grenze der Befahrbarkeit

Österreich Tirol

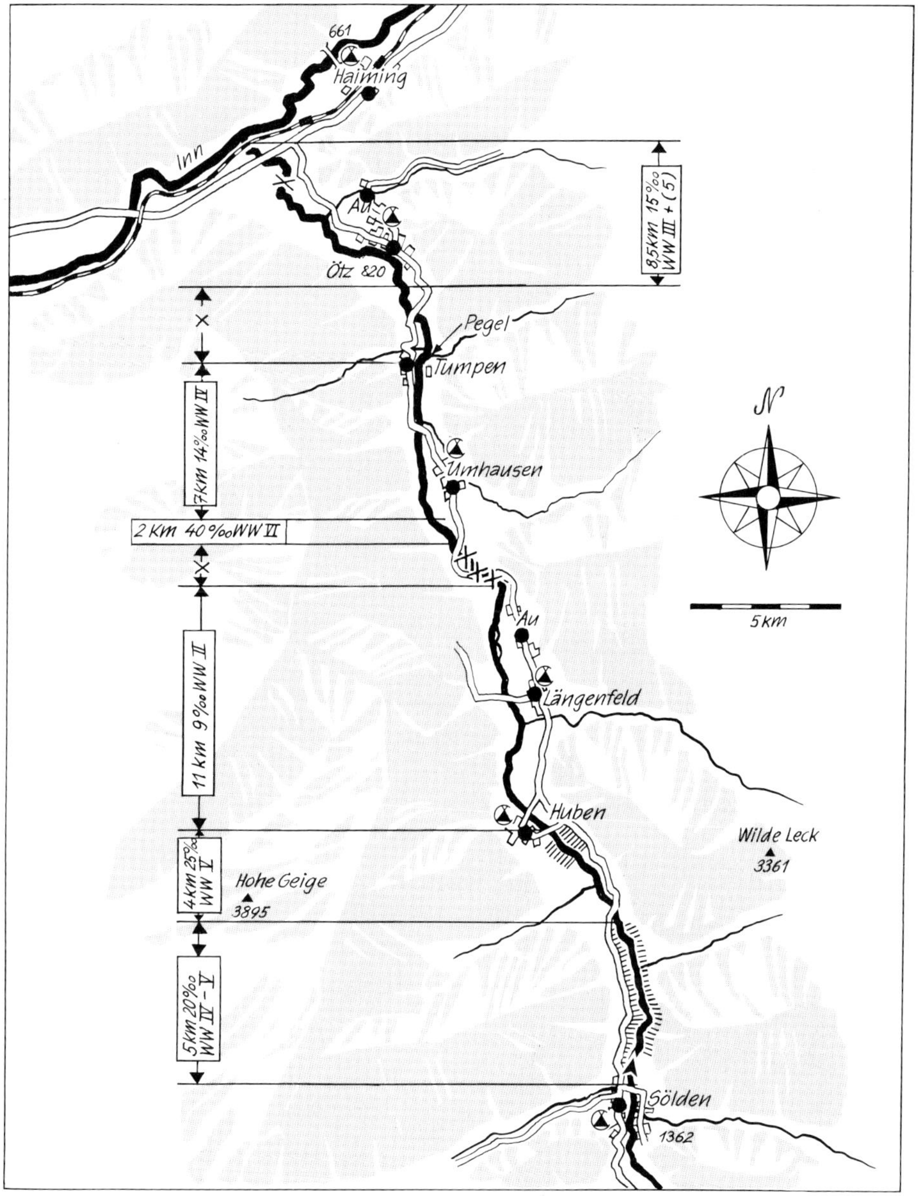

Die Ötztaler Ache schien für den Wildwassersport eines der letzten Probleme zu sein, das es in den Ostalpen zu lösen galt. Zu Zeiten, wo dem Normalverbraucher im Kajak allein ein Blick in die Waldschlucht der unteren Ötz genügte, um sich mit Grausen ab- und anderen, ruhigeren Gefilden zuzuwenden, machten sich die Wildwasserexperten schon daran, in hartnäckiger Arbeit dem dahinbrausenden Gletscherfluß Stück für Stück abzuringen. Ein Katarakt nach dem anderen wurde befahren. Heute ist die Ötztaler Ache von Sölden herunter bis in den Inn zu befahren. Ausnahme bildet eine Strecke unterhalb Tumpen bis zur nächsten Brücke, die vielleicht noch einige Zeit warten muß. Doch mit derlei Prognosen sollte man sehr vorsichtig sein.

Das ganze Ötztal ist in mehreren Stufen aufgebaut, die Stufen bilden Katarakte, und dazwischen liegt, was für den sehr guten Wildwasserfahrer genießbar ist: etwa die Waldschlucht unterhalb Sölden und die Strecken bei Umhausen. Die bekannteste und beliebteste Wildwassertour sieht so aus: Einsteigen 300 Meter vor der obersten Brücke von Ötz, als erstes Kriterium die Befahrung des »Kataraktes« bis zur Brücke am Ortsanfang und weiter durch einen langen, lustigen Schwall und leichtere Abschnitte bis zum zweiten Kriterium, der »Waldschlucht« bis zur Brücke nach Sautens. Dann weniger ernst bis zum gefährlichen Wehr bei Brunau, das leicht umtragen werden kann, eine gute Gelegenheit, das »Gangwerk« wieder in Form zu bekommen.

Nach dem Wehr, das nicht hoch, aber durch den unglaublich starken Rücklauf, das heißt die Deckwalze, sehr gefährlich ist, gehts noch etwa 1 Kilometer in das bekannte »S« an der Insel, das dritte Kriterium.

Hier teilt sich der Fluß, der alte Arm rechts herum liegt beim idealen Pegel meist trocken. Im linken Arm versteckt sich die anerkannt schwerste Passage der unteren Ötztaler Ache. Nach langem Anlauf, durch große Felstrümmer versteckt, eröffnet sich demjenigen, der die Stelle nicht kennt, eine neue Perspektive des Wildwasserfahrens. Das Blau des Himmels erscheint urplötzlich von vorne, und ehe man begreift, worum es geht, vollendet man seinen Überschlag in einer mächtigen Walze. Gute Fahrer legen Wert darauf, im Boot zu bleiben, denn anschließend schwimmt man hart und ziemlich weit. Aber das haben hier schon viele überstanden. Doch wer nicht zu faul zum Aussteigen und Anschauen ist, kann mit Schneid und Fahrtechnik

die Walze umfahren, links herum oder rechts herum, weil er darauf gefaßt ist. Später folgen noch weitere schöne Stellen, und die saftigste kurz vor der Mündung kann zum Abschluß der Ötztour noch für Überraschungen sorgen.
An der Mündung in den Inn bestünde die Möglichkeit zum Aufhören, doch lohnt es sich immer, von dem »Wildbach« auf den »Wildfluß« zu wechseln und bis Haiming weiterzufahren. Genaueres darüber siehe Tour 7.
Die Ötztaler Ache ist auf weite Strecken noch in einem herrlich ursprünglichen Zustand. Natur findet man neben den fremdartig anmutenden, kiefernbestandenen Hügeln des Unterlaufs vor allem auf dem Abschnitt Sölden–Huben und nach dem Katarakt unterhalb von Au. Hier trifft man auch Wildwasser, das teilweise tief unten und »abseits der Piste« über gewaltiges Urgestein rauscht. Gerade im Herbst, wenn für die schwersten Abschnitte das Wasser auf einen günstigeren Pegel gefallen ist, die lärchendurchsetzten Bergwälder aufleuchten, kann mit dem Erlebnis der Ötztaler Ache nicht so leicht ein Fluß konkurrieren, es sei denn, eine Fahrt durch die Innschluchten des Engadin.
Im Charakter sind diese Strecken denen des Inn sehr ähnlich: Enormes Gefälle, riesige Blöcke in allen erdenklichen Formen, Abstürze, die teilweise recht kompliziert zu fahren sind, dazu eine nicht zu unterschätzende Wasserwucht, und dies alles wie auf jedem reinrassigen Wildwasser in steter Veränderung, so daß größte Vorsicht zu empfehlen ist.
Zum Wildzelten eine geradezu komische Geschichte. Ich habe es erlebt, als ich gerade in den Schlafsack kriechen wollte, daß mir ein Wilderer (wie mit später die Polizei erklärte) eine Flinte vor den Bauch hielt und mich und einen Freund in recht unkultivierter Weise zum Verlassen des Geländes aufforderte. Das war am »S« im Kiefernwäldchen. Doch das sei gar nichts, erfuhr ich anderntags von einem anderen Wildwasserfahrer; ihm sei man dort durch das gerade aufgebaute Zelt geritten.
Vielleicht ist man also doch besser beraten, Einheimische nach geeigneten Plätzen zu fragen.

Ein Leckerbissen für den ganz besonders versierten Wildwasserfahrer sind im Herbst die Schluchten der oberen Ötztaler Ache.

Überblick

Allgemeines grandioses, teilweise ganz einsames Wildwasser in auf weite Strecken noch völlig natürlichem Wildbett zu Füßen der vergletscherten Ötztaler Alpen, milchiges Wasser ▪ **Gletscherfluß; Urlaubsfluß** ▪ **Wassermenge** ca. 30 cbm/sec bei **Pegel** 120 in Tumpen ▪ **Start** in Sölden, für »Ötz-Neulinge« an der oberen Brücke in Ötz ▪ **Ausbooten** am besten in Haiming nach Weiterfahrt auf dem Inn ▪ **Flußcharakter** typisch alpine Formation, U-förmiges Tal in den leichteren

und V-förmiges Tal in den schwereren Strecken, hohe Geschwindigkeit, riesiges Geröll, teilweise recht breites Flußbett. Überlaufene Blöcke müssen oft überfahren werden, Löcher, Walzen, Brecher, offene Verblockungen, aber vom Boot aus nicht alles zu beurteilen, auf den schwersten Abschnitten enormes Gefälle, riesige Felsblöcke, Abstürze ▪ **Gefälle** in den schwersten Abschnitten stufenförmig, sonst ausgeglichen, daher lange Schwälle ▪ **Ufer** fast überall begehbar ▪ **Besondere Gefahren** mangelnde Streckenkenntnis und Treibholz, Wehr bei Brunau, Deckwalze ▪ **Vergleichbare Schwierigkeiten** die untere Ötz ist mit Ausnahme des »S« etwas leichter als die Passer ab Salthaus, etwas schwerer als die Kraftwerkstrecke der Bregenzer Ache. ▪ **Autobegleitung** Kontaktaufnahme teilweise schwierig ▪ **Boote** nur stabile Einer ▪ **Übernachtung** Zeltplätze Ötz, Längenfeld, Umhausen, Sölden; Hotels und Zimmer in größeren Orten ▪ **Anfahrt** von München über Garmisch, Fernpaß, Imst ca. 150 km ▪ **Literatur** Hans Matz, WW-Kurzführer ▪ **Karte** Freytag & Berndt 1:100000, Nr. 24 und 25

Sehenswertes

Längenfeld Pfarrkirche (1303), Taufstein (15. Jh.) ▪ gotische Dreifaltigkeitskapelle mit Stukkaturen

Obergurgl eines der höchst gelegenen Dörfer Österreichs

Vor allem bei hohem Wasserstand wartet die anerkannt schwerste Passage der unteren Ötztaler Ache mit beinahe unüberwindbaren Walzen auf.

9 Obere Isar

Schneller Wildbach mit geringen Schwierigkeiten

Österreich
Tirol

Mit der oberen Isar ist es so wie mit dem Rißbach: Für das Karwendel ist kein Superlativ zu hoch gegriffen. Derartigen Formenreichtum findet man erst wieder im Kaisergebirge oder in den Dolomiten.
Am echtesten erlebt man die obere Isar, wenn man im Besitz eines kleinen Wägelchens sein Automobil in Scharnitz stehen läßt, Boot, Kleidung und Proviant auf dieses Vehikel umpackt und möglichst früh am Tag in Richtung Isarursprung loszieht.
Vielleicht wird es eines Tages Wildwasserparks geben, so naturnah wie irgend möglich regenerierte Flußlandschaften, in denen es selbstverständlich ist, daß man vor oder nach der Bootsfahrt zu Fuß den Fluß entlangwandert, um zum Start oder zum Auto zurückzukommen. Ein Verfahren, das wir schon seit Jahren mit Leidenschaft betreiben und das die sicher nicht zu verachtende Bootsperspektive der Landschaft um die nicht weniger reizvolle des Fußgängers ergänzt, und wenn es sich um noch so lange Strecken handelt.
Oben an der Isar angekommen – wobei man je nach Lust, Laune und Wasserstand mehr oder weniger weit oben ankommen kann – beginnt die Fahrt. Vorbei an bis zum Fluß herunterreichenden Schuttfächern, an duftenden Latschenbeständen, immer tiefer hinein in eine Schlucht geht es auf dem glasklaren Fluß. Dabei ist es ein Kunststück, sich ohne Berührung der vielen Brocken, die in dem Wildbach herumliegen, hinunterzumogeln. Sogar eine Art Katarakt, für die Wildwasserfahrer im Faltboot ein echtes Problem, muß überwunden werden. Wer dabei zu lässig und hochnäsig dahinpaddelt, liegt oft schneller als gedacht im Bach.
Schließlich steigert sich die Schlucht zu einer echten Klamm, zwar nicht beängstigend, doch sehr eindrucksvoll. Von links kommt der Gleirschbach, dann ist die Engstelle durchbrochen, und die Isar fängt an, durch eine noch immer völlig natürliche, einsame Schlucht zu kurven. Bäume hängen im Wasser, kleine Schwälle und Walzen sorgen für fahrtechnische Abwechslung, die Kurven werden immer enger, herrliche Kehrwasser reizen zum Landen und Spielen.
An der Mündung des Karwendelbaches hat man dann nochmals die Möglichkeit, sein Boot zwischen zwei Stromzungen zu verkeilen und wildfuchtelnd zu kentern, was natürlich nur den »Einjährigen« passiert, nicht den »alten Hasen«.
Dann donnert es voraus, der Mensch mit seiner Tatkraft, sprich Dynamik, hat die Isar ausnahmsweise um eine Delikatesse bereichert: ein Stau, ein kurzer Schwall wie auf einer Floßgasse und rabiate Kehrwasser. Besser ist es, sich alles genau anzusehen, man weiß nie, ob nicht ein T-Träger oder ähnliches auf einen lauert.
In Scharnitz, wo die meisten ausbooten, fangen die weniger lustigen Eingriffe ins Isarbett an. Einige recht tückische, aber nur kurz zu umtragende Stufen, eine Art Kanonenrohr, warten auf dieser Strecke, die bei hohem Wasser schon Todesopfer gefordert hat. Dies als Hinweis, weil der

Glasklar und eiskalt zieht die obere Isar in der fast zur Klamm verengten Schlucht durch das Karwendelgebirge.

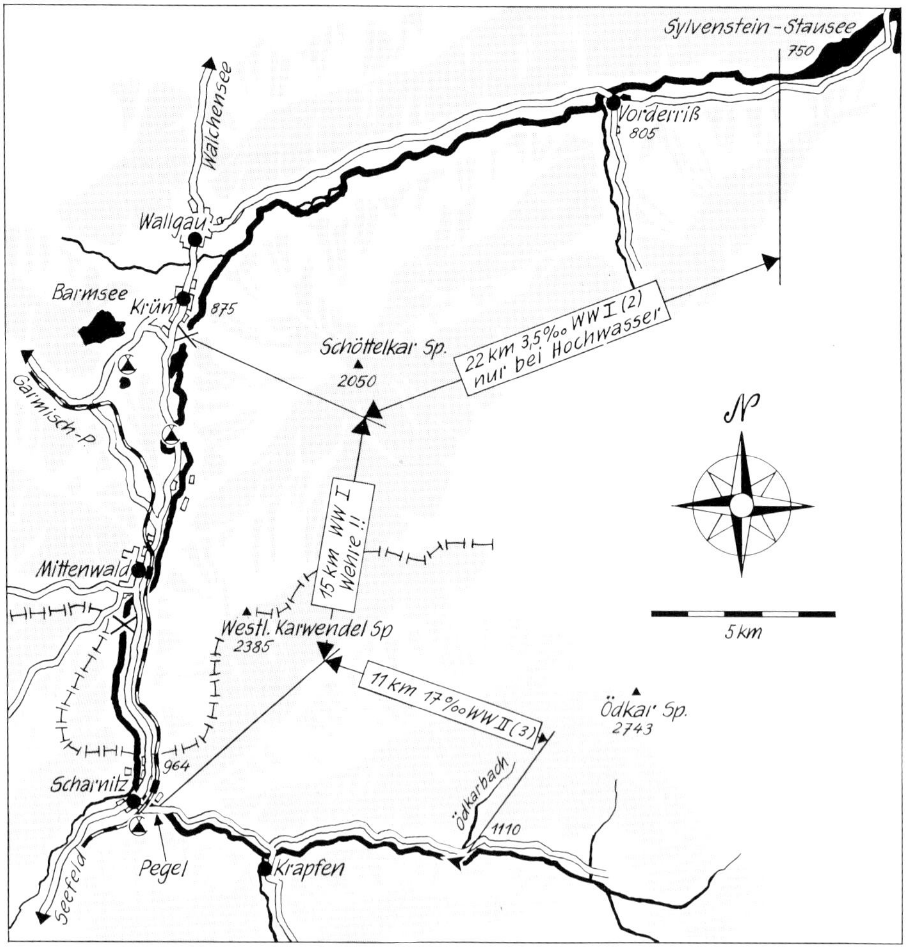

Angesichts des kristallklaren Wassers der oberen Isar befallen einen leicht Zweifel über die Befahrbarkeit, aber derartige Wassermengen genügen vollauf.

Schwierigkeitsgrad WWI einen sonst zu Leichtsinn verführen könnte.
Die Stufen in Mittenwald sind weniger riskant. Danach folgt noch einmal eine Strecke, die zwar nicht so einsam wie das Hinterautal ist, aber landschaftlich doch sehr lohnend. Die Fahrt durch das sogenannte Isarhorn, einer der Höhepunkte einer echten Isarbefahrung, läßt den Kanuten ahnen, welche Kräfte bei der Gestaltung der voralpinen Landschaft am Werk waren. Die Isar hat sich in einer Kurve in den von den Alpen herausgetragenen Schutt hineingefressen.
Vor Krün schließlich ist die Fahrt in den meisten Fällen zu Ende, falls nicht gerade ein umfangreiches Tief oder das Frühjahrshochwasser für günstigere Umstände sorgen. Dann folgt nämlich einer der interessantesten Abschnitte der Isar. Inmitten einer steppenartigen Landschaft mit seltenen Blumen und Wasservögeln, durchsetzt von inselartig zusammenstehenden Kiefern, verzweigt sich der Fluß, bildet strömungsgünstig geformte Inseln, vereinigt sich wieder, prallt an mit Treibholz verriegelte Hänge. Erst beim Sylvensteinsee, den man bis zum Damm durchfahren kann, findet das »alaskische Vergnügen« sein Ende.
Auch hier kann man, falls nicht allzu fußkrank, per pedes wieder zurückwandern.

Überblick

Allgemeines herrliches, teilweise einsames Wildwasser mitten aus dem Karwendelgebirge, landschaftlich sehr lohnend, oft glasklares türkisfarbenes Wasser ▪ **Gebirgsfluß; Urlaubsfluß** ▪ **Wassermenge** ca. 7 cbm/sec bei **Pegel** Scharnitz 180 (AKC-Pegelliste), Hilfspegel: günstiger Wasserstand ca. 7 cbm/sec, wenn am Brückenpfeiler 3 Reihen und ½ Reihe Steine unter Wasser ▪ **Start** je nach Wasserstand beim ersten Futterstadel oder weiter oben im Hinterautal. Zufahrt für private PKW verboten, eigenen Bootswagen oder Mietauto in Scharnitz nehmen ▪ **Ausbooten** in Scharnitz, bei Weiterfahrt im Stausee vor Krün, bei Hochwasser Weiterfahrt bis zum Sylvensteinstausee, der befahren werden darf ▪ **Flußcharakter** im Hinterautal Wildbach in tiefer Schlucht, sehr schnell, schmal, leicht verblockt, enge Kurven (Latschenrinne), ab Scharnitz bis Mittenwald teilweise reguliert, mit einigen Wehren, ab Mittenwald bis zum Sylvensteinstausee auf weite Strekken völlig unberührte Wildflußlandschaft, schnelle Strömung, teilweise in mehrere Arme verzweigt, wobei der richtige Arm oft schwierig zu erwischen ist ▪ **Gefälle** im Oberlauf teilweise stufenförmig, dann weitgehend ausgeglichen ▪ **Ufer** auch in den Schluchten im Oberlauf fast überall begehbar ▪ **Besondere Gefahren** bei Hochwasser niedrige Brückendurchfahrten, im obersten Abschnitt überhängende Bäume, ab Scharnitz bis Mittenwald einige bei Hochwasser lebensgefährliche Stufen. Ab Krün Treibholzansammlungen ▪ **Vergleichbare Schwierigkeiten** Oberlauf teilweise wie der Rißbach (ohne schwere Stücke), ab Mittenwald teilweise wie der Lech ab Häselgehr bei Pegel 50–100 ▪ **Autobegleitung** am Oberlauf Fahrverbot, unterhalb Kontaktaufnahme teilweise schwierig ▪ **Boote** Oberlauf: Kunststoffeiner, C 2, ab Scharnitz auch offene Kanadier ▪ **Übernachtung** Camping in Scharnitz oder am Isarhorn; Hotels, Gasthöfe, Zimmer in Mittenwald, Scharnitz ▪ **Anfahrt** von München über Garmisch nach Scharnitz ca. 130 km ▪ **Literatur** Alpinismus 5/71; Hans Matz, WW-Kurzführer; van Erschel/Kopp Wildwasserfahren heute; Bauer/Holz, Kanufahren ▪ **Karten** Freytag & Berndt 1:100000, Nr. 32 oder 34

Sehenswertes

Mittenwald seit ca. 1680 berühmter Geigenbauerort (Matthias Klotz) ▪ Isartaler Häuser mit typischer »Lüftlmalerei« ▪ Pfarrkirche St. Peter und Paul (1738/1740) von Joseph Schmuzer aus Wessobrunn
Scharnitz »Porta Claudia« Befestigungsreste ▪ bemalte Bauernhäuser in Tiroler Bauweise ▪ Bärenklamm
Seefeld Pfarrkirche (15. Jh.) ▪ barocke Seekapelle ▪ alte bemalte Bauernhöfe ▪ Strandbad am Wildsee
Hinterautal Isarquellen

10 Rißbach

Wildbach mit stark wechselnden Schwierigkeiten

Österreich
Tirol

Der eine »flüchtet« nach Alaska, der andere nach Nepal – der dritte an den Rißbach, um sein zivilisationsmüdes, lärmgeplagtes Nervenkostüm zu regenerieren. Wobei der Rißbach den nicht zu verachtenden Vorteil hat, näher zu liegen.

Ein Paradies wäre er vollends, wenn man den unwürdigen Kniefall vor dem fußkranken Volk der Autofahrer rückgängig machen und das ganze Tal von Hinterriß an für den Motorverkehr sperren würde (Einheimische natürlich ausgenommen). Für uns gibt's schließlich Bootswagerl.

Man fühlt sich tatsächlich irgendwo ans Ende der Welt versetzt, wenn man das glasklare Wasser über die Kiesel rauschen sieht, in einem Flußbett, in dem der Rißbach sich geradezu genüßlich hin und her wälzt. Ein echter Wildfluß, man kann es kaum fassen. Sogar bei wenig Wasser geht von diesem Bach ein Reiz aus, dem man nur schwer widerstehen mag.

Seine Herkunft aus dem Karwendel, einem recht spröden Gebirgszug, verdankt der Rißbach, daß er einerseits eigentlich das ganze Jahr über befahrbar ist, denn Schnee gibt's bis tief in den Sommer. Andererseits hat der Bach genügend Material, um es langsam zu Tal zu befördern, was zu einem ausgeglichenen Gefälle führte, wenn da nicht einige Querriegel wären, wo das Wasser auf den gewachsenen Felsen stößt. Zuerst am Kurvenstein, gleich danach an den »schrägen Rippen« und zuletzt in einem Furioso, das mit einem kleinen Absturz, kaum der Rede wert, aber tückisch, beginnt, in einer niedrigen, lustigen bis beängstigenden Klamm sich steigert und schließlich mit einer nervenaufreibenden Kaskade endet. Deren Anfang wurde schon seit Jahren, der letzte Rest aber erst im Herbst 1978 von einem gewissen Strohmeier »beflogen«, denn von Fahren kann bei solchen Fallhöhen nicht mehr die Rede sein.

Für die Neulinge am Rißbach gilt wie anderswo: Man erkunde genau, wo man landen will, andernfalls gerät man in besagte Kaskade und kann froh sein, einigermaßen heil aus dieser aufzutauchen. Am besten, man sichert die Stelle mit dem Seil ab, bevor es unfreiwillig in diese Abstürze geht.

Auch die anderen Kriterien, den Kurvenstein oder -schwall und die »schrägen Rippen«, sollte man vorher studieren: Sie sind in unmittelbarer Nähe der Straße.

Einen Abstecher – zu Fuß – zum Kleinen oder Großen Ahornboden abseits der Straße sollte man keinesfalls vergessen. Selten findet man derart eindrucksvolle Talböden, von steil aufragenden Felswänden wie der Lalidererwand abgeschlossen.

Beim Rißbach wirft sich die Frage auf: Ist der Fluß nun leicht oder extrem schwer? Man kann alle schweren Abschnitte relativ leicht umtragen und vor der Klamm gleich nach der ersten, überdachten Brücke aufhören, um jedes Ri-

Die Einfahrt zu den schrägen Rippen markiert eine der schwersten Stellen der Rißbach-Tour.

siko zu vermeiden. Dann ist der Rißbach im Rahmen eines Wildbaches relativ leicht. Dies gilt aber keineswegs für hohen Wasserstand!

Überblick

Allgemeines landschaftlich außerordentlich reizvoller, fahrtechnisch teilweise sehr anspruchsvoller Wildbach im Herzen des Karwendelgebirges ▪ **Gebirgsfluß** führt oft sehr lange Schmelzwasser, bei Niederwasser glasklar; **Urlaubsfluß** ▪ **Wassermenge** ca. 8 cbm/sec ▪ **Start** bei höherem Pegelstand bei Hagelhütten, sonst an der zweiten Brücke flußaufwärts von Hinterriß ▪ **Ausbooten** für unsichere Fahrer vor der Klamm, für gute Fahrer in der Klamm vor dem ersten Absturz. Bei Hochwasser nach dem Stollen bis zur Isar ▪ **Flußcharakter** bedingt durch die ursprüngliche Gebirgslandschaft weitgehend ohne irgendwelche Regulierungen, teils im Kiesbett mäandrierend, zügig dahinfließend, kleine Klammen und Schluchten, an drei markanten Stellen technisch anspruchsvoll. Alle Kriterien können von der Straße aus besichtigt, auch gut umtragen werden. In der Klamm zunehmend schwerer und zuletzt lebensgefährlich ▪ **Gefälle** bis auf die schweren Abschnitte sehr ausgeglichen ▪ **Ufer** überall begehbar ▪ **Besondere Gefahren** Treibholz, die ganze Klamm sollte besichtigt werden, Landestelle genau einprägen und sichern, ansonsten akute Lebensgefahr in den Abstürzen ▪ **Vergleichbare Schwierigkeiten** teilweise wie obere Isar, schwere Abschnitte wesentlich schwerer, etwa wie Loisachschlucht ▪ **Boote** nur stabile Einer ▪ **Übernachtung** Gasthöfe in Vorderriß und Hinterriß ▪ **Anfahrt** von München über Bad Tölz, Vorderriß nach Hinterriß ca. 90 km ▪ **Literatur** Hans Matz WW-Billet und 130 WW-Kurzführer ▪ **Karte** Freytag & Berndt 1:100000, Nr. 32

Sehenswertes

Ahornboden Großer und kleiner, Talboden mit alten Ahornbäumen, besonders eindrucksvoll bei Laubfärbung im Herbst

Wo der Rißbach auf den gewachsenen Fels trifft, findet man in den schrägen Rippen die schwerste Stelle – von der nur unter größtem Risiko befahrbaren unteren Klamm abgesehen.

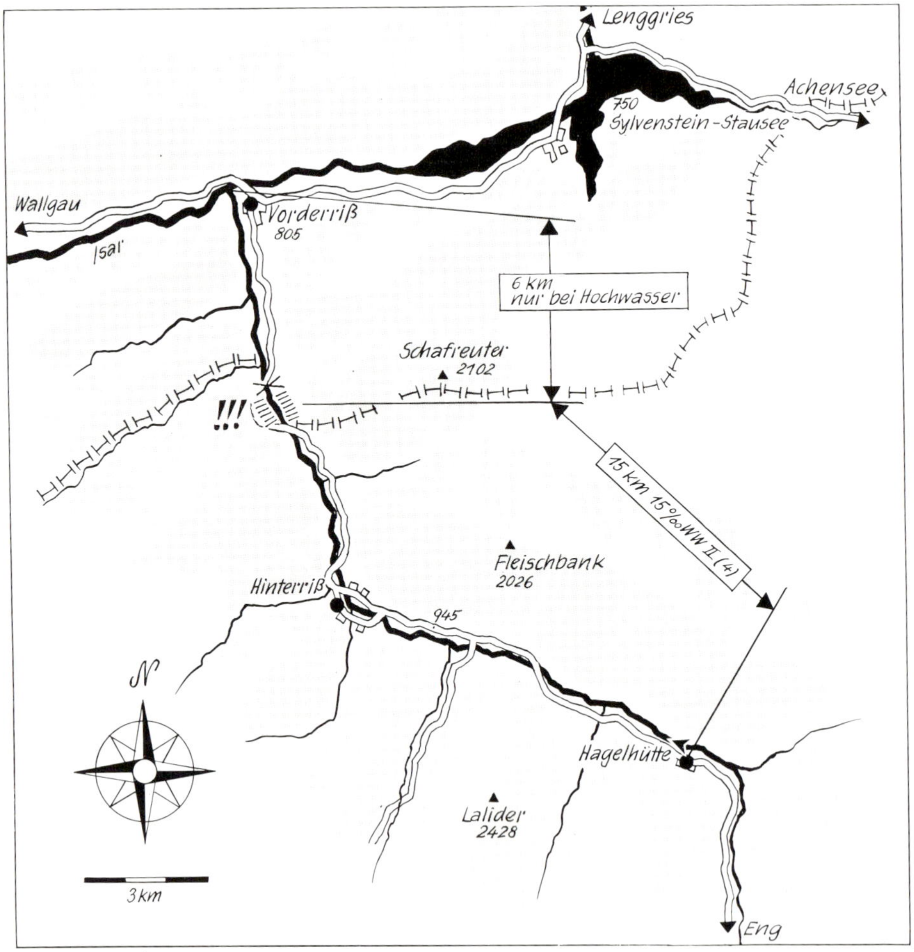

11 Brandenberger Ache

Abenteuerliches und weitgehend schweres bis schwerstes Wildwasser

Österreich
Tirol

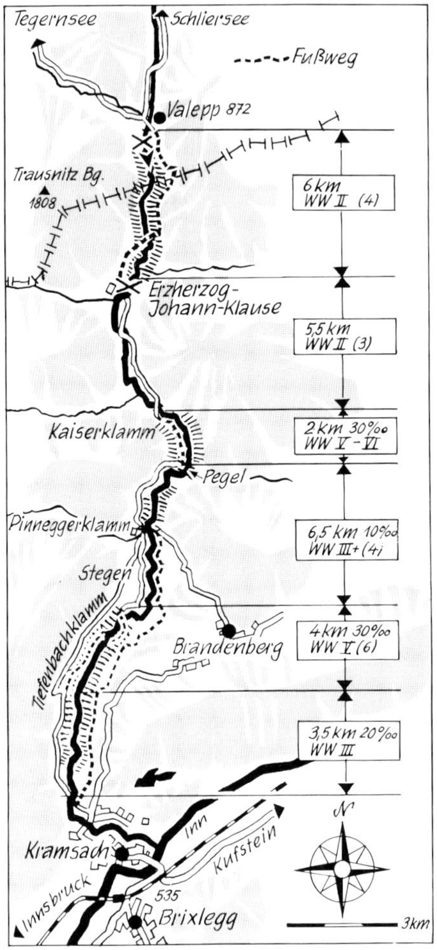

Unter den Wildwassern Tirols ist die Brandenberger Ache sowohl landschaftlich wie fahrtechnisch einzigartig und unverwechselbar. In 1083 Meter Höhe aus dem in Bayern gelegenen Spitzingsee entspringend durchbricht die »Brandenberger« erst als Rote Valepp, dann als Grundache und schließlich als Brandenberger Ache eine Reihe tiefer Schluchten und fantastischer Klammen. Zuletzt mündet sie in etwa 500 Meter Höhe in den Inn, wobei diese 583 Meter Höhenunterschied auf nur 35 Kilometer Entfernung bewältigt werden und der Fluß mit 14% ein großes Gefälle hat, obwohl er kein typisches ostalpines Wildwasser ist.

Die Brandenberger Ache stürzt weit häufiger über aus dem Flußbett ragende Felsrippen, die oft messerscharf und kantig als schmale Platten am Boot entlangkratzen, und über auf weite Strekken vom Wasser herangerollte und abgerundete Felsblöcke. Akrobatik wird vom Wildwasserfahrer verlangt, auch der Spaß am Abenteuer und eine gehörige Portion Vorsicht, um nicht in äußerst gefährliche Situationen zu geraten.

Landschaftliche Höhepunkte sind die Schlucht zwischen Valepp und Erzherzog-Johann-Klause, V-förmig eingeschnitten, Hunderte von Metern tief, genau zwischen dem auf 1808 Meter aufragenden Trausnitzberg und dem 1813 Meter hohen Bärenjoch. Meist reicht der Wasserstand jedoch für diese Strekke nur bei Hochwasser, was bedeutet, daß dann die Kaiserklamm und die Tiefenbachklamm auch von den Extremen mit größtem Mißtrauen betrachtet werden. Denn dann verschwinden zwar einige knifflige Durchfahrten unter dem Wasserspiegel, doch die Wucht steigert sich stellenweise bis an die Grenzen des Möglichen.

Gerade die Kaiserklamm, die man nach einer landschaftlich bezaubernden Strecke an Steilwänden entlang und über leichtere Schwälle wie man sie von Wildwasser normalerweise gewohnt ist erreicht, wird auch von vielen Kennern lieber bei weniger als zu viel Wasser befahren.

Im Gegensatz zur ersten Schlucht kann man sich von der Erzherzog-Johann-Klause flußab alles genau von der Straße aus und die Kaiserklamm von einem alten herrlichen Triftsteig aus ansehen. Hier muß die Entscheidung fallen! Doch sollte man nicht dem Irrtum verfallen, die weißgischtenden Schwälle wären tatsächlich Schwälle. Da handelt es sich um etwas, was Laien schon als Wasserfälle ansehen würden, zwar nicht senkrecht, aber doch bis zu 3 Meter hoch und teilweise mit starkem Rücklauf des Unterwassers.

Auf die »reinrassige« Kaiserklamm, aus der man ohne Seil fast nirgends entkommen kann, folgen einige sehr leichte Kilometer bis kurz vor Pinegg.

Typisch à la Brandenberger Ache wird man gleich am Eingang der Pinegger Klamm von einem nahezu senkrechten Absturz von gut 2 Meter Höhe empfangen, wobei die Ausfahrt von einer Felswand versperrt wird. Das bedeutet, daß man beim Auftauchen sofort nach links halten muß. Eine Besichtigung dieser Stelle ist unbedingt ratsam.

Die Pinegger Klamm selbst ist aufregend düster, das Echo des rauschenden Wassers macht eventuell nervös, doch ist sie von den noch zu erwartenden Strecken die leichteste. Schon bald nach Ende der Klamm folgen einige Schwälle über runde Blöcke und kantige Platten, vorbei an Weidengebüsch, noch einigermaßen überblickbar vom Boot aus. Und plötzlich ist man mitten drin in der berühmten Wies- und der folgenden Tiefenbachklamm. Voraus ein Absturz mit starkem Rücksog, mit Tempo gut befahrbar, aber wenn man beim ersten mal zu nahe heranfährt und dadurch keine Möglichkeit zum Aussteigen findet, um die Strecke zu beurteilen, bleibt einem nichts anderes übrig, als zu hoffen, daß alles gut geht.

Noch einige recht unübersichtliche, mit großen Blöcken verlegte Schwälle, und die typischen Formationen der Brandenberger Ache machen dem Kajakfahrer wieder zu schaffen: Rippen stehen schräg aus dem Flußbett, Abstürze, teilweise mit irreführenden Strömungsrichtungen, mitten in dieser absoluten Landschaft ein Absturz, der zwischen WW VI und unfahrbar rangiert.

Die Brandenburger Ache mit ihren verschiedenen Klammen gilt als Tirols abenteuerlichstes Wildwasser.

Die Kaiserklamm der Brandenberger Ache überrascht mit einigen hohen Abstürzen mit schwierigen Ein- und Ausfahrten.

Weiter geht's, pausenlos technisch sehr kompliziert, um schließlich im »S« einen weiteren Höhepunkt zu bieten: eine lange, sehr komplizierte Gefällstrecke, die ohne Kenntnis nicht möglich ist, will man sein Boot nicht schwer beschädigen. Zuletzt noch ein Absturz mit unterwaschener Wand im Unterwasser, dann ein weniger gefährlicher, und das Ende der Tiefenbachklamm ist erreicht. Was dann noch folgt, ist zwar schwer, aber im Vergleich zum Vorausgegangenen direkt eine Erholung.
Seit einigen Jahren werden hier mit Unterstützung des AKC (Rettung) Rennen veranstaltet. Dadurch will man die Öffentlichkeit auf eine sehr betrübliche Tatsache aufmerksam machen. Denn, falls Sie es noch nicht wissen sollten: Tirols abenteuerlichstes Wildwasser ist von der Trockenlegung zwecks Energiegewinnung bedroht!

Überblick

Allgemeines landschaftlich und fahrtechnisch einzigartiges Wildwasser in herrlichen abgelegenen Schluchten und Klammen, sauberes Wasser ▪ **Gebirgsfluß; Urlaubsfluß** ▪ **Wassermenge** geeignet für Kaiserklamm und Tiefenbachklamm ca. 8 cbm/sec bei **Pegel** 100 am Ende der Kaiserklamm ▪ **Start** bei Hochwasser gleich unterhalb des Wirtshauses Valepp, bei Niederwasser am Eingang der Kaiserklamm ▪ **Ausbooten** in Kramsach ▪ **Flußcharakter** in den Schluchten und Klammen nahezu unberührtes und ursprüngliches Wildwasser, technische Probleme durch Felsrippen, die oft schräg oder parallel zur Strömung liegen, hohe Abstürze mit komplizierten Einfahrten und Ausfahrten, teilweise starker Rücksog, alle schweren Passagen vom Boot aus nicht mehr beurteilbar; bei zunehmendem Wasser steigende Wasserwucht, verblockte Schwälle; trotz hoher Geschwindigkeit immer irgend ein Kehrwasser zum Landen erreichbar ▪ **Gefälle** meist stufenförmig ▪ **Ufer** in den Schluchten und Klammen schwer begehbar, durch die Kaiserklamm und Tiefenbachklamm ein Triftsteig ▪ **Besondere Gefahren** viele technisch komplizierte Stellen, die unbedingt angesehen werden müssen, andernfalls besteht Gefahr, in angetriebene Bäume oder unterspülte Wände gepreßt zu werden; es empfiehlt sich dringend, die erste Befahrung unter Führung eines Ortskundigen zu machen ▪ **Vergleichbare Schwierigkeiten** schwerer als Ardezer Schlucht ▪ **Autobegleitung** nicht möglich ▪ **Boote** nur stabile Einer ▪ **Übernachtung** Camping Kramsach/Krummsee und Kramsach/Reintalersee; Zimmer in Kramsach und Brandenberg ▪ **Anfahrt** keine direkte Straßenverbindung Spitzing–Valepp–Kaiserklamm; von München über Kufstein, Kramsach zum Kaiserhaus, ca. 130 km ▪ **Literatur** Hans Matz, WW-Kurzführer ▪ **Karte** Freytag & Berndt 1:100000, Nr. 31

Sehenswertes

Solbad Hall mittelalterliches Stadtbild mit engen Stiegen und Gassen ▪ Wehrturm (1280) ▪ Salinentor (1486) ▪ Rathaus (1406) ▪ Pfarrkirche (13. Jh.) ▪ Magdalenenkapelle (1330)
Jenbach Pfarrkirche (1650) ▪ Schloß Tratzburg, Neubau 16. Jh. **Wörgl** Pfarrkirche (1740) ▪ Burgruine Weerberg, Reste einer Burg (12. Jh.)
Kundl Kundler Klamm ▪ Ruine Kundlberg
Rattenberg malerisches, typisches Unterinntaler Städtchen mit vielen, teils mit Erkern versehenen Häusern aus dem Mittelalter ▪ Burgruine ▪ Stadtpfarrkirche ▪ Servitenkloster mit Stiftskirche (14. Jh.)

12 Tiroler Ache

Leicht befahrbarer Wildfluß

Österreich
Tirol

Auf der Landkarte wird dem Kajaksportler die Identifizierung dieses Flusses nicht gerade leicht gemacht. Er entspringt als Jochberger Ache, heißt von Kitzbühel bis St. Johann Kitzbüheler Ache, ab da Kössener Ache, durchbricht die Klobensteiner Klamm in der sogenannten Entenlochklamm und mündet als einfache Ache in den Chiemsee, nicht ohne vorher streckenweise noch zur Tiroler Ache befördert worden zu sein. Dem Chiemsee schließlich entströmt er als Alz.

Durch das beachtliche Einzugsgebiet der Reither Ache, dem Kohlen- und dem Weißenbach, der Pillerseer Ache, der Lofer und dem Wössenbach ist für Wasserstand gesorgt, der die Ache ganzjährig befahrbar macht.

Immer lohnend ist der Abschnitt Kössen-Chiemsee. Er ist sogar markiert mit der Aufforderung, man solle an der Grenzstation die Ausweise vorzeigen. Ob das jedesmal gemacht wird, möchte ich allerdings bezweifeln.

Alle übrigen Strecken sind weitgehend dem Lineal zum Opfer gefallen, wie neuerdings auch der Kohlenbach. Nur die Jochberger Ache ist noch Wildwasser im ursprünglichen Sinn.

Wild kann vor allem das Entenloch sein, die Durchbruchstelle durch die Chiemgauer Alpen, die hier im Geigelstein auf 1808 Meter aufragen. Es ist eine phantastische Klamm. Die Felsrippen und -platten steigen oft direkt aus dem Wasser in eindrucksvollen Formationen empor, dazwischen liegen ausgedehnte Kiesbänke mit ovalgeschliffenen Kieseln, der Größe nach geordnet. Die größten findet man da, wo das Gefälle und damit die Strömung am stärksten ist. In den Zentren der Kehrwasser, die

Eine Herbstfahrt auf der Tiroler Ache ist besonders eindrucksvoll in der bekannten Entenlochklamm.

hier bei Hochwasser rotieren, feinster Sand, und besonders schön zu beobachten bei Regen, das stufenförmige Herunterfallen des Flusses von einer großen Gumpe zur anderen. Die einschlagenden Regentropfen kräuseln die Oberfläche des Wassers, so daß man die Strömung nicht mehr sieht.
Zwischen den Felsplatten, durch die der Fluß recht wasserreich dahinpendelt, steigen steile Schutthalden auf, oft mit Bergahorn und anderen Bäumen bestanden.
Nicht weniger eindrucksvoll als das Landschaftsbild ist für den weniger Geübten das, was die Ache mit ihm anstellt. Nicht gewohnt, sich in aller Ruhe dahintragen zu lassen und mit wenigen Schlägen sein Boot an den hart angeströmten Prallwänden entlangzudirigieren, fuchtelt er oft recht unüberlegt herum, flieht ins Kehrwasser – nur weg von der drohenden Wand – und liegt drin, bevor er begreift, worum es geht. Dann kann die Ache recht unangenehm werden für kurzatmige Leute, wenn diese womöglich auch noch ohne Schwimmweste oder Neoprenanzug unterwegs sind. Die Strudel ziehen einen gelegentlich ein Stück nach unten, was dem Könner allerdings nicht gefährlich wird. Anfänger haben hier bei Hochwasser nichts verloren, denn dann wird die Schwimmtour zu einem Horrortrip mit langen Tauchstrecken.
Ich möchte keine Schauermärchen auftischen, sondern es soll gezeigt werden, daß die Ache, auch wenn sie in der Wildwasser-Tabelle ganz weit unten rangiert, doch eben Wildwasser und ihre Befahrung auf gut Glück mit Risiken verbunden ist, was durch die Todesfälle wohl genügend bewiesen sein dürfte.
Bei einigem Fahrkönnen, wobei speziell das Einschwingen im Kehrwasser gemeint ist, kann man die Ache als recht leichtes Wildwasser einstufen.
Wessen Traum von einer Wildwassertour ein schönes »Mündungsgefühl« ist, der fährt nach der Grenzstation vor Ettenhausen weiter, hebt beim Wehr in Marquartstein sein Boot um und läßt sich gemütlich in Richtung Chiemsee spülen. Aussteigen, um die langsam einschlafenden Beine wieder aufzuwecken, lohnt immer. Sei es in dem Tal vor Marquartstein, wohl einem der schönsten der Bayerischen Alpen, was einem nicht einmal die Tatsache der Flußregulierung vermiesen kann. Sei es im Egerndacher Filz, im Sossauer Filz oder in der Wildnis des Mündungsdeltas, einem Naturschutzgebiet mit vielen, anderswo schon ausgestorbenen Wasservogelarten, für deren Schonung man vom Wildwasserfahrer sicher Verständnis erwarten darf. Andernfalls müßte mich der Fahrtenvorschlag jetzt schon reuen.

Überblick

Allgemeines fahrtechnisch leichter, landschaftlich sehr reizvoller, wasserreicher Wildfluß im Osten des Kaisergebirges mit romantischer Durchbruchstrecke durch die Chiemgauer Alpen ▪ **Gebirgsfluß** ganzjährig befahrbar; **Urlaubsfluß** ▪ **Wassermenge** ca. 40 cbm/sec ▪ **Start** unterhalb Erpfendorf ▪ **Ausbooten** an der Brücke vor Schleching (vorher Grenzübertritt, Papiere nicht vergessen) oder am Chiemsee ▪ **Flußcharakter** im weiten U-förmigen Tal zunächst reguliert, schnelle Strömung, Pfosten im Wasser; in Kössen eine Stufe unter der zweiten Brücke, dann Schlucht mit steilen, oft direkt vom Wasser aufragenden Wänden, jedoch genügend Möglichkeiten zum Aussteigen in den Kehrwassern; sehr starke Kehrwasser, Prallwände; bei Hochwasser gefährliche Strudel; leichte Schwälle; nach der »Entenlochklamm« wieder reguliert, jedoch landschaftlich bis ins wilde Mündungsdelta lohnend, durch herrliches Tal und später große Moore, die Egerndacher und Sossauer Filze ▪ **Gefälle** in den regulierten Abschnitten ausgeglichen, im »Entenloch« etwas stufenförmig, jedoch keine Abstürze o.ä. ▪ **Ufer** praktisch überall begehbar, die »Entenlochklamm« ist jedoch an einigen Stellen ohne Boot nicht zu verlassen, außer durch Klettern. ▪ **Besondere Gefahren** Pfosten im Fluß, Kössener Wehr; bei Hochwasser gefährliche Strudel im »Entenloch« ▪ **Vergleichbare Schwierigkeiten** Ardèche, teilweise obere Saalach ▪ **Autobegleitung** nur teilweise möglich ▪ **Boote** Falt- und Kunststoffboote, stabile Schlauchboote, Wildwassererfahrung jedoch unbedingt notwendig ▪ **Übernachtung** Camping in Kössen und am Walchsee; Zimmer in allen Ortschaften ▪ **Anfahrt** von München über Bernau, Grassau bis Kössen, ca. 100 km ▪ **Literatur** DKV-Auslandsführer I ▪ **Karte** Freytag & Berndt 1:100000, Nr. 30

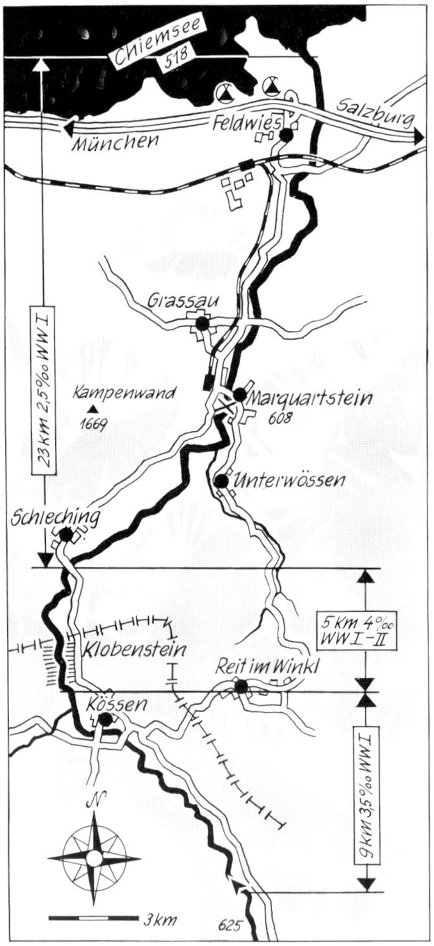

Sehenswertes

Kössen Pfarrkirche mit gotischem Turm, Stuckarbeiten und Malereien ▪ Wallfahrtskapelle Klobenstein (1701–1702) mit Gnadenbild und Rokokostukkaturen
Unterberg (ca. 1700 m) schöne Sicht, besonders auf das Kaisergebirge
St. Johann in Tirol am Nordhang des bekannten Kitzbüheler Horns (ca. 2000 m) Ferienort mit Winter- und Sommerbetrieb
Herrenchiemsee Schloß auf einer Insel im Chiemsee, von König Ludwig II. nach dem Vorbild von Versailles errichtet, Baubeginn 1878

Im Herbst bei gefallenem Wasserstand präsentiert sich die Tiroler Ache in der Entenlochklamm als geruhsame Fahrt.

13 Saalach

Auf weite Strecken leichtes, auf kürzere Abschnitte jedoch schwerstes Wildwasser

Österreich
Salzburg

Nur eine halbe Fahrstunde östlich der Kössener Ache stößt man auf die Saalach, weder mit der Salzach noch mit der Salza zu verwechseln. Es ist ein Wildfluß, der durch sein großes Einzugsgebiet die ganze warme Jahreszeit über fahrbar ist, je kälter jedoch, desto besser.

Die Saalach entspringt in der Gegend von Hinterglemm, bei dem bekannten Skiort Saalbach, wo sie als Wildbach von Enthusiasten bei Hochwasser befahren wird. Sie beruhigt sich in dem weiten Talboden zwischen Maishofen und Saalfelden, wo sie nur 10 Kilometer von der Salzach entfernt ist, in die sie aber erst vor den Toren Freilassings mündet.

Am besten startet man unterhalb Saalfelden, an der Brücke zur Ortschaft Euring. Hier befindet sich auch der grüne Pegel, eine hellgrüne Linie ca. 1 Meter über dem beschriebenen Wasserstand am Brückenpfeiler.

Zunächst geht es ziemlich leicht auf der vor vielen Jahren regulierten Saalach dahin, mit herrlichem Blick auf die sie umgebenden Berge mit ihren steil aufsteigenden, gewaltigen Felswänden. Links ragen die wunderschönen Formationen der Leoganger Steinberge auf, weit flußab die nicht minder interessanten Loferer Steinberge –, beide Gebirgsstöcke aufgebaut aus Trias. Rechts erhebt sich das Steinerne Meer, und im Süden erblickt man die Gletscher der Hohen Tauern. Das Panorama ist wirklich phantastisch.

Auffallend ist hier das U-förmig ausgeformte Tal, eine Folge der Eiszeiten, in denen die Alpentäler von riesigen Gletscherströmen ausgehobelt wurden. Im Falle der Saalach drang der Saalach-/Salzachgletscher bis knapp vor Burghausen ins Alpenvorland hinaus. Obwohl im Querschnitt an das Tiroler Lechtal erinnernd, ist das Saalachtal doch von ganz anderem, eher parkähnlichem Charakter mit vielen Wiesen, kleinen, schattigen Mischwäldern im auffallend ebenen Talboden und abweisenden Felswänden mit dicht von Nadelhölzern bestandenen Steilhängen.

Nach vielen Kilometern leichten Wildwassers, vorbei an der Touristenattraktion der Seisenbergklamm, fängt es nach der Brücke vor St. Martin an, eng zu werden. Die Zeit des In-die-Landschaft Schauens ist vorbei; der Fluß beginnt zu rauschen, bemooste Blöcke liegen an den Ufern, die immer steiler werden.

Der Paß Luftenstein ist erreicht, und wir haben die ersten schwierigen Stellen vor uns. Vor der Befahrung ist es ratsam, sich die etwas unübersichtlichen Passagen anzusehen.

Nach etwa 1 Kilometer erreicht man das Ende der kleinen, romantischen Schlucht, ein Wehr versperrt die Weiterfahrt. Lieber anschauen, ist auch hier die Devise. Doch bald danach wird es wirklich ernst. Die Loferer Steinberge liegen nun schon links hinten, Lofer selbst voraus und damit der schwerste Abschnitt der ganzen Saalach: die Loferer Schlucht. Anfangs schwer, verblockt, mit viel Gefälle, erinnert sie im Charakter ein wenig an den Beginn der großen Soĉaschlucht. Bis zum Teufelssteg bleiben die Schwierigkeiten noch im Rahmen des üblichen. Doch der nächste Kilometer ist schwerstes Wildwasser. Und nicht nur das, er ist auch gefährlich. Riesige Felsblöcke liegen teilweise locker auf, so daß das Wasser wie durch einen Siphon darunter durchzieht. Bis zu 2 Meter hohe Abstürze mit komplizierten

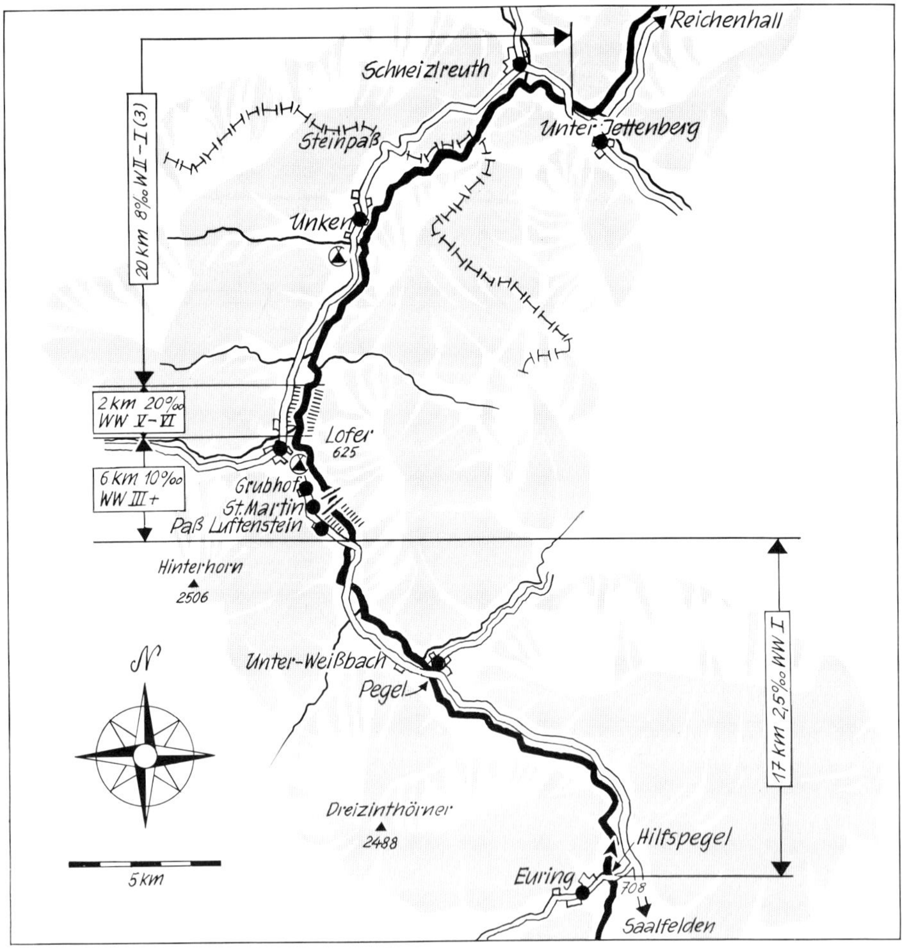

Ein- und Ausfahrten sind zu überstehen. Dabei ist zwischendrin nur wenig Zeit zur Erholung.
Normalverbraucher können sich dieses Abenteuer ruhig verkneifen. Die Saalach besteht ja nicht nur aus der Loferer Schlucht. Unterhalb, an der neuen Brücke nach Au, kann man wieder einsetzen. Das frühere Wehr wich einem aus scharfkantigem Bruchstein gebauten. Bei gutem Wasser ist es fahrbar. Gleich dahinter befindet sich ein weiterer grüner Hilfspegel 1 Meter über dem Wasserspiegel.
Auf einem sehr abwechslungsreichen, verblockten, teils über Stufen rauschenden Wildfluß geht's zwischen Laubwald und kleinen Felswänden dahin, durch lange Schwälle, hinter Unken (mit Wehr) wieder abseits der Straße, auf die man erst wieder hinter Schneitzelreuth trifft. Die Strecke ist ideal für gut trainierte Anfänger, solange der Wasserstand nicht über den zugrunde gelegten Pegel hinausgeht.

Man könnte die Strecke von Au bis zum Stausee ungefähr mit der Ammer vergleichen, von kurzen schwereren Abschnitten abgesehen. Beim Stausee vor Bad Reichenhall kann man ausbooten, falls man nicht bis zur Salzach weiterfahren will.

Die Saalach in der Schlucht bei Lofer, die bis zum Teufelssteg regelmäßig als Austragungsort für Wildwasserrennen dient.

Überblick

Allgemeines landschaftlich und wildwassertechnisch sehr abwechslungsreicher Wildfluß, auf weite Strecken abseits von Straßen und Dörfern ▪ **Gebirgsfluß; Urlaubsfluß** ▪ **Wassermenge** ca. 15 cbm/sec bei Euring ▪ beim grünen **Hilfspegel** ca. 100 cm über dem Wasserspiegel oder Pegel 100 bei Unterweißenbach am linken Ufer; weiterer Hilfspegel: Brücke unterhalb Schneitzelreuth, wenn hölzerner Wellenbrecher 30 cm über Wasser = Pegel 100 bei Unterweißenbach ▪ **Start** bei Euring ▪ **Ausbooten** beim Teufelssteg in der Loferer Schlucht ▪ **Wiedereinsetzen** an der Brücke nach Au ▪ **Ausbooten** am Stausee vor Bad Reichenhall ▪ **Flußcharakter** meist U-förmiges Tal, von Euring bis kurz vor dem Luftensteinpaß ältere Regulierungen; im Luftensteinpaß verblockt, enge Schlucht, teilweise unübersichtlich; danach bis zur Schlucht vor Lofer leichter, reguliert; die Loferer Schlucht zunehmend verblockt, starkes Gefälle; 300 m nach dem Teufelssteg schwerstes Wildwasser mit unübersichtlichen Durchfahrten; nach 1 km wieder etwas leichter, aber noch immer schweres Wildwasser, verblockt, Schwälle, Stufen; ab Au zunehmend leichter, breites Flußbett, lange Schwälle, Blockstellen, weitgehend ursprüngliche Ufer, Prallhänge, Durchfahrten vom Boot aus überschaubar; ab Reith geeignet für gut trainierte Anfänger bei Pegel 100 ▪ **Gefälle** im allgemeinen ausgeglichen ▪ **Ufer** praktisch überall begehbar ▪ **Besondere Ge-**

fahren Treibholz; die Loferer Schlucht mit teilweise unterlaufenen Blöcken ▪ **Vergleichbare Schwierigkeiten** ab Au ungefähr wie die Ammer; Oberlauf von Euring bis Paß Luftenstein wie die Isar ab Sylvenstein; Paß Luftenstein und Anfang der Loferer Schlucht wie der Anfang der großen Sočaschlucht ▪ **Boote** leichtere Abschnitte Einer und Zweier-Canadier, Loferer Schlucht ab Teufelssteg nur für Einer ▪ **Übernachtung** schöner Zeltplatz »Grubhof« bei St. Martin; Gasthöfe in allen größeren Ortschaften ▪ **Anfahrt** von München über Siegsdorf, Inzell bis Lofer, ca. 150 km ▪ **Literatur** Hans Matz, WW-Kurzführer; DKV-Auslandsführer I ▪ **Karte** Freytag & Berndt 1:100000, Nr. 30

Sehenswertes

Lofer Ausgangspunkt für zahlreiche Almwanderungen ▪ Loferer Steinberge
Weißbach Lamprechtshöhlen ▪ Seisenbergklamm
Zell am See Seilbahn auf die Schmittenhöhe, Beginn des bekannten Höhenweges, dem Pinzgauer Spaziergang, mit phantastischem Blick auf die Gletscher der Hohen Tauern und auf Wilden Kaiser, Loferer und Leoganger Steinberge ▪ Stadtpfarrkirche, romanische Basilika mit mächtigem Turm ▪ Vogtturm (um 1000) ▪ alte Bürgerhäuser

Landschaftlich keineswegs reizvoll erscheinen die Eingriffe des Menschen in die Natur, auch wenn sie mit fahrbarer Rutsche ausgestattet sind.

14 Koppentraun

Schnelles, überwiegend mittleres Wildwasser

Österreich
Steiermark/Oberösterreich

Wie ein gegen Norden gerichteter Bogen spannt sich der Lauf der Koppentraun, Zufluß des berühmten Hallstätter Sees im Salzkammergut, um den Zinkenkogel und den Rauhen Koppen, die flach vom Süden ansteigen und steil zur Koppentraun nach Norden abfallen.
Im Herbst, wenn man erfahrungsgemäß einen niedrigen, für die Befahrung günstigen Wasserstand antrifft, zeigt sich die Koppentraun wie so manches andere Wildwasser von ihrer schönsten Seite. Anfangs ist es belustigend, wenn man neben im Wasser treibendem Laub die ersten Schwälle hinunterschießt. Man hat auch noch Zeit dazu, einen Blick auf die niedrigen, an die Steierische Salza erinnernden Konglomeratwände und auf die zum Sarstein aufsteigenden bewaldeten Steilhänge zu werfen. Doch wenn man die Koppentraun zum erstenmal befährt und nur irgendetwas von einer gewaltigen Gefällestrecke, dem »G'schauten« und dem »Ung'schauten«, gehört hat, kann man die steigende Spannung nicht verheimlichen.
Doch vorerst enden die Schwälle übersichtlich in größeren gumpenartigen Abschnitten. Später werden sie immer steiler, das Geröll zu beiden Seiten wird größer und klobiger, und plötzlich entpuppt sich ein Schwall als einer von der Sorte, die man vielleicht doch lieber vorher genauer angesehen hätte. Es donnert, das klare Wasser schießt im Gegenlicht dahin, vielleicht 50 Meter weit steil bergab. Plötzlich liegen große Blökke im Stromzug, man muß zum erstenmal sauber manövrieren, sogar mit Ziehschlägen das Boot hindurchdirigieren.
Doch die Hauptattraktion, der erste Katarakt, läßt noch immer auf sich warten.

Nicht umsonst wird diese Mischung aus Katarakt und Labyrinth das »G'schaute« genannt, denn es empfiehlt sich dringend, die beste und einzig sinnvolle Route erst einmal vom Ufer aus zu erkunden.

Für Vorwitzige, die nicht in mikroskopisch kleinen Kehrwassern ihr Boot zum Stehen bringen eine echte Gefahr, sich spätestens hier gründlich zu verirren. Dem Stromzug folgend, geraten sie ganz bestimmt in eine Route, die in einem Verhau von Felsblöcken endet.
Spätestens dann steigt der »normale« Wildwasserfahrer aus dem Boot, springt über Blöcke flußab und bedauert, seine Kamera wieder einmal im Auto vergessen zu haben. Von unten sieht er auch, wo die ideale Fahrtroute liegt, die hier mit Absicht nicht verraten wird.
Zurück zum Boot, vielleicht etwas Herzklopfen beim Einschlingen in die Strömung, und dann hinein in die erste Walze. Das Boot versetzt beim Auftauchen, ein Ziehschlag zur Korrektur, dann durch das zusammengepreßte Wasser des Kanonenrohrs und ins Kehrwasser geschwungen. Das war alles WW IV wenn's klappt, aber turbulent, wenn einem der geringste Fehler unterläuft. Soweit der Auftakt, der nächste Katarakt folgt. Auch er ist ohne Besichtigung kaum sauber befahrbar.
Nach diesen zwei Paukenschlägen ist man in Stimmung die Koppentraun auch! Wie eine Mischung von Allierkatarakten und Loisachschlucht gebärdet sich der Fluß. Schlag auf Schlag folgen Schwälle, Blöcke und enge Durchfahrten, kaum erwischt man ein Kehrwasser zum Verschnaufen, dauernd muß man sich blitzschnell entscheiden und ganz genau manövrieren. Obwohl das Flußbett recht breit ist, gibt es kaum eine Möglichkeit zu kneifen. Umtragen würde in die Plage eines 3-Kilometer-Fußmarsches mit dem Boot auf den Schultern ausarten, bis sich die Koppentraun wieder beruhigt und nach der letzten Eisenbahnbrücke bis zum Hallstätter See ganz leichtes Wildwasser bildet.
Die Koppentraun kann zwar nicht wie die frühere klassische Route auf der Traun vom Seeabfluß des Hallstätter Sees mit vielen Kilometern aufwarten, dafür liegt sie völlig abseits der Straße. Nur eine Eisenbahnlinie begleitet den Fluß, und statt Länge erwartet uns hier echte, völlig unverfälschte Gebirgsflußlandschaft, in die sich höchstens in den Abendstunden ein paar Angler verirren. Daß der Fluß überhaupt für den Wildwassersport in Frage kommt, liegt am heute verbesserten Bootsmaterial und der ausgefeilteren Fahrtechnik: beides Voraussetzungen für eine genußbringende Befahrung. Abgesehen davon ist die Koppentraun ein klassisches Beispiel dafür, wie durch die Kultivierung (gelinde gesagt) von Wildwassern abenteuersuchende Kajak- und Kanufahrer in die immer entlegeneren Oberläufe unserer Flüsse vordringen müssen.

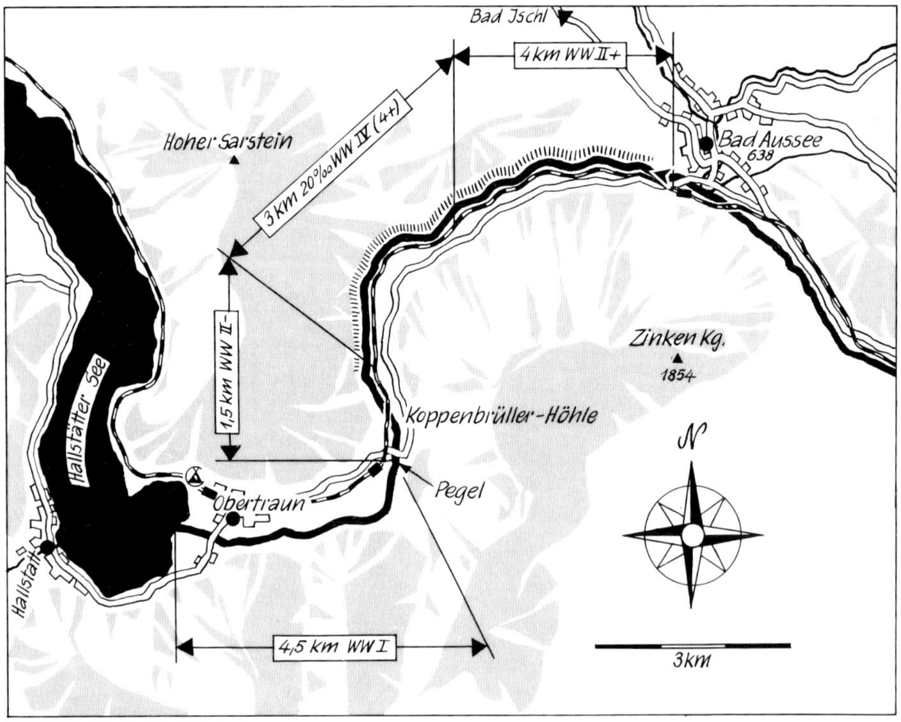

Überblick

Allgemeines sportlich und landschaftlich hervorragendes Wildwasser in einsamer Waldschlucht, bei idealem Wasserstand glasklares Wasser ▪ **Gebirgsfluß** ▪ **Wassermenge** ca. 15 cbm/sec bei **Pegel** 110 an der Straßenbrücke beim Wirtshaus Koppenrast ▪ **Start** beim Bahnhof Bad Aussee ▪ **Ausbooten** am Pegel oder am Hallstätter See ▪ **Flußcharakter** Flußbett oft breit und sehr seicht, lange ruhige Strecken wechseln mit zunehmend steiler werdenden Schwällen, die an zwei Stellen in unübersichtliche Katarakte übergehen; nach den Katarakten stark verblockter, fast 3 km langer Schwall mit engen Durchfahrten, scharfen Kurven, kleineren Abstürzen; ein Naturslalom, trotzdem vom Boot aus gerade noch zu beurteilen, erfordert blitzschnelle Reaktionen ▪ **Gefälle** bis zum zweiten Katarakt stufenförmig, dann gleichmäßiger ▪ **Ufer** überall begehbar ▪ **Besondere Gefahren** Treibholz, riskantes Fahren ohne Überblick, zu hohe Wasserstände ▪ **Vergleichbare Schwierigkeiten** fahrtechnisch leichter als die Ardezer Schlucht bei Pegeln bis 60, entspricht, abgesehen von den Katarakten, etwa der Albulaschlucht ▪ **Autobegleitung** nicht möglich ▪ **Boote** stabile Einer und Zweier-Canadier ▪ **Übernachtung** Zeltplätze in Steeg und Hallstatt, am Altausseer- und Grundlsee; Hotels und Gasthöfe in Hallstatt und Bad Aussee ▪ **Anfahrt** von München über Autobahn Salzburg bis Ausfahrt Gmunden, Hallstatt bis Bad Aussee 220 km ▪ **Literatur** Hans Matz, Wildwasser im Ausseer Land ▪ **Karten** Freytag & Berndt 1:100000, Nr. 28

Sehenswertes

Bad Aussee Heilbad ▪ Badeseen: Altausseer See, Sommerbergsee, Grundlsee, Ödensee und Toplitzsee ▪ Pfarrkirche St. Paul, ursprünglich romanisches Schiff ▪ Spitalkirche Hl. Geist (14./16. Jh.) ▪ alte Steinmühle mit Sgraffiti (16. Jh.) ▪ Kammerhof (14./16. Jh.) ▪ Hoferhaus mit Fresken von 1530
Hallstatt Hallstätter See ▪ Stadtpfarrkirche (1131–1505) ▪ prähistorisches Museum ▪ Knappenhaus ▪ Gräberfeld aus der Hallstattzeit und La-Tène-Zeit ▪ Salzbergbahn ▪ Dachsteinhöhlen ▪ Koppenbrühler Höhle

Die Koppentraun wartet mit hohem Tempo und einigen Überraschungen auf in Form von labyrinthartigen Blockstellen, die am »G'schauten« und »Ung'schauten« ihre sportlichen Höhepunkte bieten.

15 Erlauf

In den wesentlichen Abschnitten mittleres bis schweres Wildwasser

Österreich
Niederösterreich

Es nieselte, als wir aus den Kajaks kletterten. Touristen, die die Klamm durchwanderten, fröstelten bei unserem Anblick, aber uns war recht warm in den Taucheranzügen. Wir hatten gerade die vorderen Tormäuer durchfahren, den atemberaubenden Durchbruch der Erlauf zwischen Gfäller Alpe und Klauswald. Ein Wiener trat an uns heran und fragte in unverfälschtem Dialekt, ob die Boote wirklich »resistent gega de Stana« seien.

Das müssen die Boote tatsächlich sein, denn die beinahe klammartige Strecke, etwa 2 Kilometer lang, läßt nicht oft die Wahl zwischen lautloser Ideallinie im Wasser und dem geplanten Überfahren spärlich überlaufender Blöcke.

Vom Fußweg aus stellt man sich schon beim Erkunden der Schlucht die Frage, wie man da überhaupt klarkommen kann. Steine, Rippen, schmale Durchfahrten, enge Kurven, relativ wenig Wasser, ein echter Polyesterbach, wie Herbert Rittlinger geschrieben hätte. Das fordert natürlich dazu heraus, möglichst ohne Kollisionen das Boot hinunterzumogeln bis zum Falkensteinsteg am Ende der Schlucht.

Die Strecke ist halb Schlucht, halb Klamm, aber so lange die Ufer wenigstens auf einer Seite begehbar sind, um sich Stück für Stück zu erarbeiten, kann man ohne das zu Klammbefahrungen

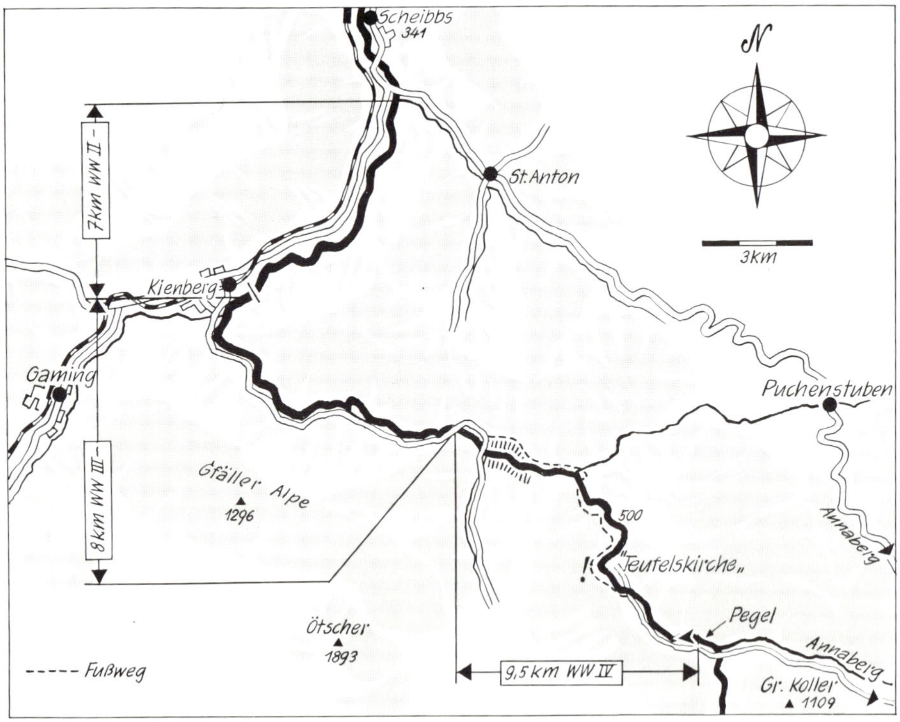

Ungefähr aus dieser Perspektive erlebt der Wildwasserfahrer verblocktes und in Stufen abfallendes Wildwasser auf der Erlauf.

gehörende unheimliche Gefühl in die unteren Tormäuer hineinpaddeln. Nur der Eingang gleicht einem glattgeschliffenen Tor.
Die Erlauf entspricht fast haargenau den Traumfluß-Phantasien einer meiner Freunde, der meinte, der Wildfluß seiner Träume entspringe so nahe an seiner Mündung, daß ein kurzer Fußmarsch zurück zum Start führe.
An der Erlauf liegen die Verhältnisse zwar nicht so, aber mangels einer Autostraße empfiehlt sich, nach dem Abladen der Ausrüstung beim Start gleich hinter dem E-Werk Erlaufboden mit dem Auto die kurvige kleine Bergstraße über Puchenstuben, St. Anton nach Kienberg und von dort flußauf zum Ausgang der Tormäuer zu fahren. Von da aus wandert man etwa 9 Kilometer bis zum Start zurück, zuerst durch die Schlucht, dann im weiterwerdenden Tal bis hinauf nach Trübenbach und schließlich auf der wenig befahrenen Straße bis zum E-Werk, wo sich auch der Pegel befindet.
Das Tal ist dank seiner abgelegenen Lage so schön, daß es auf viele Ruhe- und Natursuchende große Anziehung ausübt. Doch man bemerkt die Menschen kaum, man ist viel zu sehr beschäftigt, den Fluß zu betrachten. Besonders natürlich die vorderen Tormäuer sowie die wirre Anhäufung von Felsen, knapp unterhalb der Teufelskirche, einer Felsnadel bald nach dem Start, lassen den Eindruck zurück, bei der Befahrung lieber nochmals auszusteigen. Gerade letztere Passage kann man von einem Steg über die Erlauf gut beurteilen, und zum Glück besteht die Möglichkeit, sie auch zu umtragen. Dies ist bei weniger als Pegel 150 und bei Hochwasser je nach Fahrkönnen schon zu empfehlen.
Anfangs ist die Schlucht fast zur Klamm verengt, aber der Fluß ziemlich leicht. Dann folgt überraschend der Katarakt der Teufelskirche. Weiter geht's abwechslungsreich, aber leicht bis zum

Eingang der vorderen Tormäuer, deren steile Einfahrt in die Toreckklamm man besser auf eventuell angespülte Bäume untersuchen sollte.
Nach der Schlucht abzubrechen, wäre falsch, denn auch die folgende Strecke bietet einige Überraschungen und spritziges Wildwasser bis Kienberg, wo als Schluß ein unheimlich hohes Wehr befahren wird.

Überblick

Allgemeines kleines, glasklares Wildwasser durch romantische Schluchten abseits der Straßen ▪ **Gebirgsfluß** ▪ **Wassermenge** ca. 6 cbm/sec bei **Pegel** 150 unterhalb des E-Werkes Erlaufboden ▪ **Start** am E-Werk ▪ **Ausbooten** am Ende der Vorderen Tormäuer oder in Kienberg ▪ **Flußcharakter** sehr abwechslungsreich, teils leicht, teils kataraktartig, unübersichtliche Abstürze und Verblokkungen, Felsrippen, enge, genaues Fahren erfordernde Durchfahrten, doch genügend Kehrwasser zum Abschwingen, nach den Vorderen Tormäuern leichter werdend. ▪ **Gefälle** sehr unregelmäßig, stufenförmig, vor und nach der Schlucht im allgemeinen gleichmäßiger ▪ **Ufer** bis auf kurze Abschnitte immer auf wenigstens einer Seite begehbar ▪ **Besondere Gefahren** Treibholz, in der Schlucht eventuell Steinschlaggefahr ▪ **Vergleichbare Schwierigkeiten** Teufelskirchenkatarakt und Vordere Tormäuer etwas schwieriger als Loisachschlucht ▪ **Autobegleitung** nicht möglich ▪ **Boote** nur stabile Einer ▪ **Übernachtung** Zeltplatz in St. Sebastian bei Mariazell; Gasthöfe in den wenigen größeren Orten ▪ **Anfahrt** von München über Autobahn Salzburg bis Ausfahrt Wieselburg, weiter bis Kienberg, ca. 400 km ▪ **Literatur** Hans Matz, Wildwasser um Wildalpen ▪ **Karten** Freytag & Berndt 1:100000 Nr. 3

Sehenswertes

Melk Benediktinerstift (1702–1736), großartiges Barockbauwerk ▪ Naturpark Ötscher
Annaberg Wallfahrtskirche 14.–15. Jh., barockisiert
Lilienfeld romanische Kirche des Zisterziensterstifts, vollständig restauriert

Bei so wenig Wasser erfordert das Befahren der Erlauf viel Fahrtechnik und Humor, wenn man sich trotz aller Anstrengungen irgendwo zwischen den Blöcken verkeilt.

16 Steierische Salza

Wildfluß mit geringen bis mittleren Schwierigkeiten

Österreich
Steiermark

Es gibt wohl kaum einen Wildfluß, der den Traumvorstellungen von Kajak- und Canadierfahrern so nahe kommt wie die Steierische Salza. In den Ostalpen ist und bleibt sie, von der ganz andersartigen Soča abgesehen, in ihrer Art einmalig.

Man stelle sich folgendes vor: Auf etwa zwei gemütlichen Tagestouren von insgesamt ungefähr 60 Kilometer Fahrstrecke trifft man nur auf eine einzige Verbauung, nämlich die Bresčeniklause, die ca. 200 Meter weit umtragen werden muß. Diese Klause sammelte früher das nötige Wasser, um Triftholz und Floße zur Enns hinunter zu befördern. Nicht nur die relative Einsamkeit dieses Teils der Steiermark, auch das völlige Fehlen größerer Ansiedlungen am Fluß übt eine Faszination aus, der man sich nicht mehr entziehen kann, wenn man die Steierische Salza einmal kennengelernt hat.

Zunächst leichte Waldschluchten durchziehend, durchbricht die Salza zwischen dem Gutenbrand (1313 m) und dem westlichen Teil der Zeller Staritzen (1561 m) die Klausschlucht, die sich teilweise zur echten, eindrucksvollen Klamm verengt. Direkt aus dem Fluß steigen die Felswände auf, doch die Schwierigkeiten bleiben bei aller Abwechslung immer bei höchstens WW II. Kurz vor Weichselboden mit einer Wirtschaft unter alten Bäumen treten die Berge etwas zurück, es geht bald wieder durch kleine Klammstrecken bis zur Bresčeniklause, an die man keinesfalls zu nahe heranfahren sollte. Nach dem Umtragen zieht der Fluß in großen Kurven durch einen flachen weiten Talboden, eine Strecke, die für einen geschickten Anfänger ideal erscheint, bis etwa 5 Kilometer vor Wildalpen. Hier sollten Anfänger lieber ausbooten.

Das Tal wird enger, die Schwälle werden länger und heftiger, überall liegen Blökke im Fluß. Es geht vorbei am Kajakzentrum Wildalpen mit seinem netten Zeltplatz und immer tiefer hinein in die Schluchten, die der Fluß in den ehemals mit Geröllen gefüllten Talboden hineingefressen hat. Die so entstandenen Konglomeratschluchten sind von unerhörter Schönheit und bieten technisch andauernd interessantes Wildwasser. Urwaldartige Mischwälder, die ihre Existenz einer sinnvoll betriebenen Forstwirtschaft verdanken, säumen den auch bei hohem Wasserstand meist glasklaren Fluß. Besondere landschaftliche Höhepunkte bieten der »Weg durchs Paradies« kurz vor Erzhalden mit Wirtschaft und Landetreppe, die gleichzeitig als Pegel dient, und die darauffolgenden Schluchten und Klammen von Palfau bis zum Stausee an der Enns.

Für den Wildwasserfahrer gibt es eine Fülle von Badeplätzen. Das Flußbett weist alles auf, was ein Wildwasser mittlerer Schwierigkeit überhaupt anbieten

Brotzeit- und Badepause an der Steierischen Salza in den Konglomeratschluchten unterhalb von Palfau.

kann: Prallhänge und enge Kurven mit rasanten Kehrwassern (ideal für Kurse zum Trainieren); Schwälle, die man bei Mittelwasser kreuz und quer befahren kann, Stufen im Flußbett, die bekannten, laut rauschenden und unübersichtlichen Geröllbankschwälle, verblockte, meist mit Felsrippen gespickte Passagen. Dazu hat man eigentlich immer genügend Wasser unter dem Kiel, um im Zweier-Canadier alle Freuden des Manövrierens und Schaukelns auskosten zu können. Obendrein nehmen die Probleme flußabwärts laufend zu, so daß man sich gut eingewöhnen kann.

Insgesamt lassen sich alle schweren Stellen bis auf einen Schwall mit auffallend großen Felsblöcken vom Boot aus noch richtig einschätzen. Das soll aber nicht mißverstanden werden als Aufforderung zum blinden Drauflospaddeln, Mitschleppen von Anfängern oder gar Unterschätzen der Salza bei Hochwasser! Wenn der Hilfspegel bei der Treppe in Erzhalden die erste Stufe erreicht, wenn die 5 Kilometer lange Strecke vor Wildalpen schon die Wucht der Imster Schlucht erreicht, dann muß man mit meterhohen Wellen, irrsinnig saugenden Wirbeln, eventuell unterspülten Wänden, kurz und gut mit einer Turbulenz rechnen, die mehr Anforderungen stellt als die Ötztaler Ache von Ötz bis zum Inn über Pegel 120.

Überblick

Allgemeines schönstes Wildwasser der Ostalpen in romantischen Schluchten, sportlich immer abwechslungsreich, mit glasklarem Wasser ▪ **Gebirgsfluß; Urlaubsfluß** ▪ **Wassermenge** ca. 20 cbm/sec, wenn der Wasserspiegel ca. 1 m unter der untersten Stufe der Betontreppe von Erzhalden steht ▪ **Start** je nach Wasserstand bei Greith ▪ **Ausbooten** an der Brücke über dem Stausee der Enns ▪ **Flußcharakter** von Greith bis Wildalpen typisch alpin mit leichten bis mittelschweren Schwällen im Geröllbett, leicht verblockt; in der Klausschlucht vor Weichselboden echte Klammstrecke; ab Wildalpen zunehmende Schwierigkeiten in Form von Prallwänden, Felsrippen, Verblockungen, Schwällen über großes Geröll und Klammstrecken; die Schwierigkeiten können überall gerade noch ohne Aussteigen beurteilt werden ▪ **Gefälle** bis 5 km vor Wildalpen eher ausgeglichen, ab da mehr stufenförmig, das heißt steilere Schwälle und gelegentliche Stufen wechseln mit ruhigen Abschnitten ▪ **Ufer** in der Klamm vor Weichselboden und in den Klammen ab Erzhalden streckenweise unbegehbar, ansonsten überall einigermaßen begehbar ▪ **Besondere Gefahren** in der Klausschlucht vor Weichselboden eventuell Probleme mit Treibholz, auch sonst Bäume; die Bresceniklause unbedingt rechtzeitig umtragen (!); bei Hochwasser enorme Walzen, Brecher und Strudel, ab Wildalpen eventuell auch Unterspülungen ▪ **Vergleichbare Schwierigkeiten** bezüglich der Flußbettform am ehesten mit der Ammer vergleichbar ▪

Traumfluß für Wildwasserfahrer und temperaturunempfindliche Schwimmer – die Steierische Salza bei Erzhalden.

Autobegleitung großenteils möglich, Kontakt gelegentlich schwierig ▪ **Boote** Kunststoff-Einer, wenn ab Greith fahrbar, ideal für Zweier-Canadier und stabile Schlauchboote mit versierten WW-Fahrern ▪ **Übernachtung** ruhiger Paddler-Zeltplatz in Wildalpen direkt am Fluß; nur wenige Gasthöfe (Erzhalden und Wildalpen ▪ **Anfahrt** von München Autobahn über Salzburg, Linz bis Ybps–Persenbeug, von dort über Wieselburg, Gaming, Lunz nach Wildalpen, ca. 420 km ▪ **Literatur** Hans Matz, Wildflüsse um Wildalpen ▪ **Karten** Freytag & Berndt 1:100000, Nr. 4 und 5

Sehenswertes

Maria Zell meistbesuchter Wallfahrtsort Österreichs, ursprünglich gotische Kirche, Umbau (1654–1704), Feierlichkeiten am 15. August und 8. September, an den Samstagabenden Lichterprozessionen ▪ Schatzkammer ▪ Erlaufsee ▪ Gemeindealpe (1626) mit Blick auf die Umgebung ▪ Marien-Wasserfall

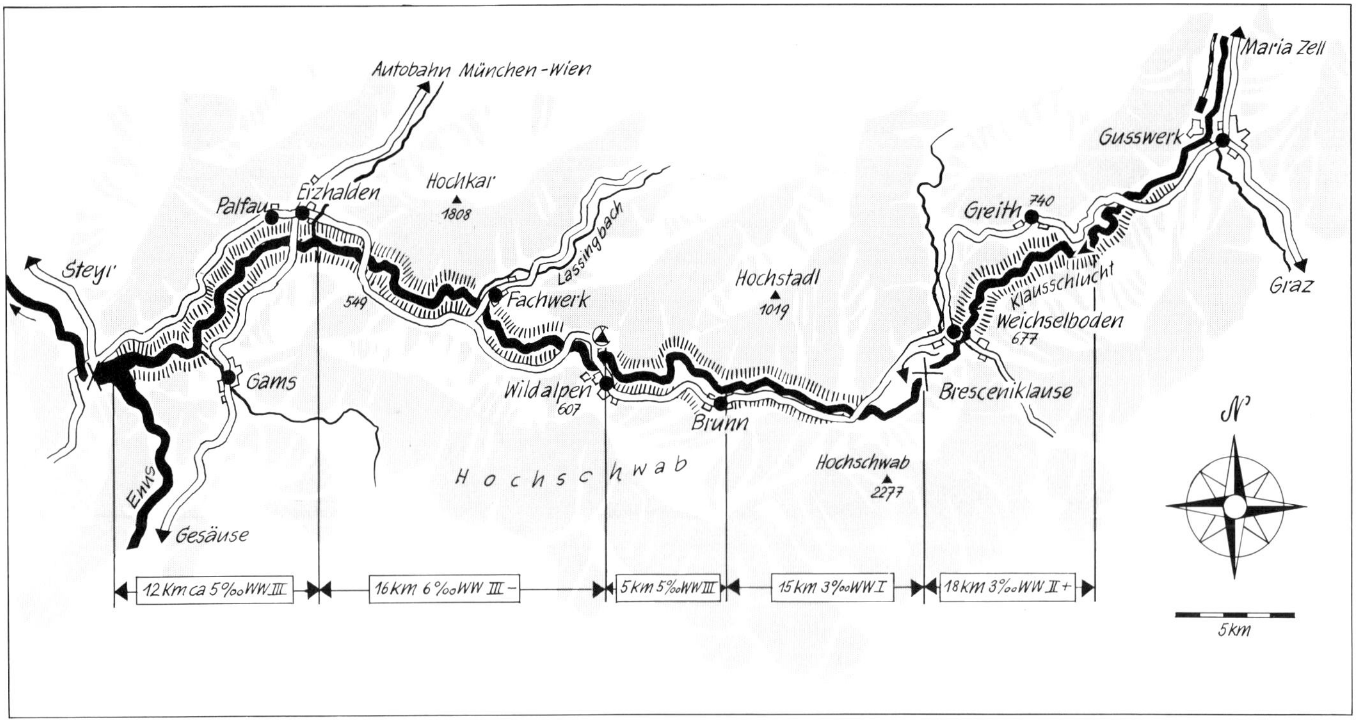

17 Isel

Wildfluß mit überwiegend geringen Schwierigkeiten

Österreich
Osttirol

Jeder Wildfluß hat einen eigenen, unverwechselbaren Charakter: die Soča ihre riesigen runden Felsblöcke, zwischen denen türkisfarben das Wasser dahinschießt, die Steierische Salza ihre Orgie in Grün und blätterteigartigen Schluchten, die Loisach ihren aufregenden Naturslalom und die Ardèche den atemberaubenden Durchbruch des Pont d'Arc.

Die Isel, seit 1965 bei weitem nicht mehr so wild wie ehedem, fasziniert durch den Blick auf die bizarre Szenerie der Lienzer Dolomiten, einen auf etwa 2700 Meter Höhe aufragenden Gebirgsstock zwischen der Drau im Norden und der oberen Gail im Süden. Im Gegensatz zu vielen anderen Wildflüssen braucht man dabei nicht das Boot zu wenden, um dieses Panorama ins Auge zu fassen, es liegt immer voraus.

Auf die Isel trifft man, wenn man durch den Felbertauerntunnel kommend in Richtung Lienz weiterfährt. Relativ leicht, von Bruchsteinen und Erlen gefaßt, zieht sie unterhalb von Matrei dahin, was 1964 zwei offensichtlich ahnungslosen Wildwasserfahrern zum Verhängnis wurde. Denn in der neben der Straße herlaufenden Schlucht steigern sich die Schwierigkeiten von Schwall zu Schwall, bis die ganze wasserreiche Isel in einem je nach Wasserstand zwischen WW VI und unfahrbar beurteilten Katarakt nach unten stürzt, ein herrliches Schauspiel, solange man nicht im Boot sitzt.

Das Tückische am Iselkatarakt ist, daß er ohne dem sonst so häufigen Stau ansetzt, der beim Überwinden gewachsener, massiver Felsbarrieren auftritt, sondern eigentlich wie ein gigantischer Geröllbettschwall den offensichtlich aus Schwemmaterial aufgebauten Riegel aus Kies und Geröll aller Größenordnungen durchbricht. Das hat zur Folge, daß am Ende des Schwalles das Gefälle und damit die Wasserwucht alles mit fortriß, was kleiner als die metergroßen Blöcke war, insofern ein Paradebeispiel von Schwall für jeden, der die vom Wasser geformte Landschaft gerne sieht.

Irgendwann einmal wird der Katarakt durch flußaufwärts wandernde Erosion am oberen Ende der Schlucht ankommen (und den Wasserbauern, falls es dann so etwas noch gibt, erhebliches Kopfzerbrechen bereiten).

Für den Wildwasserfahrer heißt dies alles, daß er rechtzeitig ans Land muß, wenn er sein Leben liebt, beispielsweise an der Brücke oberhalb, die ja nicht zu übersehen ist. Andernfalls passiert es einem vielleicht, vor allem als Könner, daß man im Eifer des Gefechtes zu nahe an den Katarakt heranfährt. Dann kann nur noch Abbiegen in den Steinverhau des rechten Seitenarmes helfen.

Gleich nach dem Katarakt schießt das Wasser über riesige Blöcke, und tiefe Löcher und heftige Querströmungen ergeben schweres Wildwasser. Das Einbooten ist schwierig. Gegen Huben zu nimmt das Gefälle allmählich ab. Es folgen einige seit 1965 entstandene Bremsstufen, brutal gebaut und gefährlich, aber nach Ansehen fahrbar, falls das Wasser nicht zu hoch ist.

Nach diesen Stufen, etwa nach der Mündung des Kalser Baches von links, wird

Auch oberhalb des Kataraktes zeigt die Isel, daß hier schon mit beachtlichen Schwierigkeiten gerechnet werden muß.

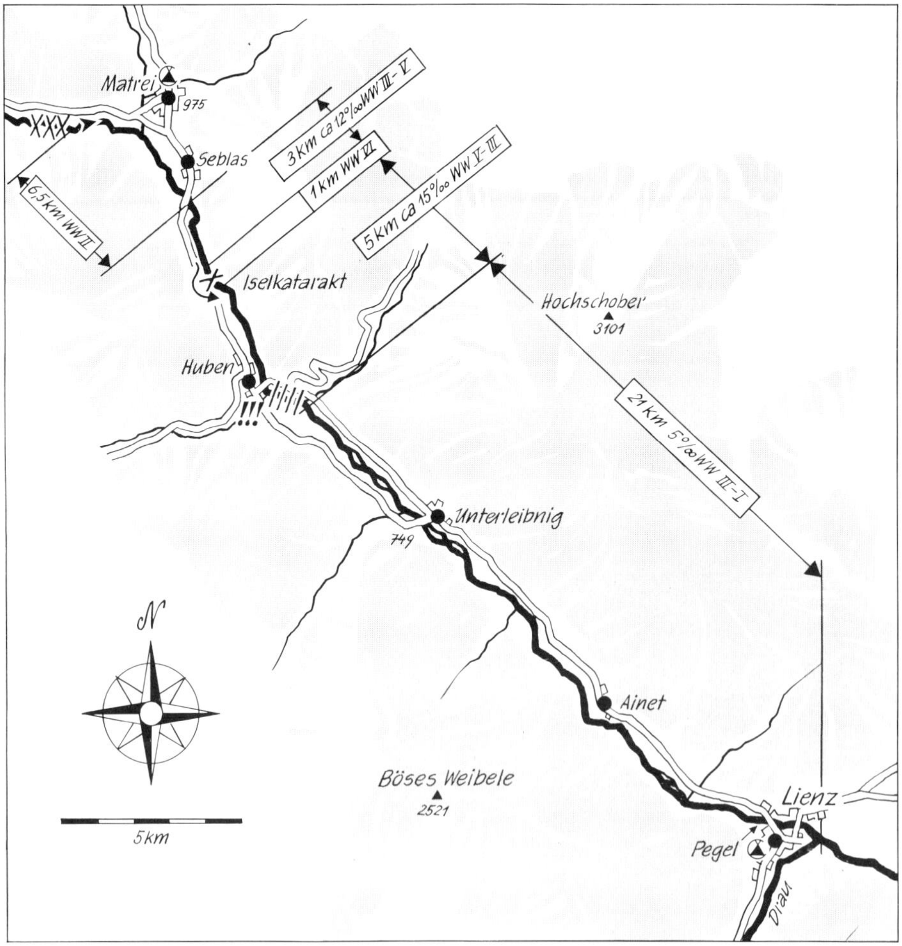

die Isel für den guten Anfänger interessant. Es ist eine Fahrt wie auf der Isar bei gutem Wasserstand: schnell, ohne große Komplikationen, lange, leichte Schwälle, einige Kurven mit Kehrwassern und immer mit dem Ausblick auf die Lienzer Dolomiten.
Vor Lienz wird das Tal enger, der Fluß zieht im Schatten der dichtbewaldeten Defereggger Alpen dahin. Dann geht es unter der Brücke (rechts Pegel) hindurch, an Lienz vorbei in Richtung Drau mit einer Überraschung zum Abschluß: Ein Wehr mit schrägem Wassergefälle und schönen Widerwellen tauft den Anfänger gründlich.

Überblick

Allgemeines wasserreicher Wildfluß, entspringt aus dem Massiv des Großvenedigers, mit Blick auf die Lienzer Dolomiten in schönem, teilweise einsamen Tal ▪ **Gletscherfluß, Urlaubsfluß** ▪ **Wassermenge** ca. 40 cbm/sec bei **Pegel** 200 an der Brücke vor Lienz am rechten Ufer ▪ **Start** je nach Können weiter flußaufwärts in Richtung Mitteldorf, Umtragen am Iselkatarakt; Start für wenig Trainierte unterhalb Kalser-Bach-Mündung nach den Stufen ▪ **Ausbooten** nach dem Iselwehr hinter Lienz ▪ **Flußcharakter** wasserreich, teils in V-förmiger Schlucht, meist in weiterem Talboden, streckenweise mit Uferverbauungen; in der Schlucht zwischen Matrei und Huben großes Geröll, Walzen, Löcher; ab Huben einige Stufen mit gefährlichem Rücksog; ab da teilweise mit Uferverbauungen, breites Kiesbett, große Geschwindigkeit, leichte Schwälle, gelegentlich Pfosten im Wasser ▪ **Gefälle** abgesehen vom Iselkatarakt ziemlich gleichmäßig ▪ **Ufer** überall begehbar ▪ **Besondere Gefahren** Iselkatarakt, Stufen unterhalb Huben, die bei Hochwasser lebensgefährlich sind, Pfosten im Fluß, Wehre bei Lienz ▪ **Vergleichbare Schwierigkeiten** auf den leichten Strecken etwa wie auf der Isar, aber wuchtiger ▪ **Autobegleitung** überwiegend möglich ▪ **Boote** Kunststoff- und Faltboot-Einer, stabile Schlauchboote, offene und geschlossene Canadier ▪ **Übernachtung** Zeltplätze in Lienz und Matrei; Gasthöfe in Matrei und Lienz und den anderen größeren Ortschaften ▪ **Anfahrt** von München über Kufstein, Eiberg, Paß Thurn, Felbertauern bis Matrei, ca. 190 km ▪ **Literatur** Hans Matz, WW-Kurzführer; DKV-Auslandsführer I ▪ **Karte** Freytag & Berndt 1:100000, Nr. 12

Sehenswertes

Matrei in Osttirol Nikolauskirche (13. Jh.), zwei übereinanderliegende Chöre, Fresken aus dem 13. Jh.
Lienz einstige Residenz des Grafen von Görz ▪ Pfarrkirche St. Andreas (1450) ▪ gotische Antoniuskapelle ▪ Lieburg am Stadtplatz ▪ Schloß Bruck mit Bezirksmuseum ▪ Egger-Lienz-Galerie ▪ bedeutendes Museum bäuerlicher Arbeitsgeräte ▪ schönes Stadtzentrum
Tristacher See
Umbal-Wasserfälle im Virgental

Die schnelle und wasserreiche Isel bei Ainet mit Blick auf die Venediger-Gruppe.

18 Möll

Wildfluß mit überwiegend geringen Schwierigkeiten

Österreich
Kärnten

Als wir im Jahre 1964 die Zemmschlucht und anschließend die obere Ziller bis hinunter nach Hippach am Tage mindestens viermal fuhren mit klappernden Zähnen, ohne Taucheranzug, nur in Badehose, Perlonanorak und Schwimmweste, aber begeistert über die wuchtigen, abends bei gestiegenem Wasserstand beachtlichen langen Schwälle, taten wir dies einerseits aus Freude, andererseits aus Respekt vor der auf dem Urlaubsplan stehenden Möll.
»Eine gewaltige Bergwelt ist die Wiege der Möll«, stand in dem vorbildlich aufgebauten Österreichischen Wildwasserführer. Und weiter war da vieles zu lesen über ganz schauerliche Schwierigkeitsgrade. Also trainierten wir, was das Zeug hielt. Mit einem Käfer Baujahr '51 fuhren wir über den Glockner, vier rote Kajaks hochkant auf dem Dach. Aber die vier Stellen der Möll konnten wir nicht finden, bei besten Bemühungen und aller Hochachtung vor der Kunst des Wildwasserfahrens im Faltboot, wo man nicht einfach störende Steine überrollte oder das Boot im letzten Moment lässig herumriß.
Was wir fanden war ein unberührter, abwechslungsreicher Wildfluß mit herrlichem Erlenlaubwald zu beiden Seiten, mit Kiesbänken, Blockstellen, Verzweigungen, traumhaften Zeltplätzen gleich am Wasser und eingefaßt von bis auf 2700 Meter aufragenden, einsamen Bergen.
Den fehlenden Schwierigkeiten im Vergleich zur damaligen Zemm und Ziller (seit 1968 reguliert) trauerten wir kaum nach, so sehr faszinierte dieses Tal, wo der Fluß immer wieder weit weg von den Dörfern im Schatten der Berg- und Auwälder dahinrauschte.
Dann kamen das Hochwasser und die Bulldozer, beides etwa 1965. Inzwischen hat sich die »Patientin«, die Möll, von der Roßkur soweit wieder erholt, daß sich eine Befahrung lohnt. Dabei muß man es vielleicht in Gesellschaft Hunderter organisierter Paddler aushalten, die im Rahmen der alljährlich in Obervellach stattfindenden Internationalen Wildwasserwoche hereinbrechen. Da werden dann unter Führung Fahrten auf der Möll und den Flüssen bis hinunter nach Slowenien auf der Soča und Wocheiner Save veranstaltet.
Die Schwierigkeiten der Möll sind seit 1964 auf weite Strecken verschwunden, der Fluß ist dadurch, niedrigen Wasserstand vorausgesetzt, ideal für Anfänger, die bereits mit dem Boot ins Kehrwasser fahren können.
Aber bei viel Wasser legt die Möll auf manchen Abschnitten noch recht beachtlich los, bildet Schwälle, die wegen der fehlenden natürlichen Bremsstrekken offensichtlich an Wucht nicht ab-

Als idealer »Familienfluß« ohne ausgeprägte Tücken präsentiert sich die Möll.

sondern vielmehr zugenommen haben. Jedenfalls erlebten wir 1978 die Möll in einem Zustand, der eher an die Imster Schlucht mit ihren Riesenwellen erinnerte als an eine Sonntagsnachmittags-Kaffeefahrt.

In vielem erinnert mich das Mölltal an das etwas weltferner Dahinträumende der Mur, zwischen den weiten Feldern immer wieder kleine Gehölze, Heustadel, ursprüngliche Bauerndörfer – wenn auch entlang der »Rennstrecke« durchs Mölltal die Metastasen der Bauwirtschaft wuchern.

Doch vom Boot aus stört das nicht, das saubere Wasser strömt zügig dahin, die Beine können erst am Stausee vor dem Klausenkofel wieder ausspannen. Denn Stau und die anschließende trockene Strecke bei Außerfragant umfährt man am besten mit dem Auto; es sind mindestens 2 Kilometer. Dann geht es weiter, im Charakter ähnlich wie vorher, nur mit etwas mehr Wasserwucht und teilweise schluchtartigen Strecken. Doch die letzten 9 Kilometer von Unterkolbnitz bis zur Mündung in die Drau sind dem Kraftwerk an Möll und Drau zum Opfer gefallen, das sein Wasser aus der Möll und der Malta über den inzwischen fertiggestellten gigantischen, dem Vernehmen nach aber in einer Erdbebenzone stehenden Staudamm im obersten Maltatal bezieht.

Überblick

Allgemeines langer klassischer Gebirgsfluß in meist weitem, teilweise noch einsamen Tal zwischen hochaufragenden Bergen ▪ **Gletscherfluß** oft klares Wasser; **Urlaubsfluß** ▪ **Wassermenge** ca. 20 cbm/sec bei niedrigem, idealem Wasserstand, wenn in den Kurven die Kiesbank noch herausschaut ▪ **Pegel** unbekannt ▪ **Start** bei Putschall, Umsetzen am Klausenkofel ▪ **Ausbooten** am Stausee von Kolbnitz ▪ **Flußcharakter** teils überwachsene Regulierung der Ufer mit wenigen Kehrwassern und Kurven, ziemlich gleichmäßige Wassergeschwindigkeit, teils noch sehr ursprüngliche Abschnitte, leichte Blockstellen, teilweise lange Schwälle, alles vom Boot aus zu überblicken (bei Hochwasser enorme Wucht in den Schwällen); ab Außerfragant Wasserführung von Kraftwerken abhängig; ab Kolbnitz meist zu wenig Wasser für die Weiterfahrt bis Möllbrücke ▪ **Gefälle** ziemlich gleichmäßig ▪ **Ufer** überall begehbar ▪ **Besondere Gefahren** bei Hochwasser schlechtes Landen; Steilwehr bei Putschall ▪ **Vergleichbare Schwierigkeiten** teils ungefähr wie die Mur, im allgemeinen etwas leichter ▪ **Autobegleitung** im Prinzip möglich, Kontaktaufnahme zum Teil schwierig ▪ **Boote** Kunststoff-Einer und Zweier-Canadier, Schlauchboote ▪ **Übernachtung** Zeltplätze in Obervellach, Heiligenblut, Dollach, Schmelzhütte; Gasthöfe in allen größeren Orten ▪ **Anfahrt** von München über Autobahn Salzburg nach Inzell, Zell am See, Großglockner, Putschall, ca. 200 km ▪ **Literatur** Hans Matz, WW-Kurzführer; DKV-Auslandsführer I ▪ **Karte** Freytag & Berndt 1:100000, Nr. 19

Sehenswertes

Spittal an der Drau, Schloß Porcia, schönstes Renaissancebauwerk Österreichs ▪ Bezirks-Heimatmuseum mit bedeutender Sammlung von Agrargeräten

Obervellach spätgotische Pfarrkirche, berühmtes Altargemälde des Niederländers Jan Scorel (1520) ▪ Paddlertreffen

Heiligenblut Großglocknerstraße zur Franz-Josephs-Höhe (2362 m)

Die Möll hat durch regulierende Eingriffe viel von ihrer einstigen Wildheit verloren, doch die zunehmende Einsicht der Öffentlichkeit läßt auf mehr Recht für die letzten Wildnisse hoffen.

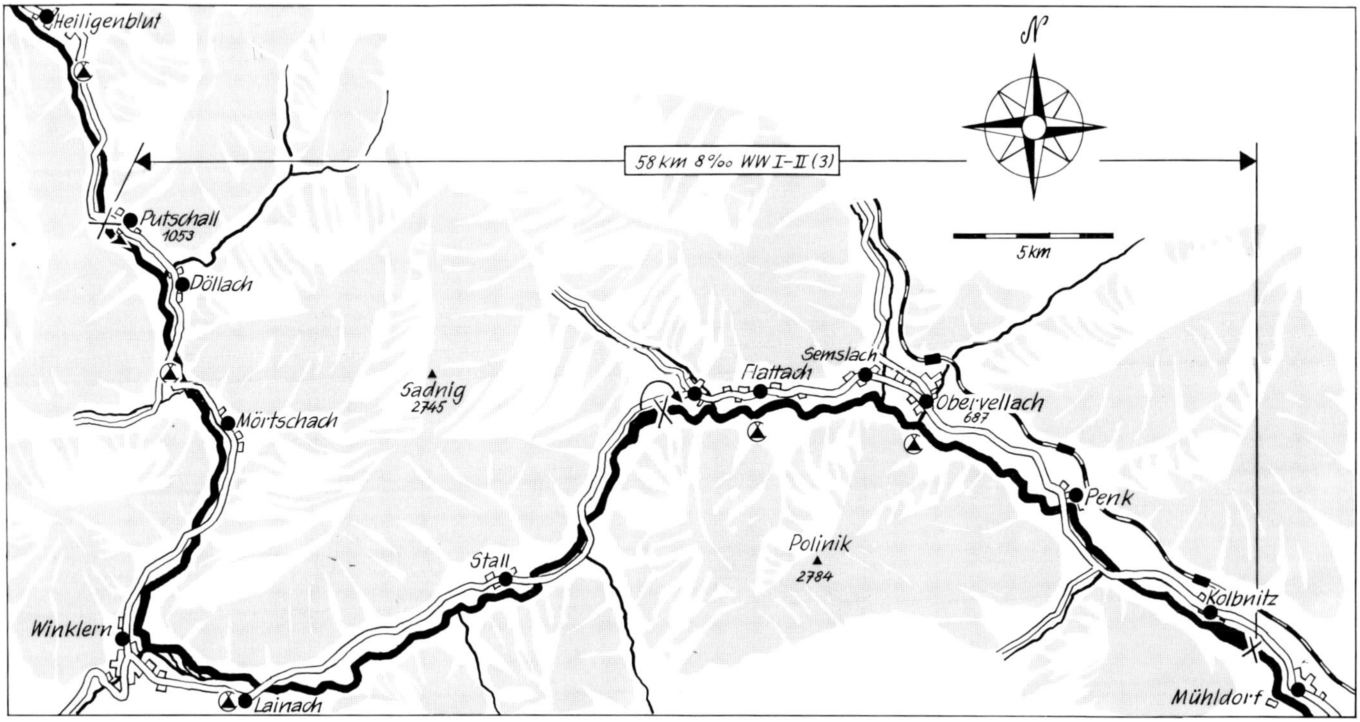

19 Mur

Wildfluß mit überwiegend geringen Schwierigkeiten

Österreich
Salzburg/Steiermark

Die Qualitäten eines Wildflusses beurteile ich danach, ob das Wasser sauber ist, die Ufer in einem natürlichen Zustand sind und neben den sportlichen Anforderungen auch danach, ob man an dem Fluß Lust zum Wildzelten bekommt.

An der Mur wild zu zelten, ist sicher möglich; Plätze gibt es genug, wenn man sich mit dem Besitzer einigen kann. Doch dafür zu werben, ist immer eine zweischneidige Sache, denn man weiß nie, welches Verhältnis zur Natur manche Leute haben, wenn auch Wildwassersportler in dem Rufe stehen, diesbezüglich sehr verantwortungsbewußt zu handeln.

Die Mur reizt nämlich auf jeden Fall zu einem längeren Aufenthalt, ihre Landschaft ist von wundervoller Vielfalt der Vegetation. Erlen, Pappeln und Weiden stehen entlang der Ufer, darüber erheben sich die flachgeneigten Hänge, von Baumgruppen unterbrochen, und ganz oben die ruhigen Formen der Murauer Berge.

Der Fluß selbst, irgendwann innerhalb der letzten 50 oder 100 Jahre reguliert, hat einerseits auf weite Strecken den naturnahen Charakter wiedergewonnen, andererseits diesen nie ganz verloren. Er kurvt dann, dem gemäßigten Gefälle entsprechend, durch das Tal, formt Kiesbänke. Doch im allgemeinen läuft er zügig in weiten Schleifen dahin, rauscht über Blöcke, bildet leichte bis mittelschwere Schwälle. Nur selten verliert man vom Boot aus den Überblick und schaut sich die Angelegenheit lieber genauer an. Zum Beispiel in der Gegend von Kendlbruck und bei Lutzmannsdorf in der sogenannten Lorenzenschlucht, womit nicht gesagt ist, alle anderen unklaren Stellen könnte man einfach auf Verdacht fahren.

Das gilt auch für die verschiedenen Wehranlagen, die jedoch so weit auseinander liegen, daß man von einer Wohltat für die Beine sprechen kann. Erst ab Leoben sollen die Wehranlagen so zahlreich werden, daß von einer vergnüglichen Wildwassertour keine Rede mehr sein kann. Diese Strecke ist eher eine zügige Strecke für Wanderfahrer.

Bei hohem Wasserstand ist von der Befahrung durch geübte Anfänger abzuraten. Da schießt die Mur in dem dann oft zu eng werdenden Bett dahin, und es ist, falls irgendwo unvorhergesehen ein Hindernis auftaucht, kein Vergnügen mehr, ein Kehrwasser zu suchen.

Im Charakter oft ähnlich wie die Möll, dürfte die Mur bei günstigem Pegel, beispielsweise 55 (und etwas darunter) in

Die Mur – ein sanfter unter den wilden Flüssen Österreichs – schlängelt sich durch eine beruhigende Landschaft.

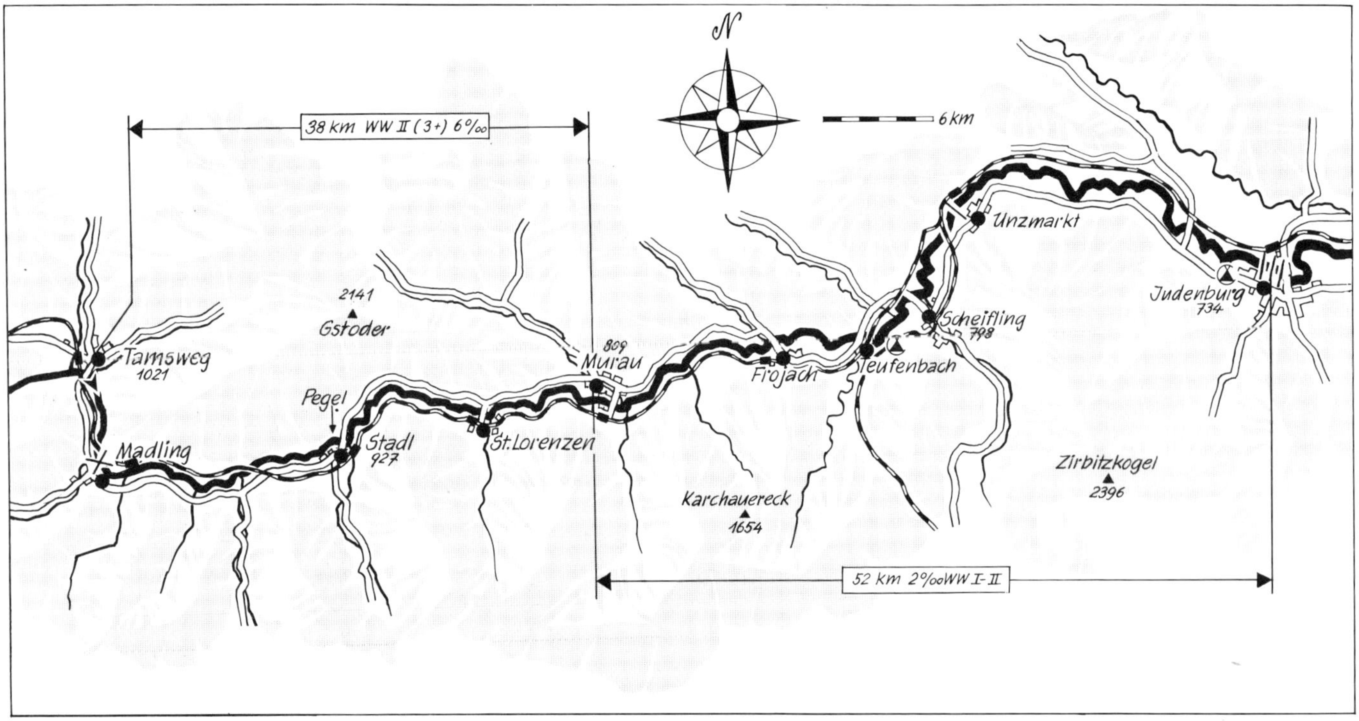

Murau oder 165 in Stadl beim Wirtshaus Esse, auf weite Strecken geeignet für Leute sein, die mit dem Boot schon einigermaßen gut vertraut sind. Das heißt, daß sie vorwärts und rückwärts paddeln und ohne Probleme ins Kehrwasser und wieder in die Strömung schießen können, was man nach wenigen Tagen intensiven Trainings beherrscht.

Die Mur kann im Einer-Kajak und im Canadier (geschlossen oder offen) befahren werden, ebenfalls im wildwassertauglichen Schlauchboot oder im Kunststoff-Zweier. Bei den relativ wenigen verblockten Stellen des Flusses ist das beschauliche Kanufahren sogar vorzuziehen.

So könnte man die Mur als einen idealen Familienfluß einstufen, die gebotene Vorsicht an den Wehranlagen nicht vergessend. Der Idealfall wäre gegeben, wenn die Könner der Familie die ins Auge gefaßte Strecke vorher abfahren, sich die kritischen Stellen gut einprägen und dann erst mit dem »Tross« aufbrechen, um riskante Schwimmereien im Bereich gefährlicher Stellen zu vermeiden.

Nicht vergessen werden darf der Hinweis, daß das Murtal nicht wie das obere Ennstal zur Rennstrecke Europas in den Orient geworden ist. Hier ist es ruhig, die originale Holzarchitektur und die Landschaft wirken wie Balsam auf die Nerven. Hier kann man es aushalten.

Überblick

Allgemeines landschaftlich hervorragend schöner, teilweise einsamer und immer abwechslungsreicher Wildfluß, teils in kleineren Waldschluchten, teils in offenem Tal mit meist sauberem Wasser ▪ **Gebirgsfluß; Urlaubsfluß** ▪ **Wassermenge** ca. 20 cbm/sec bei **Pegel** 55 in Murau oder Pegel 165 in Stadl beim Wirtshaus Essl ▪ **Start** in Murau ▪ **Ausbooten** an der Straßenbrücke der B 96 vor Scheifling ▪ **Flußcharakter** in teils alter Regulierung, teils echtem Wildbett durch kleine Waldschluchten und weites Tal, zügige Wassergeschwindigkeit, immer Felsblöcke im Fluß, Kurven, Kehrwasser, fast immer vom Boot aus gut zu überblicken, teilweise schon wuchtige, aber unkomplizierte Schwälle, einige Wehre, die umtragen werden müssen ▪ **Gefälle** ziemlich gleichmäßig ▪ **Ufer** überall begehbar, auch in der fälschlicherweise als »Madlingklamm« bezeichneten Strecke zwischen Tamsweg und Raumigstein ▪ **Besondere Gefahren** Wehre; bei Hochwasser teilweise starke Steigerung der Geschwindigkeiten und dann teilweise schwer zu landen ▪ **Vergleichbare Schwierigkeiten** findet man ungefähr auf der Möll ▪ **Autobegleitung** möglich; Kontaktaufnahme teilweise schwierig ▪ **Boote** stabile Einer und Zweier-Canadier, Schlauchboote ▪ **Übernachtung** Camping in Mureck, Misselsdorf bei Mureck, Tamsweg; Gasthöfe in Tamsweg, Murau und anderen größeren Ortschaften ▪ **Anfahrt** von München über Salzburg, Autobahn oder Bundesstraße nach St. Michael im Lungau, Tamsweg, ca. 240 km ▪ **Literatur** DKV-Auslandsführer I; Hans Matz, Die Flüsse der internationalen Wildwasserwoche; WW-Kurzführer ▪ **Karten** Freytag & Berndt 1:100000, Nr. 20 und 21

Sehenswertes

Tamsweg St. Leonhard, spätgotische Wallfahrtskirche ▪ im Sommer Umzüge mit riesiger Gliederpuppe, die Samson darstellt ▪ sehenswerter Marktplatz mit typischen Lungauer Häusern ▪ Rathaus 16. Jh.

Bruck an der Mur eiserner Brunnen von H. Prasser (1626) ▪ Kornmesserhaus ▪ Pfarrkirche ▪ schöne Häuser mit Arkadenhöfen

Abseits der Touristenströme bietet die Mur eine abwechslungsreiche Fahrt durch Auwälder, Wiesen und kleine Schluchten mit genügend Wasser auch für Falt- und Schlauchboote.

20 Gail

Schnelles, überwiegend mittelschweres Wildwasser

Österreich
Osttirol/Kärnten

Wer sich in der Haupturlaubszeit auf dem Wege an die sonnenüberfluteten Küsten der Adria, zum vielgelästerten und heimlich ersehnten »Teutonengrill« über die Felbertauernstraße hinunter ins Iseltal, durchs Drautal und dann über den Gailbergsattel bis Kötschach-Mauthen geplagt hat, kann nicht ahnen, daß er rechts ab über eine Gott sei Dank oft schmale und steile Straße den ursprünglichsten, einsamsten, schönsten und wildesten Fluß des zwar arg geplünderten, aber an Wildwassern gewiß nicht armen Kärnten finden könnte.

Das Lesachtal, wie diese herrliche Landschaft heißt, weist eine an ostalpinen Wildwassern selten anzutreffende Eigenart auf: ein V-förmiges Tal, dessen Hänge nach unten zu steiler werden, während sie sich nach oben immer weiter zurückneigen und verflachen, um sich dann in den eindrucksvollen Felsformationen der Lienzer Dolomiten im Norden und den nicht minder großartigen Karnischen Alpen bis auf über 2500 Meter aufzuschwingen.

Vergleichbares finden wir sonst, was die Waldschluchten betrifft, gerade noch am

Die oberste Gail bei Obertilliach.

Inn und am vom Energiewahn betroffenen und nur noch kurzfristig befahrbaren Avisio.
Uns Wildwasserfahrern kommt der eigenartige geographische Aufbau zugute. Tief unterhalb der Gebirgsdörfer schießt die Gail völlig unreguliert dahin, und das will etwas heißen heutzutage. In abwechslungsreichem Lauf durchzieht sie zunächst enge, von schattigen Nadelwäldern bestandene Schluchten, bohrt sich immer tiefer hinein ins Gebirge. Dann wieder verschwindet sie in kurzen Klammen, verliert allmählich ihr Gefälle in den Verzweigungen der Urlandschaften weitflächiger, in der Sonne flimmernder Geröllfelder, wie wir sie an der oberbayerischen Isar, der friaulischen Fella und Piave und am österreichischen Lech antreffen.
Für den guten Wildwasserfahrer bietet der Fluß herrliches, sprudelndes Wildwasser, das an Fahrtechnik und Reaktionsvermögen nicht zu unterschätzende Anforderungen stellt. Wer glaubt, die Gail als Neuling fahren zu können, weil sie »nur« mit WW III ausgewiesen wird, kann nicht eindringlich genug gewarnt werden. Denn als ostalpines Wildwasser par excellence ist und bleibt sie – und das ist gerade das Aufregende – auf weite Strecken völlig unberechenbar.
Somit ist auch klar: mit Faltbooten oder Zweiern jeglicher Bauart, auch mit Slalomcanadier-Zweiern hat man hier kaum Chancen. Entweder genügt nämlich das Wasser unter dem Kiel für eine anständige Canadiertechnik, dann ist der Fluß unheimlich schnell; oder man wartet auf Niederwasser und verrechnet sich pausenlos in den oft fast kataraktartigen Passagen, deren Felsblöcke immer gerade da liegen, wo man von der Gail nachdrücklich hinbefördert wird. Abgesehen davon ist es schon im Kajak trotz geringerer bewegter Massen ein Kunststück, vor querliegenden Bäumen oder Triftholz seine Haut ins Kehrwasser zu retten. Denn die sind auf dem dahinstürmenden Fluß schwer auszumachen und noch schwerer zu erwischen.
Dies alles erfordert unablässige Aufmerksamkeit. Man kann sich nicht wie auf der Soča oder der Wocheiner Save oder dem Allier an die schweren Stellen herantreiben lassen und mit »langem Hals« nach der besten Durchfahrt suchen, sich nach bewährter Art von Kehrwasser zu Kehrwasser schleichen. Auf der Gail ist man mitten drin, ehe man sich versieht, und schon mancher geschwommen, der vorher mitleidig gelächelt hat.
Doch das ist noch nicht alles: Weiter unten trifft man auf urplötzlich seitlich wegrauschende Geröllbankschwälle, durchsetzt mit Blöcken samt dazugehörigen Wasserlöchern und Walzen.
Besonders gefährlich sind die immer wieder mitten im Fluß anzutreffenden Bäume. Dazu kommen die von den Hängen stürzenden Baumstämme. Hinter jeder Kurve können solche Gefahren lauern, und es empfiehlt sich dringend, jede unklare Strecke vorher zu besichtigen. Tödliche Unfälle und eine beinahe tödlich verlaufene Kollision unter Bekannten mit einem Baum veranlassen mich, besonders deutlich darauf hinzuweisen.
Bergtouren, Badeplätze und Einsamkeit für echtes Freiluftleben im Sinne von Herbert Rittlinger, dem großen Pionier und Schriftsteller des Kanusports, dürften sich im Lesachtal genügend finden lassen. Man sollte nur niemanden provozieren, der darüber anders denkt. Auch sollte man nach Indianer- und folglich echter Kajakfahrertradition keine Spuren unserer Zivilisation in dieser noch immer reinen Urlandschaft hinterlassen.

Überblick

Allgemeines abwechslungsreicher und ursprünglicher Wildfluß in einsamen Waldschluchten, Klammen und Geröllfeldern, kristallklares Wasser ▪ **Urlaubsfluß; Gebirgsfluß** ▪ **Wassermenge** ca. 10 cbm/sec bei **Pegel** 50 an der Brücke von Kötschach–Mauthen ▪ **Start** bei Pegel 50 bei Klebas, bei mehr Was-

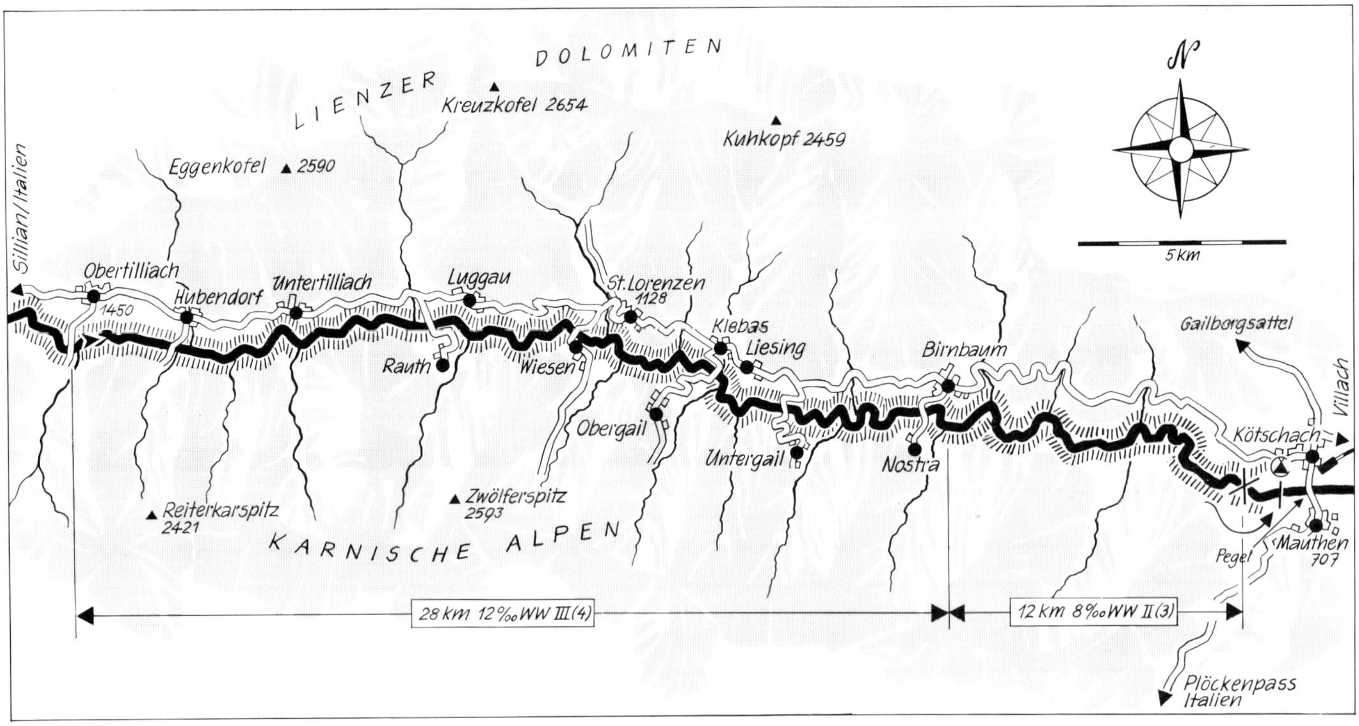

ser bei Untertilliach ▪ **Ausbooten** am besten am Wehr von Kötschach–Mauthen rechts, die weitere Strecke ist fast vollständig begradigt und reguliert ▪ **Flußcharakter** völlig unreguliert, hohe Geschwindigkeit, Blöcke oft mitten in der Stromzunge, verblockte Stellen gerade noch vom Boot aus zu beurteilen; Kehrwasser zum Landen oft schwer zu erreichen; flußabwärts zunehmende Schwallbildung, verblockt, scharfe Kurven und Prallhänge, überhängende Bäume ▪ **Gefälle** im oberen Teil steiler und gleichmäßiger als im Teil ab Birnbaum ▪ **Ufer** abgesehen von den kurzen Klammen meist begehbar; bei Bootsverlust müssen bis zu 200 Höhenmeter zur Straße überwunden werden ▪ **Besondere Gefahren** Holzfällerei, Triftholz, Treibholz, überhängende Bäume ▪ **Vergleichbare Schwierigkeiten** auf der Passer bei Pegel 70, auf der Ötztaler Ache ab Ötz bei Pegel 80, insgesamt schwerer als die Ammer ▪ **Autobegleitung** nur unter Benutzung der wenigen, tief zum Fluß hinunterführenden Seitenstraßen möglich ▪ **Boote** am besten Kunststoff-Einer, keinesfalls Faltboote ▪ **Übernachtung** Camping in Kötschach–Mauthen; Hotels und Zimmer in vielen Orten des Lesachtales ▪ **Anfahrt** von München über Felbertauern, Lienz, Gailbergsattel bis Birnbaum, ca. 270 km ▪ **Literatur** Hans Matz, Die Flüsse der internationalen Wildwasserwoche, und Wildwasserkurzführer Österreich; Herbert Rittlinger, Die Neue Schule des Kanusports; Steidle/Pause, Alpenflüsse – Kajakflüsse ▪ **Karten** Kanusport- bzw. Wanderkarte Freytag & Berndt 1:100000, Nr. 18

Als der rasanteste und unberührteste Wildfluß Österreichs gilt die Gail.

Sehenswertes

Kötschach-Mauthen Spätgotische Marienkirche »Gailtaler Dom« ▪ spätgotische Pfarrkirche in Mauthen (Fresken um 1514, Barockaltar) ▪ Mauthener Klamm ▪ Schlösser in der Umgebung
Maria Luggau spätgotische Wallfahrtskirche Maria Schnee ▪ in der Umgebung interessante Heutrockengestelle, sog. Heuharfen und Heustadl

21 Wocheiner Save

Mittleres, gelegentlich schweres Wildwasser

Jugoslawien
Slowenien

Zwischen Südfrankreichs Zentralmassiv und Slowenien trifft man auf Wildflüsse in Hülle und Fülle, an denen sich ein Urlaub lohnt, und solche, die zwar sportlich eine Menge bieten, aber durch Straßen und Besiedelung eher als »Wildwasser-Pisten« anzusehen sind.
Slowenien bietet Wildflüsse wie man davon nur träumen kann. Zwar haben sie nicht die Dimensionen wie im Zentralmassiv, dafür aber überall kristallklare Wasser, und sie liegen in einer Umgebung, wie sie abwechslungsreicher kaum erdacht werden kann. Neben der Soča und der Koritnica entdecken immer mehr Wildwasserfreunde die Wocheiner Save und Idrica, alles Flüsse, auf die das Attribut »traumhaft« paßt.
Das Massiv des Triglav, aus dem die Wocheiner Save entspringt, wurde von den in Sachen Naturschutz sehr engagierten Slowenen schon vor Jahren zum Nationalpark erklärt. Die Landschaft: dolomitenartige Formationen, riesige Bergwälder aus Tannen, Fichten, Bergahornen, in den tieferen Lagen vor allem Haselnußsträucher wohin man schaut; man glaubt sich in das Oberbayern zu Zeiten des Malers Wilhelm von Kobell zurückversetzt.
Natürlich hat soviel Schönheit auch seinen Preis. Der Tourismus ergießt sich über die Landschaften am südöstlichen Abhang der Alpen, Staatschef Tito residierte am See von Bled. Doch abseits der Straßen findet man noch viele ruhige Plätze.
Neben dem See von Bled bietet die Gegend als weitere Attraktion den Wocheiner See oder, wie die Slowenen sagen, Bohinjsko Jezero, einen See von herbem, alpinem Charakter. Hier kann man starten, falls es genügend Wasser gibt, also auf jeden Fall im Frühsommer und auch nach ergiebigem Regen. Bis zum Wehr von Soteska geht es im allgemeinen zügig, aber doch leicht dahin. Schwierigkeiten ergeben sich eher durch überhängendes Gebüsch als durch das Wasser.
In dem enger werdenden Tal ab dem Wehr von Soteska schneidet sich der Fluß allmählich tiefer ein und fließt atemberaubend klar zwischen herrlichem Mischwald. Bemooste Felsblöcke liegen im Wasser, die man in allen möglichen Variationen umfahren kann. An einigen Stellen verengen sich die Durchfahrten zu kleineren Abstürzen, die aber vom Boot aus gut zu beurteilen sind – insgesamt eine Genußfahrt.
Es gibt aber auch Stellen, die vielleicht falsch eingeschätzt werden könnten wie zum Beispiel der berühmt-berüchtigte Felsblock der Scala Bohinjska. Er liegt nach einer Rechtskurve am Ende eines Schwalles mitten im Stromzug und hat sechs Wildwassersportlern das Leben gekostet. Er ist nämlich unterspült!
An sich ist die Stelle leicht zu umtragen, auch gehen die Schwierigkeiten nicht über WW IV hinaus. Aber das Risiko ist sehr hoch, wenn einer, vom Ehrgeiz oder der Faulheit auszusteigen gepackt, einfach drauflosfährt.
Danach wird es leichter. Sehr abwechslungsreich geht es dahin, wieder herum um große Blöcke, an die man ganz nahe heranfahren kann, so gering ist teilweise die Wassergeschwindigkeit. Davon darf man sich aber nicht einlullen lassen, denn jederzeit kann irgendwo ein Baum verklemmt sein.
Bei hohem Wasserstand ist die ganze Strecke natürlich weniger eine Spazierfahrt für Könner als eine recht rasante Angelegenheit, die an einigen Stellen große Aufmerksamkeit erfordert.
Oft wird bei Bohinjska Bela ausgebootet, doch kann man bis zur Mündung der Wurzener Save, 1 Kilometer vor der Brücke von Radovljica im allmählich weiter werdenden, noch immer sehr schönen Tal weiterfahren. Nicht nur, daß die Wocheiner Save herrliches

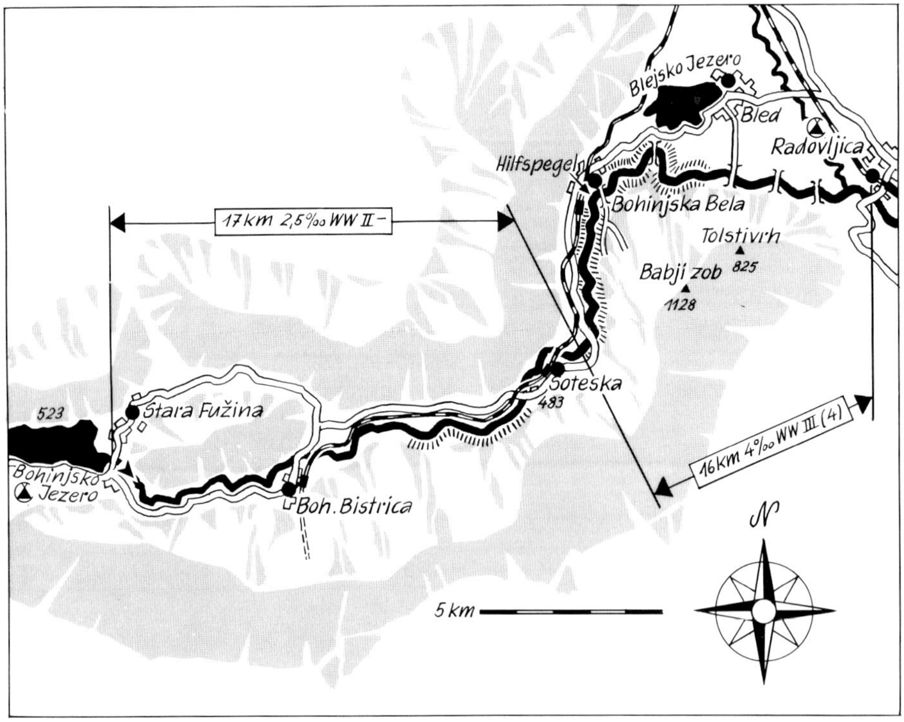

Kristallklares Wasser, kurze, verblockte Schwallstrecken und dazwischen lange, ebenso mit Felsen durchsetzte, ruhige Abschnitte charakterisieren die Wocheiner Save.

Wildwasser bietet, man findet auch einen Zeltplatz, der vielleicht sogar eingefleischte Wildzeltler versöhnen kann. Er liegt im lichten Kiefernwald an einem Badesee und weitab von lauten Straßen: ein idealer Familienzeltplatz.

Überblick

Allgemeines fahrtechnisch und landschaftlich sehr interessanter, aus dem bekannten Wocheiner See entspringender Wildfluß in romantischen Waldschluchten ▪ **Gebirgsfluß** ▪ **Wassermenge** ca. 20 cbm/sec bei grünem **Hilfspegel** an der Brücke von Bohinjska Bela 1 m über dem Wasserspiegel ▪ **Start** bei hohem Wasserstand ab Wocheiner See, sonst bei Soteska ▪ **Ausbooten** bei Bohinjska Bela oder Weiterfahrt bis Radovljica ▪ **Flußcharakter** anfangs weites Tal mit leichtem, schnellem Wildwasser, überhängendes Gebüsch, allmählich enger werdende Schlucht, längere leichte Strecken wechseln mit verblockten Abschnitten, wobei meist verschiedene Durchfahrten, bedingt durch das breite Flußbett, möglich sind; die Blöcke sind teilweise unübersichtlich groß, aber die Geschwindigkeit so, daß man meist nahe genug heranfahren kann, um die Durchfahrten zu finden, dabei teilweise Schwälle und kleinere Abstürze ▪ **Gefälle** in der Schlucht ab Soteska meist stufenförmig ▪ **Ufer** fast überall begehbar ▪ **Besondere Gefahren** die sog. Scala Bohinjska ist lebensgefährlich, an dieser Stelle liegt am Ende eines steiler werdenden Schwalles ein riesiger unterspülter Felsblock mitten in der Strömung, unbedingt ansehen, da überdies derzeit (1978) Treibholz, Umtragemöglichkeit sehr leicht; ansonsten an anderen Stellen verklemmte Bäume möglich. ▪ **Vergleichbare Schwierigkeiten** wie die Soča in der großen Schlucht bei Srpenica bis zur engen Linkskurve bei der Fabrik. **Autobegleitung** im Prinzip bis Bohinjska Bela möglich ▪ **Boote** stabile Einer, evtl. Zweier-Canadier ▪ **Übernachtung** schöner, schattiger und ruhiger Zeltplatz bei Jezernica zwischen Bled und Radlovljica, außerdem am Blejsko Jezero und am Bohinjska Jezero; Hotels und Gasthöfe in allen größeren Orten ▪ **Anfahrt** über München, Autobahn Salzburg, Villach, Wurzenpaß (Wohnwagen über Tarvis) bis Bled, ca. 360 km ▪ **Literatur** Hans Matz, Wildwasser Sloweniens ▪ **Karte** Freytag & Berndt 1:100000, Nr. 14

Sehenswertes

Triglav (2863 m), Nordwand, eine der eindrucksvollsten Wände der Alpen
Bled Wallfahrtskirche St. Maria im See auf der Insel ▪ sehenswerte Burg ▪ am Wocheiner See Kirchlein des Hl. Johannes (Sveti Janez) mit Fresken aus dem 15. Jh. ▪ Vintgarschlucht ▪ jenseits des Sees (5 km) der Slap Savice, 60 m hoher Wasserfall am Saveursprung ▪ Nationalpark Triglav
Crngrob bei Škofja Loka, spätgotisch barocke Wallfahrtskirche, höchster Glockenturm in der Oberkrain

Brotzeitpause auf einer der kleinen Sandbänke der romantischen Wocheiner Save.

22 Soča

Abwechslungsreiches Wildwasser aller Schwierigkeitsgrade

Jugoslawien Slowenien

Als Isonzo erlangte die Soča traurige Berühmtheit. Sieben Schlachten mit Hunderttausenden von Toten wurden im Ersten Weltkrieg an ihren Ufern geschlagen. Italiener und Österreicher lagen sich hier gegenüber. Nach anfänglichen Erfolgen brach schließlich die italienische Front zusammen und kam erst weit im Westen an der Piave wieder zustande. Durch Ernest Hemingways »In einem anderen Land« ging dieses traurige Kapitel Geschichte in die Literatur ein.

Vor zehn Jahren ein Geheimtip, zählt der Fluß heute vor allem bei Traunsteiner und Rosenheimer Kajakfahrern zum sportlichen Alltag, die Strecke Trnovo–Kobarid natürlich ausgenommen.

Von wo man auch kommt, der Faszination des Sočatales kann man sich nicht entziehen: Mischwälder ohne Kahlschläge an den Berghängen, darüber die phantastischen Kulissen der Julischen Alpen, kleine, von Haselbüschen und Eichen gesäumte Felder und Wiesen, Blumen und Schmetterlinge in Hülle und Fülle, abgesehen von Bovec, Tolmin und Kobarid keine größeren Orte im Tal, auf weite Strecken unzerstörte Uferlandschaft mit Kiesbetten, Sandbänken, wundervoll geformten Felsblöcken und nicht zuletzt die türkisgrün leuchtende, kristallklare Soča – ein Wildwasser ersten Ranges.

Neben den landschaftlichen Eindrücken reizen natürlich die fahrtechnischen Probleme. Man muß sich Zeit nehmen, denn die 51 Kilometer von Na Logu bis Tolmin beinhalten fast alle möglichen Variationen eines Wildflusses. Das seichte Wasser läuft zügig zwischen gelegentlichen Blockstellen dahin. Drei enge, auf weniger als 1 Meter Breite verengte Cañons sind zwar nicht lang und besonders tief, aber teilweise völlig unfahrbar. Ferner gibt es unübersichtliche Blockstrecken, schnelle Geröllbettschwälle, deren tückischster unterhalb der Koritnicamündung schon manchen aus dem Boot geschleudert hat.

Schließlich beeindrucken ab Cesoča die typischen Formen des Reifestadiums eines Flusses: Mäander, Verzweigungen,

Phantastische Klammen mit einer Fülle interessanter Gesteinsformen lohnen den Besuch der oberen Soča auch für Nichtpaddler.

Inseln mit Treibholz, fischreiche Altwasser. Ab Srpenica folgt allmählich die Ouvertüre der großen Schlucht mit riesigen Blöcken, engen, verzwickten, vom Boot kaum erkennbaren Durchfahrten, Abstürzen und schließlich einer Steigerung des Gefälles und der Felsblocklabyrinthe bis zur teilweisen Unbefahrbarkeit. Wer weitermacht, bekommt nach vielen Umtragestellen schließlich als Belohnung eine sportlich wie landschaftlich außerordentliche Tour durch die letzten ca. 5 Kilometer der großen Schlucht.

Der Abschluß von Kobarid nach Trnovo ist leichtes, sauberes Wildwasser im großenteils unberührten Wildbett, immer lohnend für Leute, bei denen die Wildwasser-Schwierigkeitsgrade nicht den übrigen Reiz des Sportes überschatten.

Idealer Standort ist der Zeltplatz im Ort Bovec, zwar 2 Kilometer vom Fluß entfernt, aber ein ruhiger Platz mit schattigen Bäumen. Von hier aus kann man den Ober- wie den Unterlauf gleichermaßen gut erreichen. Ideal ist der Platz auch insofern, als er als echtes Urlaubsstandquartier bezeichnet werden kann. Gibt es doch als Zugabe zur Soča eine Fülle von Spazierwegen, von zwar frischen, aber glasklaren Badegumpen überall am Fluß und abends das hervorragendste Essen im Alphotel in Bovec oder am Dorfplatz in Kobarid.

Vielleicht entsteht eines Tages irgendwo direkt an diesem herrlichen Fluß ein Zeltplatz wie der in Wildalpen an der Steierischen Salza, wodurch die Attraktion für den Wildwasserfahrer erheblich gesteigert würde.

Von Kurve zu Kurve wechseln auf der Soča Szenerie und Schwierigkeiten.

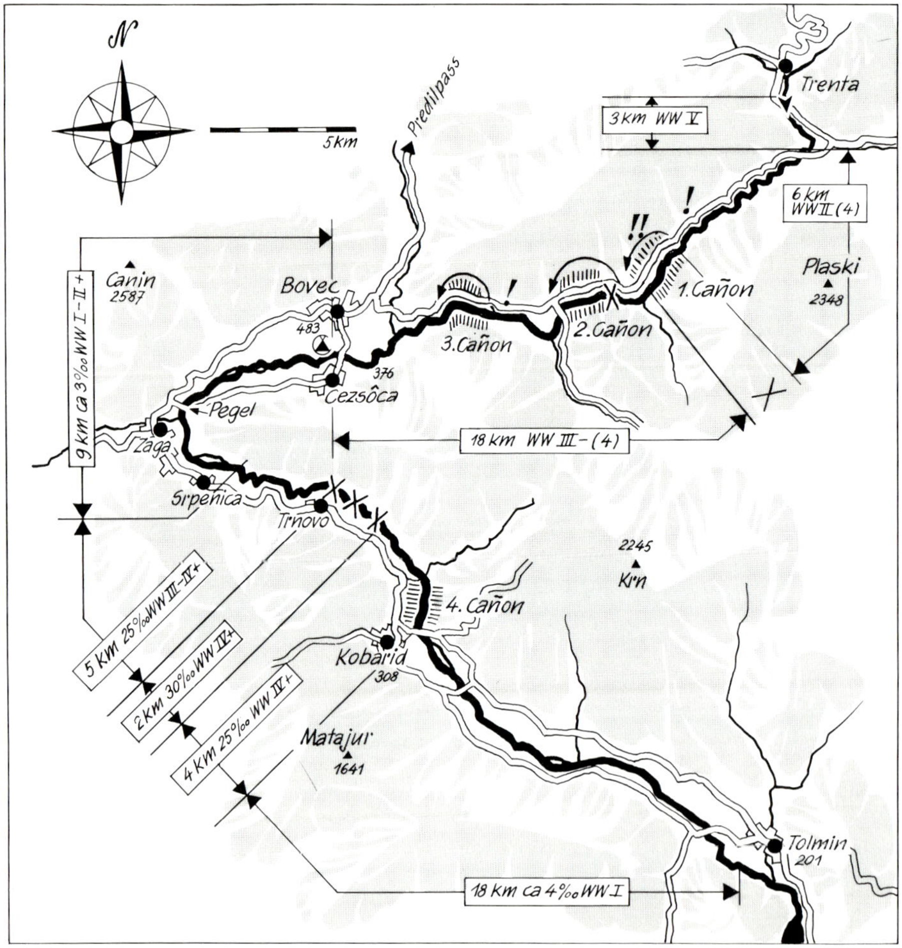

Überblick

Allgemeines landschaftlich und sportlich interessanter und abwechslungsreichster Wildfluß Sloweniens in von der Zivilisation noch weitgehend unzerstörten Tallandschaften, teilweise einsam, kristallklares Wasser ▪ **Karstfluß; Urlaubsfluß** ▪ **Wassermenge** ca. 30 cbm/sec bei **Pegel** 150 an der Brücke oberhalb Zaga; idealer Pegel zwischen 120 und 150 cm ▪ **Start** je nach Wasserstand bei Na Logu ▪ **Ausbooten** spätestens an der gesprengten Brücke bei Trnovo, Weiterfahrt an der großen Gumpe bis Tolmin ▪ **Flußcharakter** ab Na Logu schnelles, verblocktes Wildwasser, teils in kleineren Schluchten, teils im offenen Tal; in der Gegend von Soča drei

Klammen, teilweise lebensgefährlich und unfahrbar, Landestellen genau erkunden (!); nach der dritten Klamm leichter bis zur Mündung der Koritnica; ab da leichte Blockstellen und Schwälle im Geröll; bis zum Pegel von Zaga (Betonbrücke) mäandrierend, Verzweigungen; ab Zaga unübersichtliche Verblockung in tiefer werdender Schlucht bis ca. 300 m vor dem Friedhof von Trnovo (Seilbahn), viele unübersichtliche Durchfahrten; die letzten 800 m bis zur gesprengten Brücke mit lebensgefährlichem Baumverhau; ab da bis zur großen Gumpe schwerstes Wildwasser mit einigen Umtragestellen; die große Gumpe erreicht man, indem man an der gesprengten Brücke ausbootet, per Pkw talab fährt, bis an scharfer Rechtskurve ein kleiner Weg geradeaus führt. Hier bis Masten 96, von da sehr steil links zur Soča hinunter; wieder sehr schwere Blockstrecken und Schwälle am Grunde einer sehr tiefen Schlucht mit Abschluß durch einen Cañon bei Kobarid; völliger Wechsel der Flußlandschaft mit breitem Kiesbett und Inseln bis Tolmin ▪ **Gefälle** meist stufenförmig, von Kobarid bis Tolmin gleichmäßig ▪ **Ufer** in den Klammen und der großen Schlucht nicht überall begehbar ▪ **Besondere Gefahren** die unfahrbaren Cañons, Treibholz, Felslabyrinthe, unterlaufene Blöcke (Syphone) in der großen Schlucht, Vipern (!) ▪ **Vergleichbare Schwierigkeiten** die große Schlucht entspricht bis Trnovo im Charakter der Loisachschlucht, allerdings doppeltes Gefälle und Wassermenge; ab Trnovo wie Ardezer Schlucht; die übrigen Strecken bedeutend leichter ▪ **Autobegleitung** teilweise möglich ▪ **Boote** in der großen Schlucht ab Seilbahn vor Trnovo nur stabile Einer, sonst Einer und Zweier-Canadier, ab Kobarid Schlauchboote ▪ **Übernachtung** Gasthöfe in Soča, Bovec, Kobarid, Cesoča, Tolmin; schöner Zeltplatz in Bovec, 2 km vom Fluß entfernt ▪ **Anfahrt** von München über Felbertauern, Kötschach–Mauthen, Tarvis, Predilpaß bis Bovec, ca. 350 km ▪ **Literatur** Hans Matz, Sloweniens Wildwasser ▪ **Karten** Freytag & Berndt 1:100000, Nr. 14

Sehenswertes

Soča Sočaquellen
Bovec Kanin (2592 m) mit herrlichem Rundblick ▪ Wasserfall Slap Boka

23 Koritnica

Schneller, meist mittelschwerer Wildbach

Jugoslawien
Slowenien

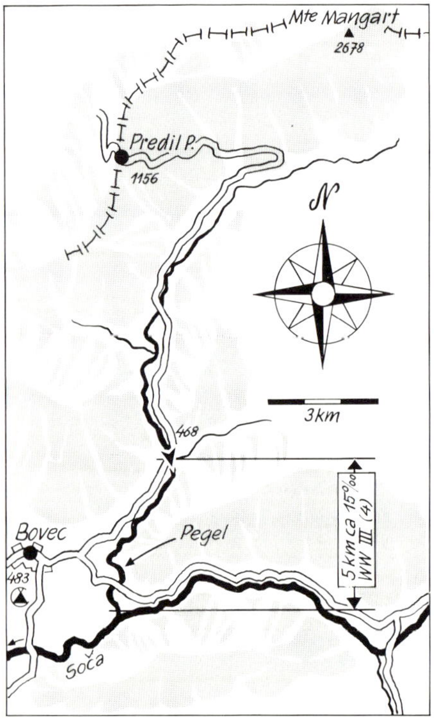

Man müßte meinen, 8 Kilometer lohnen den ganzen Aufwand einer Wildwassertour nicht: Boote antransportieren, Auto umstellen, ins Neopren kriechen etc. Aber wenn man sich schon einmal am Südrand der Alpen, in Slowenien, aufhält, das heute so ursprünglich aussieht wie Oberbayern noch vor 25 Jahren, dann kommt man so oder so an der Koritnica vorbei. Zum Beispiel, wenn man die obere Soča befährt, wo an einer herrlichen Gumpe, an der gerne Angler aus aller Herren Länder der berühmten Soča-Forelle nachstellen, ein schäumender Wildbach über einen Katarakt von rechts in die Soča stürzt.

Vielleicht hat man die Koritnica auch schon auf der Fahrt vom Passo di Predil ins Visier genommen, wegen ihres bezaubernd türkisgrünen Wassers, wegen der zart rötlich gefärbten Kiesel und Brocken, wegen der im Wind silbern glänzenden Weidengebüsche. Mit höchstens 8 cbm/sec Wasserführung wäre der kleine Wildbach schon recht weit oben möglich, doch steht einer durchgehenden Befahrung der Koritnica bis in die Soča eine bislang unfahrbare Klamm entgegen. Von der Brücke an der Festung kann man in schauerlichen Vorstellungen schwelgen, was wohl passieren würde, wenn man nicht rechtzeitig ans Ufer käme – eine unter Wildwasserleuten offenbar weitverbreitete Sucht.

Steigen wir lieber hinter dieser Klamm ein. Normalerweise wird der schon von Hans Matz beschriebene Zugang gewählt, also die kleine Kiesstraße links vor der Festung.

Dabei hält man sich so lange bei den Abzweigungen nach rechts, bis man in einer Sackgasse an einem kleinen Gehöft ankommt, wobei man bei größeren Fahrzeugen (z. B. Kleinbussen) mit Rangierproblemen rechnen muß.

Hier stürzt ein kleiner Nebenbach aus dem Wald. An ihm geht es am linken Ufer entlang etwa 500 Meter auf einem Anglerpfad an die Koritnica. Die zweite Einstiegsmöglichkeit, wobei man den Weg am anderen Ufer weiterverfolgt, habe ich nicht erproben können. Eventuell ist sie günstiger.

Übrigens gehört auch die Koritnica zu den Wildwassern, an denen man am meisten erlebt, wenn man die Autos vorher am Ende der Tour abstellt und zu Fuß zum Start zurückkehrt.

In diesem Fall parkt man am besten an der Brücke von Cesoča, denn zu einer

Wildwasser in landschaftlich extremer, aber dennoch genießbarer Form: die Koritnica kurz nach dem Start.

richtigen Koritnica-Tour gehört es, daß man auf der Soča weiterfährt, wo man eher Zeit findet, die Szenerie zu betrachten als auf der rasanten, abwechslungsreichen Koritnica. Wie lang man für die 8 Kilometer brauchen kann? Als Genießer einen ganzen Tag!

Von der Verblockung her erinnert die Koritnica an die Loisachschlucht. Die Fahrt erfordert präzises Manövrieren oder das bei manchen zu Unrecht verpönte Rückwärtspaddeln mit Seilfähre. An einigen Stellen ist die Situation so unübersichtlich, daß man besser aussteigt. Das gilt vor allem für die Klamm gleich nach dem Start, für das »Schlüsselloch«, das »S« in der Klamm nach der Brücke und das »S« an der Mündung in die Soča. Das »S« in der Klamm ist zwar unübersichtlich durch den Block versperrt und sowohl links wie rechts gut fahrbar, aber das Aussteigen gestaltet sich sehr schwierig, wenn nicht unmöglich.

Diese kurze Klamm unterhalb der Straße von Bovec zum Vrsičpaß sollte man vor jeder neuen Befahrung auf das Vorhandensein von Treibholz überprüfen.

Das gilt auch für die Schlüsselstelle an der Einmündung in die Soča. Hier nimmt die Koritnica nach einer Pause zwischen großen Felsblöcken einen recht langen Anlauf, um in einem Zick-Zack-Kurs fast kataraktartig nach unten zu stürzen. Derartig unklare Stellen wie diese nimmt man aus der Bootsperspektive leicht auf der falschen Route.

Durch das starke Gefälle von ca. 15‰ ist die Geschwindigkeit der Koritnica natürlich hoch. Neben den Blockstellen gibt es auch immer wieder Schwälle. Doch durch die natürlichen Uferformen findet man zum Glück überall genügend Kehrwasser.

Die ganze Fahrt über befindet man sich in einer kleinen Schlucht mit dichtem Laubwald, der typisch für Slowenien ist ebenso wie die vielen Blumen und Schmetterlinge. Trotz der Schlucht bieten sich auch phantastische Ausblicke auf die umliegenden Berge.

Überblick

Allgemeines kristallklares Wildwasser von hohem landschaftlichen und sportlichen Reiz. **Gebirgsfluß; Urlaubsfluß** vor allem in Verbindung mit Touren auf der Soča ▪ **Wassermenge** ca. 8 cbm/sec bei **Pegel** 45, ca. 500 m oberhalb der Brücke von Bovec nach Soča; einfacher ist es, den Pegel der Soča bei Zaga abzulesen, bei Pegel ab 150 genügt der Wasserstand wahrscheinlich auch für eine glatte Befahrung der Koritnica ▪ **Start** an der Festung der kleinen engen Straße folgen, bei Abzweigung rechts halten bis zu einem kleinen Hof, von da am linken Ufer eines Nebenbaches der Koritnica ca. 500 m zum Fluß ▪ **Ausbooten** nach Weiterfahrt auf der Soča an der Brücke von Cesoča ▪ **Flußcharakter** kleine bewaldete Schluchten und kurze Klammen, fast überall Verblockungen oder Schwälle, Verblockung teilweise unübersichtlich und vom Boot aus nicht mehr zu beurteilen, einige enge Durchfahrten, enge Kurven an Steilwänden, überall Kehrwasser, hohe Geschwindigkeit ▪ **Gefälle** trotz vieler Blockstellen ziemlich gleichmäßig ▪ **Ufer** fast überall begehbar ▪ **Besondere Gefahren** Treibholz, Vipern(!) ▪ **Vergleichbare Schwierigkeiten** Loisach in der Griesener Schlucht ▪ **Autobegleitung** nicht möglich ▪ **Boote** nur stabile Einer ▪ **Übernachtung** schöner, ruhiger Zeltplatz bei Bovec; Gasthöfe in Bovec, Soča, Kobarid ▪ **Anfahrt** von München über Kufstein, Paß Thurn, Felbertauern, Gailbergsattel, Kötschach-Mauthen, Tarvis, Passo di Predil, Bovec, ca. 350 km ▪ **Literatur** Hans Matz, Wildwasser in Slowenien ▪ **Karte** Freytag & Berndt 1:100000, Nr. 14

Sehenswertes

Mangart (2678 m) zahlreiche Wandermöglichkeiten ▪ In den ganzen Julischen Alpen besonders interessante und seltene Blumen.

Gleich nach der Klamm beim Start öffnet sich das Bett der Koritnica. Die Berge im Hintergrund gehören bereits zum Sočatal.

24 Idrica

Wildwasser mit stark wechselnden Schwierigkeiten zwischen leicht und mittelschwer

Jugoslawien Slowenien

Slowenien bietet dem Wildwassertouristen so ziemlich alles, was er sich wünschen kann: den abenteuerlichen Wildfluß Soča, die sportlich-romantische Koritnica und die beschauliche Idrica.
Ihr kristallklares Wasser bewirkt, jedem, der zum erstenmal den Fluß sieht, zu wenig Wasser vorzutäuschen, wie das auch an der Soča und anderen derartigen Wildflüssen der Fall ist. Vor allem, weil sich die Idrica in dem weitgehend natürlichen Bett oft sehr verbreitert, wenn sie von einer großen Gumpe zur anderen über den dunklen, zu handlichen Steinen flachgeschliffenen Kies pendelt. Dann meint man von der Straße aus, das Wasser würde niemals reichen. Natürlich kann es in trockenen Sommern vorkommen, daß man an solchen Stellen gelegentlich mit dem Kajak aufsitzt, aus dem Canadier auch kurz aus-

Die Idrica hat zwei ausgeprägte Gesichter, das des leichten, romantischen Wanderflusses und das des wenn auch kurzen, aber rasanten Wildwassers.

steigen muß. Sonst aber reicht das Wasser immer für eine glatte Befahrung.
Normalerweise hat man viel Zeit zum Schauen. Das Tal ist grün und erinnert streckenweise an deutsche oder französische Juralandschaften. Die steilen Hänge sind jedoch bewirtschaftet und mit saftigem Grün überzogen. Eichen, Akazien, Haselnußsträucher stehen in Gruppen oder als zusammenhängende Wälder bis hinauf zu den sanft geschwungenen Gipfeln.
Zwischen dem Start unterhalb Idrija und der Klamm an der Mündung in die Soča befindet sich praktisch keine Ortschaft von nennenswerter Größe. Das einzige, was den Frieden ein wenig stört, ist die bislang noch schlecht ausgebaute Landstraße, die dank dieses Zustandes den Tourismus allerdings bremst; soweit sich Touristen überhaupt hierher verirren, statt an die Küste Dalmatiens zu fahren. Außerdem führt die Straße vor allem im oberen Teil des Tales öfter vom Fluß weg.
In einigen Abschnitten verwandelt sich die Idrica, die von manchen Experten wahrscheinlich für ein Zahmwasser angesehen wird, in Wildwasser. Sie stellt dann beachtliche Anforderungen an die Fahrtechnik, teilweise in Form von Schwällen über aus dem Untergrund herausragende Felsrippen, was als typisch für die Idrica angesehen werden kann, teilweise in Form von Schwällen, die durch interessant ausgewaschene Felsblöcke zu genauem Manövrieren zwingen. Ob man da im offenen Canadier noch durchtrifft, habe ich nicht ausprobiert; ich wage es zu bezweifeln. Aber man kann die Stellen ja, wenn auch schweißtreibend, umtragen.
Für Begriffe von Wildwasserfahrern ist die Idrica sehr warm, im Sommer erreicht sie etwa 18 Grad Celsius. Infolgedessen kann man Bade- und Brotzeitpausen einlegen so oft man will.
Am Wasserfall von Slap ob Idrijci muß umgetragen werden. Hier findet man auch den grünen Hilfspegel 20 Meter unterhalb der Eisenbrücke.
Eine der schönsten Strecken ist die Klamm an der Einfahrt in den Stausee der Soča. Sie erinnert an die Tiroler Ache in der Entenlochklamm. Den Ausstieg muß man sich jedoch vorher ansehen.
Mit dem Auto erreicht man die Stelle über die Brücke von Most na Soci zum linken Flußufer, von da geht es flußabwärts und rechts ab an der Eisenbahnunterführung auf einem Feldweg weiter.
Relativ unbekanntes, extrem schweres Wildwasser dürfte die oberste Idrica oberhalb der Ortschaft Idrija sein. Sie schießt hier durch eine enge Laubwaldschlucht. Wer in die Gegend kommt, sollte sie sich anschauen.

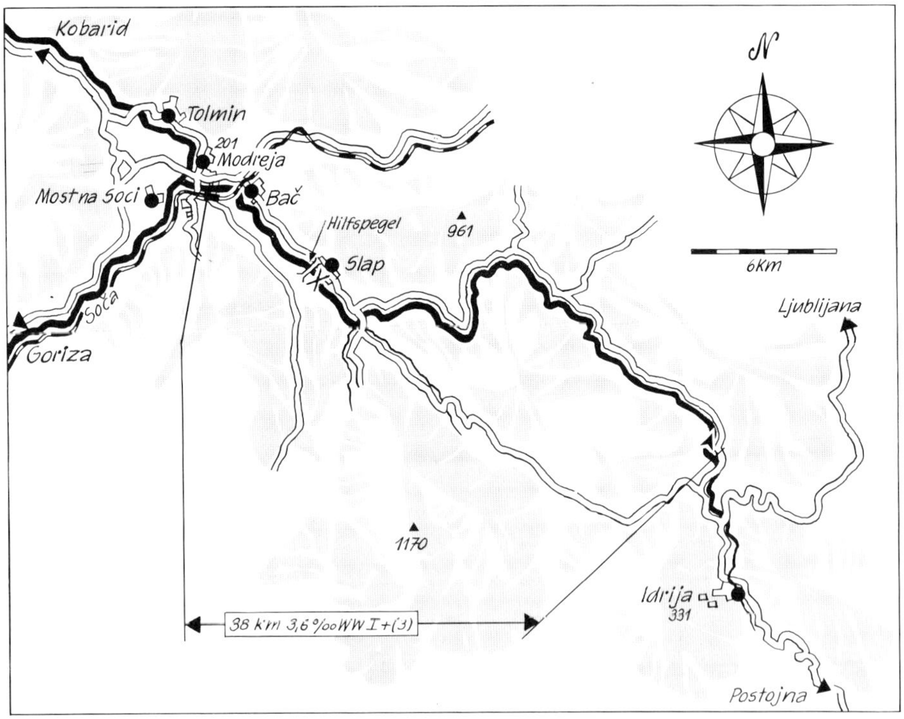

Überblick

Allgemeines im großen und ganzen leichtes, kristallklares Wildwasser in romantischen Schluchten ▪ **Gebirgsfluß** ▪ **Wassermenge** ca. 15 cbm/sec beim grünem **Hilfspegel** in Slap ob Idrijci, 20 m nach der Eisenbahnbrücke an der Treppe ▪ **Start** je nach Wasserstand in der Gegend von Spodnja Idrija ▪ **Ausbooten** ca. 1 km nach der Brücke von Most na Soci ▪ **Flußcharakter** V-förmiges Tal, meist breites Flußbett, teilweise verzweigt, praktisch unreguliert, nur selten auf der Straßenseite befestigte Ufer, Schwälle über Kiesbänke, vor allem aber über Felsrippen, dazwischen lange, ruhige Abschnitte, stark wechselnde Wassertiefe, einige Schwälle leicht verblockt, andere von großen Blöcken versperrt mit schwierigen Durchfahrten, die man vom Boot aus kaum überblicken kann, aber teilweise umtragen werden können, abgesehen von der 2-km-Blockstrecke unterhalb Stopnik. **Gefälle** im allgemeinen stufenförmig, das heißt kurze Schwälle werden von langen ruhigen Strekken abgelöst ▪ **Ufer** außer in der Klamm an der Mündung in den Sočastausee überall begehbar ▪ **Besondere Gefahren** Quecksilberbergbau in Idrija, Schlangen ▪ **Vergleichbare Schwierigkeiten** im allgemeinen etwas schwerer als die Isar, die Blockstrecke bei Stopnik ungefähr wie die Sočaschlucht zwischen Zaga und der Fabrik ▪ **Autobegleitung** durchwegs möglich ▪ **Boote** Einer, Zweier-Canadier, zum Teil offene Canadier und Schlauchboote ▪ **Unterkunft** keine offiziellen Zeltplätze, Wildzelten ohne die Erlaubnis der Bauern kaum möglich, Meldepflicht beim Fremdenverkehrsamt; Hotels, Gasthöfe in Tolmin an der Soča und in Idrija ▪ **Anfahrt** von München über Kufstein, Paß Thurn, Felbertauern, Gailbergsattel, Kötschach-Mauthen, Tarvis, Passo di Predil, Bovec, Tolmin, Most na Soci, ca. 380 km ▪ **Literatur** Hans Matz, Wildwasser in Jugoslawien ▪ **Karte** Touring Club Italiano 1:200000, Nr. 6

Mit ihren starken Kontrasten zwischen leichtem und schwierigem Wildwasser sorgt die Idrica für Abwechslung.

25 Fella/ Tagliamento

Wildfluß mit meist geringen Schwierigkeiten

Italien
Friuli

Obwohl nur durch einen bizarren Gebirgszug von der Soča getrennt, ist die Fella das landschaftliche Gegenteil. Zwar fasziniert das Wasser der Fella genauso durch das leuchtende Türkis, aber ansonsten gibt es nur noch die Gemeinsamkeit, daß man rein theoretisch auf beiden Flüssen im weit auseinanderlaufenden Kiesbett bis hinunter ins Mittelmeer fahren könnte. Im Falle der Fella dann zwar auf dem oft kleineren Tagliamento, der an den einsamen Hängen des Monte Cridola entspringend erst 50 Kilometer fast direkt nach Osten läuft, unterwegs den Degano aufnimmt und im Bereich der Mündung der Fella einen scharfen Bogen nach Süden schlägt.

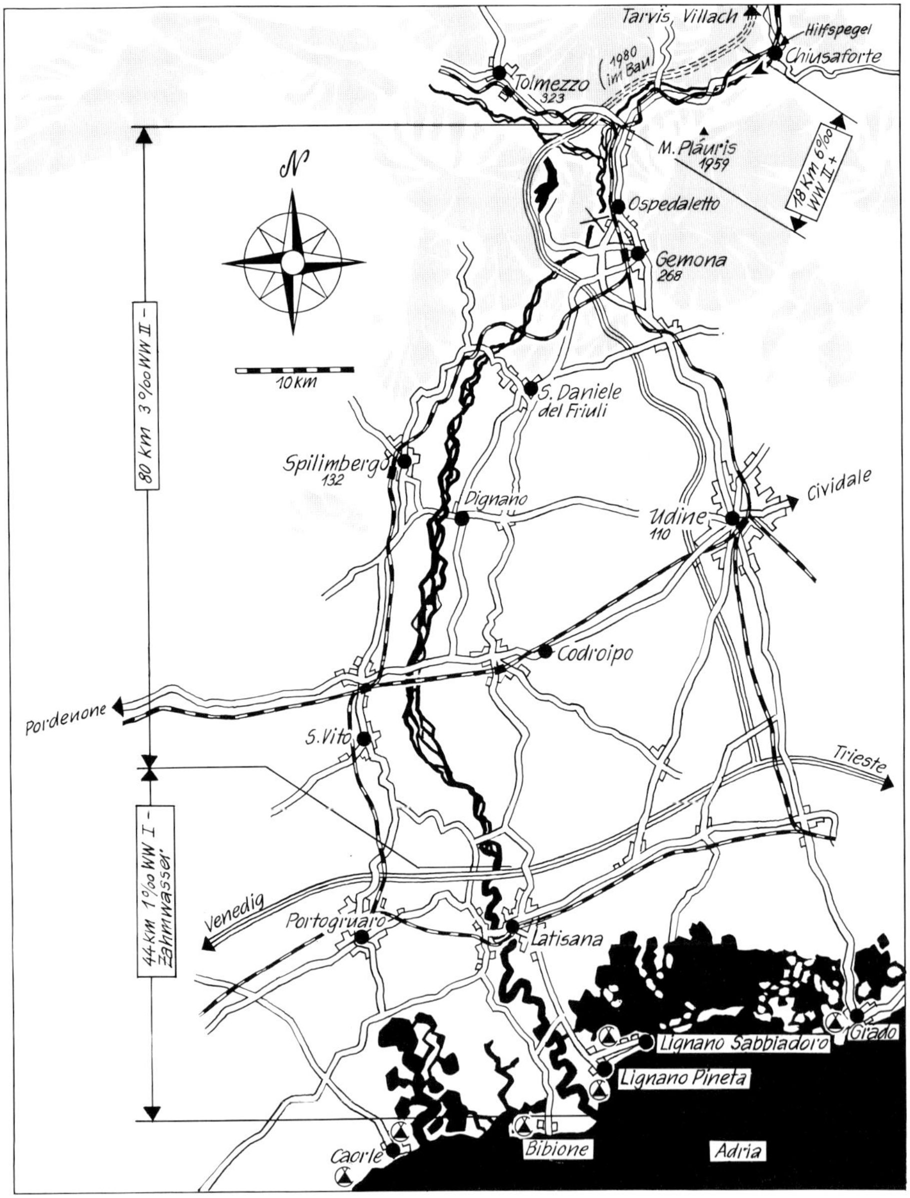

Wer die Weiterfahrt auf dem Tagliamento durchsteht, mindestens 100 Kilometer durch eine der seltsamsten Landschaften ganz Italiens, landet gleich neben dem »Teutonengrill« Lignano, der aber inzwischen von den Italienern und ihren ehemaligen Herren, den Österreichern, zurückgewonnen wurde.

Von Norden auf der in Urlaubszeiten reichlich überfüllten Fahrstraße von Villach über Tarvis nach Italien kommend, trifft man hier zum erstenmal auf die Fella. Die Strecke im engen Tal zwischen bis über 2700 Meter Höhe aufragenden Bergen (Jof. d. Montasio) wird von wie Herbert Rittlinger schrieb »Unentwegten« befahren, hält aber landschaftlich keinem Vergleich mit den Nachbarflüssen Soča oder Koritnica stand.

Erst ab Dogna oder Chiusaforte lohnt es sich, das Getümmel auf der Straße nebenher in Kauf zu nehmen. Das immer weiter werdende, mit unvorstellbaren Geröllmassen ausgefüllte Trogtal gibt dem Fluß genügend Spielraum. Wobei gleich hinzugefügt werden muß, daß das ganze Tal seit 1965 durch technische Eingriffe wie Straßenbau etc. gelitten hat.

Vom Boot aus sieht man weit weniger, als wenn man als Fotograf nach Standorten sucht. Im Boot ist man zu sehr mit dem Fluß beschäftigt. Die Geschwindigkeit ist sehr hoch, bedingt durch das gleichmäßige Gefälle, weil der Fluß kaum jemals auf gewachsenen Fels trifft. Von der Straße aus wird das Tempo leicht unterschätzt. Speziell nachmittags hat man dann im Gegenlicht Probleme, übersieht womöglich einen der vielen Pfosten ehemaliger Brücken oder Uferverbauungen – Dinge, mit denen man in dieser Wildnis von Geröll und flimmernder Sonnenhitze absolut nicht rechnet.

Fahrtechnisch gibt es eigentlich nur Überraschungen an den Abzweigungen der Seitenarme. Welcher ist der richtige, der wasserreichste? Das herauszufinden, verlangt Erfahrung, und trotz aller Vorsicht sitzt man immer wieder einmal im falschen Arm.

Eine noch immer ungebändigte Flußwildnis bieten Fella und Tagliamento, von kurzen Strecken abgesehen, vom Südrand der Alpen bis in die Adria.

Ungebändigt wie selten ein Fluß pendelt die Fella durch ein weites mit Geröll gefülltes Trogtal.

Ebenso sorgen die Einmündungen der vielen Verzweigungen für Aufregung. Hier gibt es scharfe Kehrwasser und saugende Strudel: harmlos für den erfahrenen Wildwassersportler, herrlich zum Trainieren geeignet, schlimm jedoch für den ahnungslosen Anfänger, noch dazu ohne Schwimmweste. Auch die gelegentlichen Prallwände sind nichts für Anfänger ohne Führung. Schließlich muß man mit Baustellen im Flußbett rechnen, mit Kiesbaggern. Das Fehlen von Blockstellen verleitet allzu leicht zur Unaufmerksamkeit, zum Rückwärts-Dahintreibenlassen mit Blick auf die Szenerie der Julischen und Karnischen Alpen.
Schneller als gedacht erreicht man eine Brücke, deren unzählige Joche das weiße Geröllbett der Fella überspannen. Von rechts kommt der Tagliamento heran. Die meisten booten hier aus. Herbert Rittlinger fuhr weiter bis ins Mittelmeer. Er schrieb: »Dieser (der Tagliamento) verläßt bald die Berge, durchströmt die Provinz Udine (das alte und von den Einwohnern noch heute so genannte Friaul) und bietet auf 130 Kilometer (nicht 40 km, wie auch im DKV-Auslandsführer noch angegeben) eine bei ausreichendem Wasserstand hindernisfreie, einzigartige Fahrt bis zur Adria in einem bis kurz vor Latisana mitunter 5 Kilometer breiten, blendend-hellen, mit grünen Inseln durchzogenen Geröllbett!«

Überblick

Allgemeines klassischer Wildwasserwanderfluß durch die südlichen Ausläufer der Alpen bis hinunter zur Adria (bei Weiterfahrt auf dem Tagliamento) in mehrere Kilometer breitem Wildbett ▪ **Gebirgsfluß; Urlaubsfluß** für Liebhaber steppenartiger Landschaft ▪ **Wassermenge** ca. 30 cbm/sec, wenn in Chiusaforte an der Brücke nach Sella Nevea rechtsufrig eine Linie als **Hilfspegel** mit Aufschrift »Pierini« etwa 1 m über dem Wasserspiegel liegt oder Brückensockel in Chiusaforte 120 cm über Wasserspiegel ▪ **Start** bei Chiusaforte ▪ **Ausbooten** an der Einmündung in den Tagliamento oder Weiterfahrt (mehrere Tagestouren) bis nach Lignano, Ausbooten ca. 500 m vor der Mündung in die Adria ▪ **Flußcharakter** von Chiusaforte bis zur Mündung in den Tagliamento weites Trogtal, kilometerbreites Wildbett mit kleinen baumbestandenen Inseln, steil aufragende Berge zu beiden Seiten, viele Verzweigungen, praktisch ohne Regulierungen, lange, leichte Schwälle, starke Kehrwasser und Strudel an den Einmündungen von Seitenarmen, gelegentlich Prallhänge, Baustellen; auf dem Tagliamento allmählich zurücktretende Berge, kilometerbreites Kiesbett in teilweise steppenartiger Landschaft, bei Latisana höher werdende Ufer, ausgeprägte Mäander ▪ **Gefälle** sehr ausgeglichen ▪ **Ufer** überall begehbar ▪ **Besondere Gefahren** Pfosten im Wasser; bei Hochwasser Treibholz; Sonnenstich ohne Kopfschutz, Sonnenbrand, Hitzschlag; Giftschlangen; Fluß sieht leichter aus, als er ist ▪ **Vergleichbare Schwierigkeiten** Lech ab Steg, Isar ab Sylvensteinsee bei gutem Wasserstand ▪ **Autobegleitung** zwischen Chiusaforte und Fellamündung einigermaßen möglich, später recht schwierig ▪ **Boote** Kunststoff-Einer, Zweier-Canadier, stabile Schlauchboote, Faltboot-Einer und -Zweier ▪ **Übernachtung** Platz zum Wildzelten überall, ideal sind selbststehende Kuppelzelte ▪ **Anfahrt** von München über Kufstein, Felbertauern, Kötschach-Mauthen, Plöckenpaß, Carnia bis Chiusaforte, ca. 340 km ▪ **Literatur** Herbert Rittlinger, Die Neue Schule des Kanusports ▪ **Karten:** Touring Club Italiano 1:200000, Nr. 6

Sehenswertes

Aquileia 181 v. Chr. entstandene ehemalige Hafenstadt, eine der größten Städte der Spätantike ▪ Reste aus römischer und frühchristlicher Zeit ▪ Archäologisches Museum ▪ Dom 4. Jh., Mosaike
Cividale früher Bollwerk der Langobarden gegen den Osten ▪ langobardische Kunst.
Gemona del Friuli durch Erdbeben (1976) schwer beschädigte altertümliche Stadt ▪ romanisch-gotischer Dom ▪ Rathaus, Renaissancestil
Palmanova von den Venezianern neu angelegte Festungsstadt mit sternförmigem Grundriß (1593)
San Daniele del Friuli Hauptwerk des Freskomalers Pellegrino di San Daniele in der Kirche San Antonio Abate
Spilimbergo Fachschule für Mosaikarbeiten ▪ gotischer Dom, romanisches Portal, wertvolle Fresken
Tolmezzo Museo Carnico delle Arte Tradizioni populari, wertvolle Volkskundliche Sammlung
Udine Provinzhauptstadt ▪ venezianische Gotik im Zentrum ▪ Kastell mit weitem Rundblick ▪ Sammlungen ▪ Fresken von Tiepolo

26 Piave

Wildfluß mit meist geringen Schwierigkeiten

Italien
Belluno

Die Geologie der italienischen Alpen bringt alle Voraussetzungen mit sich, fantastische Wildflußlandschaften entstehen zu lassen. Vor allem gilt dies für die Dolomiten. Auf über 3200 Meter ragen sie in der Sella, der Marmolada, der Civetta und im Antelao auf, doch zur Adria sind's nur 120 Kilometer. Zum Vergleich: Von der Zugspitze (2963 m) bis zum Schwarzen Meer beträgt die Distanz auf Loisach, Isar und Donau gute 2500 Kilometer. Solche in den Alpen recht seltenen Höhenunterschiede führen dazu, daß die Erosionskraft des Wassers ganz andere Dimensionen der Landschaftsbildung erzielt als etwa am nördlichen Alpenrand. Die zum Süden führenden Schluchten werden von den Italienern treffend Canale genannt. Sie sind samt und sonders sehenswert, speziell der Canale di Agordo, vom Agordo durchströmt, jedoch auf Grund von Energiegewinnung nur zu bestimmten Zeiten fahrbar.
Die gewaltigste Schlucht jedoch wird von der Piave durchzogen. Die Wände steigen gut 2000 Meter auf, im flachen, schuttgefüllten Talboden pendelt der Wildfluß von Prallhang zu Prallhang. Immer wieder fächert er sich zu einem urweltlichen Wildbett auf mit einem Gewirr von Nebenarmen, die im Hochsommer zu kleinen, aber wundervoll klaren Rinnsalen zusammenschrumpfen.
Bei richtigem Wasserstand, also von der Schneeschmelze bis in den Frühsommer, schießt die Piave milchig trüb dahin und bietet die schon rar gewordene Gelegenheit, eine Wildwassertour zur Wildwasser-Wanderfahrt mit Zelt auszudehnen. Im Idealfall reicht dann das Wasser sogar bis hinunter in die Lagune von Venedig, der Stadt im Meer, wobei gute 175 Kilometer Strecke und einige Kraftwerke zu bewältigen sind.
Von Perarolo bis in die Gegend von Valdobbiadene sorgen auf 70 Kilometer Distanz hohe Wassergeschwindigkeiten mit langen Schwällen für fahrtechnische Abwechslung. Beim Zusammentreffen von Seitenarmen lauern Verschneidungen und Strudel. Das alles sieht wieder einmal von der Straße recht harmlos aus, erfordert aber sichere Bootsbeherrschung und geübten Blick fürs Wildwasser.
Am besten startet man bei Perarolo, denn die oberhalb liegenden Strecken, die für eine Befahrung noch in Frage kommen, sind vergleichsweise kurz. Bis

Ähnlich wie die östlich gelegenen Flüsse Fella und Tagliamento, aber wasserreicher durchströmt die Piave die südlichen Ausläufer der Dolomiten.

Longarone begleiten die Steilwände den Fluß und ragen vor allem linker Hand gelegentlich direkt aus dem Wasser. – Longarone ist übrigens berühmt geworden durch einen Bergrutsch, der den Stausee überschwappen ließ, was katastrophale Folgen für den Ort mit sich brachte. – Ganz allmählich weitet sich das Tal, jedoch bei Belluno preßt sich das Wasser wieder durch eine kleine, fast klammartige Schlucht. Auch weiter flußabwärts wechseln sich breites Wildbett und Schluchten ab, und erst ab Valdobbiadene tritt die Piave aus den Dolomiten hinaus in ein sanftes Hügelland.

An wilden Zeltplätzen am Fluß entlang dürfte es nicht mangeln. Man erreicht sie mit dem Boot viel leichter als per Auto, denn traurigerweise enden Italiens Nebenstraßen nur allzu häufig in irgendwelchen stinkenden Müllgruben. Vielleicht sorgt eine Aktion »Italien wird schöner« hier eines Tages für Besserung!

Zu den geographischen Superlativen bezüglich der Höhenunterschiede, der Schönheit der Dolomiten und der Chance, bis ans Meer zu paddeln, gesellen sich schließlich mehrere sehenswerten Städte: Belluno und Feltre – der Geburtsort von Vittorino da Feltre, einem der Väter der Renaissance – und schließlich am Oberlauf die Pieve di Cadere, die Geburtsstadt Tizians.

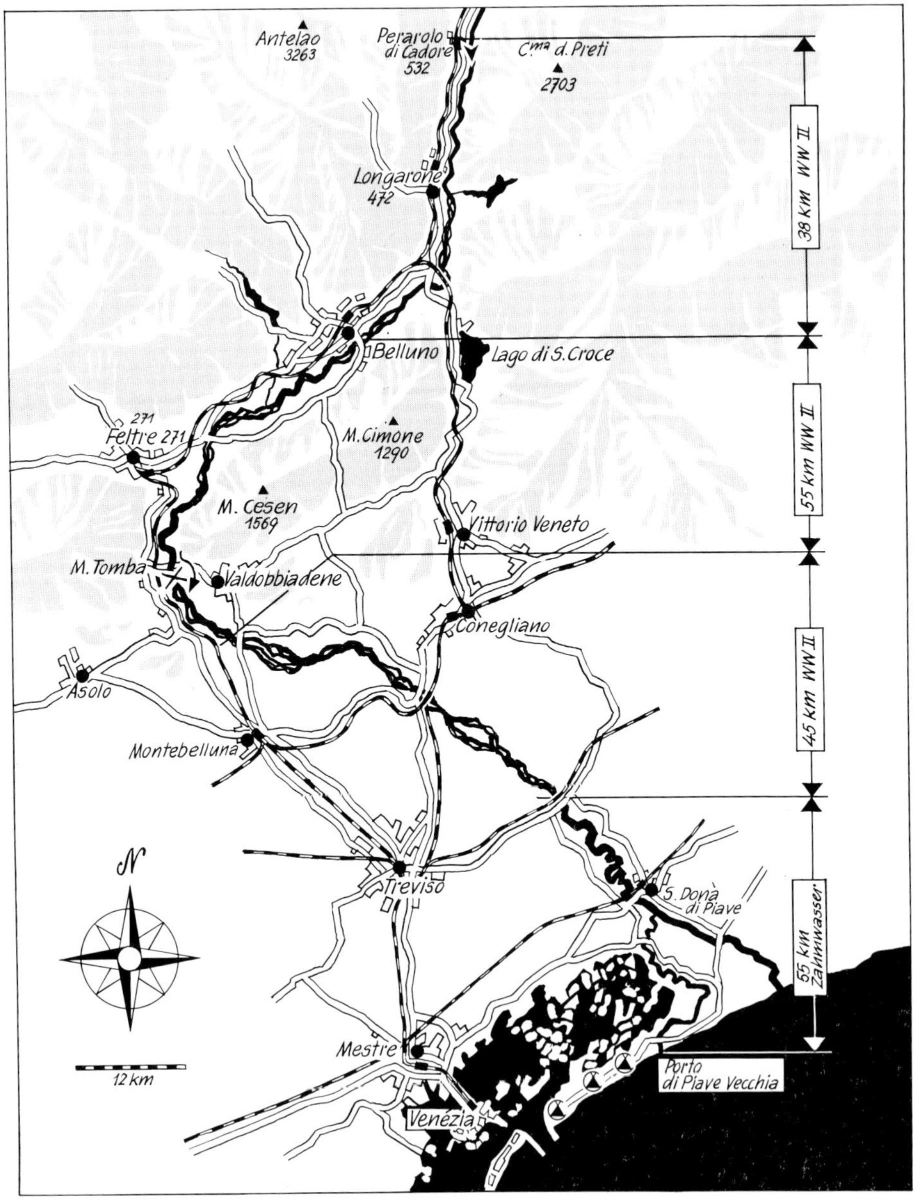

Überblick

Allgemeines auf einer Strecke von ca. 170 km durchfließt der Fiume Piave eine der ursprünglichsten Wildflußlandschaften des ganzen Alpenbereichs und mündet am Rande der Lagunen, die sich an die von Venedig anschließen, in die Adria, der Fluß bietet bei hohem Wasserstand die Gelegenheit, im Boot von den Alpen bis in die Adria zu gelangen ▪ **Gebirgs- und Gletscherfluß; Urlaubsfluß** ▪ **Pegel** unbekannt ▪ **Wassermenge** ca. 80 cbm/sec ▪ **Start** in Perarolo nach Mündung des Torente Bóite ▪ **Ausbooten** je nach Wasserstand, bis Belluno praktisch immer möglich ▪ **Flußcharakter** nur anfangs leicht verblockt, dann breites, flaches Wildbett, gelegentlich zwischen steil aufragenden Felswänden, allmählich weiter werdendes Tal, viele Verzweigungen, oft sehr unübersichtlich, Inseln und Treibholzpakete, Wirbel an den Einmündungen von Nebenarmen, schnelle Strömung, bei gutem Wasserstand lange Schwälle ▪ **Gefälle** ziemlich gleichmäßig ▪ **Ufer** im allgemeinen begehbar ▪ **Besondere Gefahren** Kraftwerksbauten, eventuell Pfosten etc. im Fluß; Sonneneinstrahlung ▪ **Vergleichbare Schwierigkeiten** wie der Lech ab Häselgehr oder die Fella, beide bei sehr hohem Wasserstand ▪ **Autobegleitung** zwischen Perarolo und Belluno und zwischen Centiai und Vido unterhalb Valdobbiadene bedingt möglich ▪ **Boote** bei ausreichendem Wasserstand Faltboote, stabile Schlauchboote, Kunststoff-Kajaks- und Canadier ▪ **Übernachtung** Zeltplätze: Lago di Santa Croce, Auronzo (Oberlauf), Valle di Cadore, Lido di Jesolo; Plätze zum Wildzelten fast überall; Hotels und Zimmer in Pieve di Cadore, Longarone, Belluno, Feltre ▪ **Anfahrt** von München über Brenner, Bruneck, Cortina d'Ampezzo bis Perarolo ca. 360 km ▪ **Karten** Touring Club Italiano 1:200000, Nr. 3 und 6

Sehenswertes

Venedig Stadt im Meer, auf 118 Inseln gelegen. ▪ Markuskirche ▪ Markusplatz ▪ Campanile ▪ Dogenpalast ▪ Maria del la Salute ▪ Canale Grande mit Palästen am Ufer
Belluno Dom 1517 erbaut, 1873 renoviert ▪ Palazzo dei Retori (1496) ▪ Museo Civico
Feltre malerische Altstadt auf einem Hügel ▪ sehenswerte Häuser und Kirchen

Die Schluchten der Piave gehören zu den tiefsten der gesamten Alpen. Bei gutem Wasserstand, im Frühsommer, sind sie großenteils auch im Schlauchboot befahrbar.

27 Rienz

Wildfluß mit überwiegend geringen Schwierigkeiten

Italien
Südtirol

Die Rienz ist Südtirols leichtestes Wildwasser. Dank ihres riesigen Einzugsgebietes bis hinauf zu den Südflanken des Zillertaler Hauptkammes, dem Massiv der Riesenferner-Gruppe und hinunter zur Sella ist sie wasserreich, und ihre Fluten ziehen grünblau dahin. Die Landschaft ist herrlich, die bewaldeten Hügel und Hänge steigen sanft vom Talboden auf. Im Süden, etwa eine halbe Autostunde entfernt, zeichnen sich die bizarren Zacken und Zinnen der Dolomiten gegen den Horizont ab. Nur wenige Dörfer sieht man am Fluß.

Am besten startet man an der Brücke vom Pustertal hinein ins Tal des Gaderbaches, also bei St. Martin oder Pflaurenz. Ziemlich tief und zwischen befestigten Ufern zieht hier die Rienz vom Osten heran.

Gleich vor und nach der Mündung des Gaderbaches kommen die ersten Überraschungen, die natürlich relativ sind, aber doch recht »feucht«. Im tiefen Wasser liegende Blöcke haben eine fast pilzförmige Walze zur Folge, die das Boot festhält, doch leicht auf beiden Seiten umfahren werden kann.

Kurz nach dem Kniepaß wird es dann spannend. In herrlicher Schluchtlandschaft mit Laubwald und steilen Wiesenhängen überrollt die Rienz immer wieder große Blöcke, wobei herrliche Kehrwasser und kleine Walzen entstehen. Bei zunehmendem Gefälle werden sie zunehmend heftiger und können schließlich im immer engeren Flußbett dem weniger Geübten ganz gehörig zu schaffen machen, den Könner jedoch zu einem Kürlauf von Kehrwasser zu Kehrwasser verführen.

Nach dem Kniepaß wird es leichter, der Fluß zieht recht schnell zwischen Bäumen dahin. Doch schon bei Kiens hängen quergestreifte Slalomtore über dem hier wieder sehr bewegten Wasser. Ein langer Schwall, eine echte Wildwassergaudi, gerade so, daß der Talentierte und Mutige oder der noch ahnungslose Anfänger ihren Spaß haben. Die Wellen sind lang, hoch und teilweise von Brechern verziert. Wo es am Ende des Schwalles besonders laut rauscht, sollte man lieber Vorsicht walten lassen: Hier lauern Pfosten im Wasser, die erst im letzten Augenblick auszumachen sind und für den Anfänger eine Katastrophe bedeuten.

Weiter unten, beim Ort St. Sigismund, zieht sich ein Zeltplatz im Schatten von Kiefern bis zum Fluß hinunter. Er ist weit genug von der ziemlich stark befahrenen Straße entfernt und vielleicht der ideale Standort für einen längeren Aufenthalt.

Auf der Rienz hat man dann wieder Zeit zum Schauen, auf die wie ein Vertreter des Bayerischen Waldes aufragende Lusener Alpe. Doch harmlos ist die Rienz beileibe nicht. Vor allem, wenn man an Vintl, das heißt Ober- und Niedervintl, vorbei ist. Bei zunehmendem Gefälle wartet hier der schwerste Abschnitt, auf welchem dem Vernehmen nach schon mancher Crack in einer Walze verschwunden und anschließend durch die Luft geflogen ist. Einen solchen Flug habe ich selbst gesehen: ein verrückter Anblick. Die betreffende Kajakfahrerin tauchte merkwürdig lang im Gebrodel am Ende einer V-förmigen Stromzunge unter, um dann plötzlich frei durch die Luft zu fliegen.

Aber zum Trost kann gesagt werden, daß schon andere, weniger Talentierte mitten hineindonnerten und nicht kenterten. Außerdem kann man leicht umtragen und, wer das Wasser nicht scheut, hat hinterher genügend Zeit, Boot und Paddel einzusammeln, falls er sich nicht ganz ungeschickt anstellt und mit Herzklopfen einige Wellen mit Dimensionen aus der Imster Schlucht hinunterschwimmt.

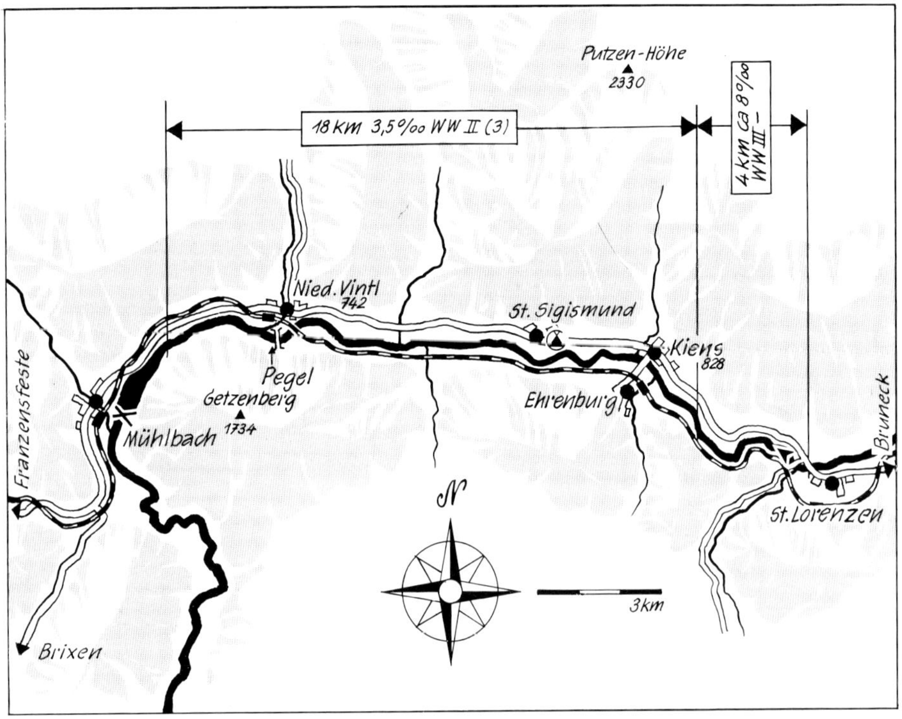

Den einzigen Fehler, den man hier machen kann, ist der, zu weit in den Stausee hineinzufahren, was das Sicherheitsbedürfnis der italienischen Behörden empfindlich belastet. Also: Sofort am Eingang in den Stausee ausbooten.
Was unterhalb des Stausees von Mühlbach – den geeigneten Wasserstand vorausgesetzt – auf ganz extreme Kajakfahrer wartet, kann ich nur aus der Landkarte herauslesen. Es handelt sich um eine 200 bis 300 Meter tiefe Schlucht, teilweise zur Klamm verengt, mit gewaltigem Gefälle, die nur ganz selten befahren wird.

Die Rienz gilt als Südtirols leichtester und damit idealer Wildfluß für trainierte Anfänger.

Lange Schwälle, die gelegentlich mit Steinen oder Pfählen gewürzt sind, charakterisieren die Rienz.

Überblick

Allgemeines leichtes, aber wuchtiges Wildwasser in lieblicher Landschaft zwischen Dolomiten und Zillertaler Hauptkamm mit sauberem, blaugrünem Wasser ▪ **Gebirgs-** und **Gletscherfluß; Urlaubsfluß** ▪ **Wassermenge** ca. 40–50 cbm/sec bei **Pegel** 150 an der Hängebrücke unterhalb Vintl ▪ **Start** an der Brücke von Pflaurenz ▪ **Ausbooten** gleich am Anfang des Stausees, Weiterfahrt strengstens verboten ▪ **Flußcharakter** im meist U-förmigen Tal außerhalb des Kniepasses auf weite Strecken mit Bruchsteinen regulierte Ufer, Wasserwucht; im Kniepaß sehr starke Kehrwasser, schräge Walzen, verhältnismäßig hohe Geschwindigkeit, Preßwasser; nach der Schlucht lange, zügige Strecken, schnelle Strömung, dazwischen mit Blöcken und gelegentlich Pfosten durchsetzte lange Schwälle, hohe Wellen, Brecher; nach Vintl wieder wesentlich schwerer mit hohen Wellen Brechern und Walzen ▪ **Gefälle** ausgeglichen ▪ **Ufer** auch in der Schlucht am Kniepaß, wenn auch sehr schwer, begehbar ▪ **Besondere Gefahren** Pfosten ▪ **Vergleichbare Schwierigkeiten** Kniepaß etwa wie »Entenloch« der Tiroler Ache bei Hochwasser ▪ **Autobegleitung** zum Teil möglich ▪ **Boote** Faltboote, Kunststoffboote, geschlossene und mit Spritzdecke gedeckte Canadier, Schlauchboote ▪ **Übernachtung** Camping in St. Sigismund am Fluß, St. Lorenzen; Gasthöfe in allen größeren Orten ▪ **Anfahrt** von München über Innsbruck, Sterzing bis Pflaurenz, ca. 260 km ▪ **Literatur** Hans Matz, Die Flüsse der internationalen Wildwasserwoche ▪ **Karten** Freytag & Berndt 1:100000, Nr. 16 und 17

Sehenswertes

Bruneck Pfarrkirche, Holzkruzifix des berühmten Bildschnitzers Michael Pacher († 1498) ▪ Schloß der Bischöfe von Brixen (13.–16. Jh.) ▪ Mittelalterliche Gassen
Kronplatz (2272 m) phantastische Rundsicht
Brixen barocker Dom mit romanischem und gotisch eingewölbtem Kreuzgang ▪ Loggienhof der fürstbischöflichen Burg ▪ Diözesanmuseum mit Funden urzeitlicher Siedlungen ▪ schöne Innentstadt mit typischen Laubengassen
Mühlbach Schloß Rodeneck, Fresken aus dem 13. Jh., Illustrationen zum »Iwein« von Hartmann von der Aue
St. Lorenzen Michelsburg

28 Avisio

Mittleres, gelegentlich schweres Wildwasser

Italien
Südtirol

Wir waren sicher nicht die ersten, wollten es auch gar nicht sein. Aber die Reaktionen der im Avisio stehenden abendlichen Angler machten es deutlich: Im kleinen Boot ohne Motor auf einem Fluß zu fahren, der auf dem Schulatlas sicher nicht als schiffbar gekennzeichnet ist, gilt im Val die Fiemme schlicht und einfach als »Schwachsinn«. Unwilligen Reaktionen der Jünger Petri beugten wir für alle Fälle vor durch besonders freundliches Grüßen, was beim Umrunden der unzähligen Steine in der hereinbrechenden Dämmerung nicht immer einfach war. Dann machte die Nacht dem Spaß, auf einem – uns wenigstens – unbekannten Fluß zu fahren, ein Ende. Zu Fuß mußten wir uns schließlich zu den Zelten, die bei Cavalese direkt am Avisio standen, durchschlagen.
Das war der vierte Versuch gewesen. Der erste Anlauf, den Avisio für den Wildwassersport zu erschließen, war am allzu reichlichen Wasserstand gescheitert, genauso wie der zweite und dritte. Beim erstenmal fanden wir geschätzte 80 cbm/sec arg viel für einen unbekann-

In der kleinen Schlucht von Panchia warnt eine alte überdachte Holzbrücke den Wildwassersportler vor der wohl schwersten Stelle des oberen Avisio.

ten Fluß am Grunde einer mehrere hundert Meter tiefen Schlucht, V-förmig, ohne jede Straße, mit nur einer einzigen Brücke auf etwa 30 Kilometer Länge. Was, wenn man bei dieser Wassermenge in eine Klamm geriete, ohne Ausstiegsmöglichkeiten, aber unfahrbar? Demnach vertagten wir wenigstens die Schluchten des Val Cembra, also des unteren Avisio, auf trockenere Zeiten – prompt waren dann 3 cbm/sec zu wenig.
So blieb uns wie wir meinten »nur« der Oberlauf im Val di Fiemme bis zum Stausee Lago di Stramentizzo, und die anschließende große Schlucht, die man getrost als die Wildwassersensation einstufen darf, wartet weiter auf unsere Befahrung. Doch der obere Avisio bot sich wieder einmal ganz anders, als er sich nach eingehender Besichtigung vorstellte.
Enttäuschend waren gleich nach dem Start die von Bulldozern angerichteten Verwüstungen.
Glücklicherweise sind aber weite Strecken in einem begeisternd urigen Zustand, so daß man meinen möchte, sie seien einem Bilderbuch für Wildwassersportler entnommen: breiter Auwald mit undurchdringlichem Gestrüpp, riesige runde Blöcke überall, Schwälle von WW I–III, aber immer unübersichtlich genug um die Neugier herauszufordern, Verzweigungen, dann wieder Prallhänge an Wiesenflächen, die jeden zum wilden Zelten reizen.
So verblüffend wie das geologisch interessante, farbenprächtige Gestein ist das warme Wasser des Avisio. Zum erstenmal zweifelt man in einem alpinen Wildwasser am Sinn der Neoprenausrüstung.
Am besten setzt man nach dem Steilwehr direkt vor dem Ort Zanolin ein. Das Schotterbett ist sehr breit, die Fahrtrinne, an deren Ende man nicht trocken dasitzt, nicht immer leicht zu erkennen. Trotz des deutlichen Gefälles kann man die vielen Blöcke jedoch mit der Kombination Rund- und Konterschlag recht gut umzirkeln. Bei mehr als der von uns angegetroffenen Wassermenge, wenn also die große Schlucht in Frage kommt, dürfte die Wassergeschwindigkeit atemberaubend sein.
In der Gegend von Panchia holte dann der Avisio zum ersten, recht hinterlistigen Schlag aus. Weshalb die Angler uns zufuchtelten, wir sollten es bleiben lassen, wurde uns anschließend klar. Angesichts einer sehenswerten überdachten Holzbrücke beginnt ein etwa 500 Meter langer Abschnitt mit mindestens 30‰ Gefälle, der beim gegebenen niedrigen Pegel mit Blöcken aller Größenordnung gespickt war. Mittendrin in diesem Gewirr von Walzen und Blöcken überfiel uns der Verdacht, daß eine Besichtigung des weiteren Verlaufs dringend nötig sei.
Bei hohem Wasserstand sollte man zur Erkundung jedenfalls schon im ruhigen Flußlauf oberhalb aussteigen.
Insgesamt nehmen nach dem Holzbrückenschwall von Panchia die Probleme deutlich ab. Im wieder breiter gewordenen Geröllbett findet sich immer ein Durchschlupf, einige kleine Geröllbremsen zeigen starken Rücklauf. Wieder wildert der Fluß dahin mit Verzweigungen, Blöcken und Prallhängen.
Besonders schöne Landschaft finden wir ab Masi. Das Tal wird enger: Felskuppen aus Eruptionsgesteinen, kleine Gehölze, Felder, flußauf im Osten die Dolomiten – eine herrliche landschaftliche Mischung aus Meteorafelsen und Slowenien. Zudem rauscht der Fluß über schöne runde Blöcke, bietet ein technisch wundervolles, aber nicht zu schweres Wildwasser.
Die große Schlucht kündigt sich im Hintergrund an. Einige Stufen sind mit Vorsicht zu genießen, und dann ist man am Ende eines langen, steinigen Schwalles schon im Stausee, an dessen Abschluß noch immer die einsame, phantastische, 30 Kilometer lange Schlucht wartet.

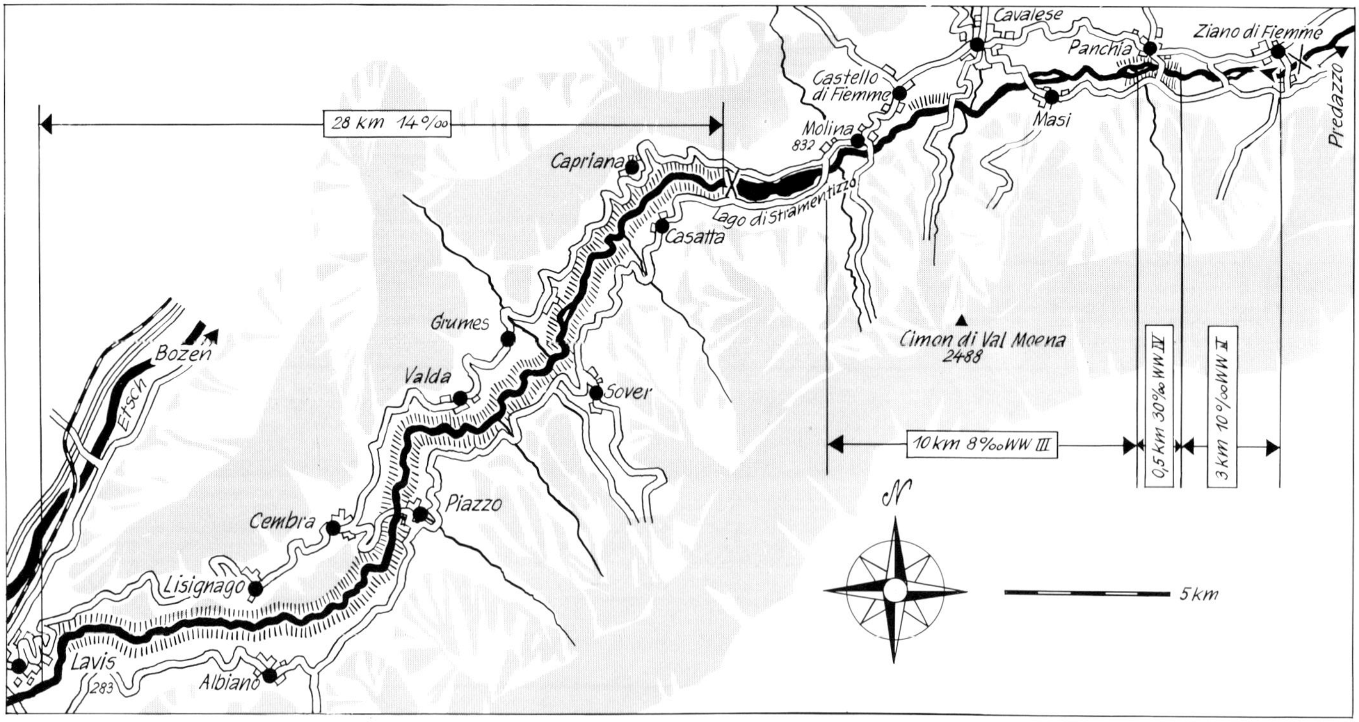

Überblick

Allgemeines landschaftlich und fahrtechnisch sehr reizvoller Wildfluß in auf großen Strecken völlig wildem Flußbett; bietet außerdem für Experten die Chance, 3 Autostunden südlich von München 30 km völlig unwegsame, bis 500 m tiefe Waldschluchten zu befahren, über die bislang keine Angaben vorliegen, dort etwa WW IV im Schnitt ▪ **Gletscher- und Gebirgsfluß** warmes, sauberes, sehr fischreiches Wasser; ▪ **Urlaubsfluß** ▪ **Wassermenge** ca. 15 cbm/sec bei **Hilfspegel,** wenn an der Holzbrücke nach Panchia der Sockel am rechten Ufer ca. 80 cm aus dem Wasser ragt ▪ **Start** hinter dem Steilwehr vor Zanolin ▪ **Ausbooten** an der Brücke am Lago di Stramentizzo ▪ **Flußcharakter** breites Wildbett, grobes Geröll, fast überall Blöcke in der Fahrrinne, leicht zu umfahren. Verzweigungen, Prallhänge und Kiesbänke, Abschnitte provisorisch mit Bulldozer reguliert; der ca. 500 m lange Abschnitt an der Holzbrücke von Panchia ist schweres, verblocktes Wildwasser, abgesehen davon und von einem kurzen Katarakt hinter Valerio Segh (Cascata) sind die meisten Abschnitte vom Boot aus gut überschaubar ▪ **Gefälle** meist stufenartig, längere Schwälle erst unterhalb ▪ **Ufer** praktisch überall begehbar ▪ **Besondere Gefahren** Schwallgefahr durch Kraftwerk im Oberlauf ▪ **Vergleichbare Schwierigkeiten** Holzbrükkenschwall (Panchia) etwa wie Loisachschlucht, ansonsten insgesamt so schwer wie die Ammer bis Rottenbuch ▪ **Autobegleitung** möglich, Kontakt teilweise sehr schwierig ▪ **Boote** Kunststoff-Einer, wendige WW-Canadier ▪ **Übernachtung** Camping in Bellamonte bei Predazzo; Hotels in Predazzo und Cavalese ▪ **Anfahrt** von München über Kufstein, Innsbruck, Bozen, Autobahnausfahrt Auer–Cavalese ca. 300 km ▪ **Karte**: Kompass 1:50000, Nr. 74

Sehenswertes

Cembra Trentiner Volkskundemuseum in San Michele all'Adige
Segonzano Erdpyramiden
Cavalese ehemaliger Trientiner Bischofspalast, jetzt Archäologisches und Paläonthologisches Museum des Fleimstales (Val Cembra) ▪ Pfarrkirche, romanisch, 1610 umgebaut
Moena ladinischer Ort im Val di Fiemme ▪ Pfarrkirche St. Vigil mit beachtenswerten gotischen Altären ▪ romanische Kirche St. Wolfgang 10.–11. Jh.

Der Avisio präsentiert sich als ein landschaftlich und fahrtechnisch sehr reizvoller Wildfluß in einem auf großen Strecken völlig wilden Flußbett.

29 Sarca

Schweres Wildwasser

Italien
Südtirol

Jeder Wildwasserfahrer hat seine Träume: von glasklarem Wasser, das man trinken kann, blendend weißem Kies, natürlichen Ufern. Je länger er davon träumt, desto heftiger wird der Wunsch, das, was er früher noch vor der Haustüre hatte, einmal »trotz allem« wiederzufinden.

So forscht er auf der Landkarte, berechnet Gefälle, sucht nach eventuellen Staudämmen, und plötzlich durchzuckt ihn eine Idee: Warum sollte man es nicht einmal auf diesem Fluß versuchen?

Auf solche Weise stießen wir auf die Sarca und wurden sogar ihre Erstbefahrer – ohne Anspruch auf die damit verbundenen Titel und Ehren erheben zu wollen. Wir waren einfach auf der Suche nach einem echten Wildwasser.

Der Frühsommer 1978 war dafür ideal: Im Gebirge hielt sich in den höheren Lagen bis weit in den Sommer hinein Schnee, es regnete ausgiebig. Wir kamen von dem herrlichen Noce, vorbei an Madonna di Campiglio, an die Sarca ins Val Rendena, wo ihr Lauf zwischen den Berggruppen von Adamello und Presanella eingebettet liegt. Alle waren aufs äußerste gespannt, ob die Theorie mit der Praxis übereinstimmen würde. Sauber wie Trinkwasser rauschte die Sarca aus dem berühmten Valle di Genova heran, so daß wir sofort beschlossen, soweit oben wie nur möglich anzufangen.

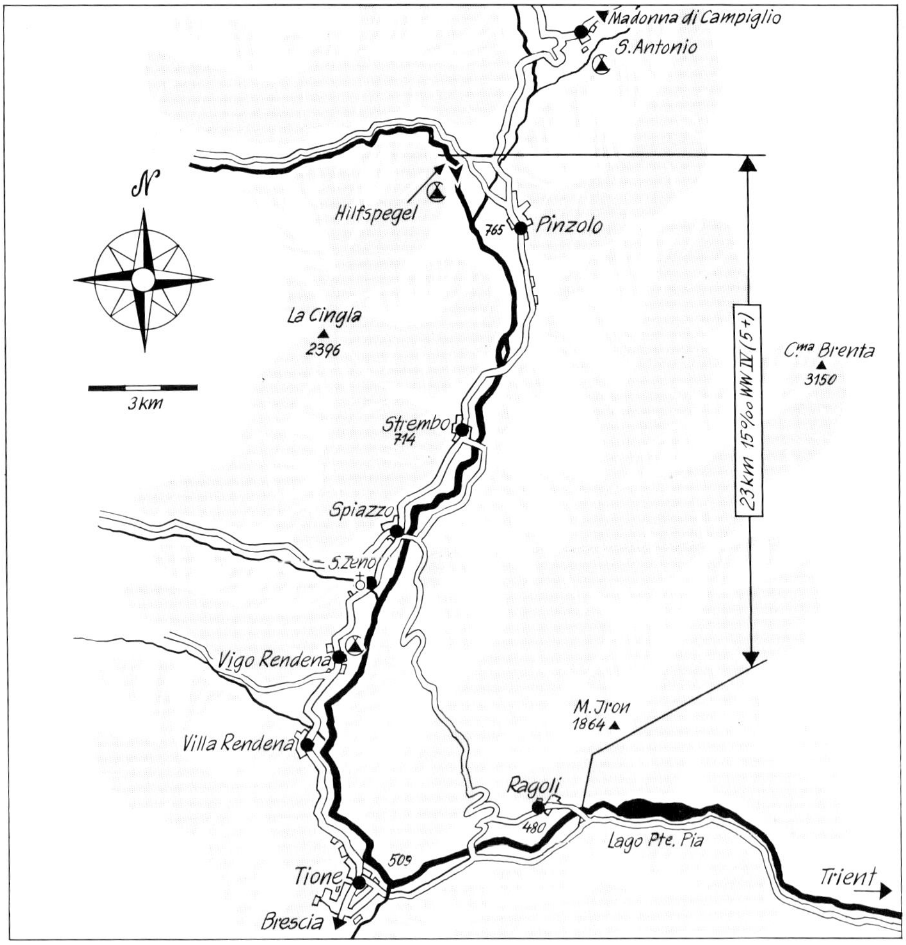

Die Auffahrt führt auf einer kleinen Straße hinauf ins stufenförmig ansteigende Tal. An jeder Stufe donnert die Sarca über riesige Felstrümmer. In den flachen Abschnitten des Tales tosen und gurgeln die Wasser durch den üppigen Bergwald, der dank der reichlichen Feuchtigkeit sehr artenreich ist: Fichten, Weißtannen, Lärchen, Buchen, Erlen, Birken, Zitterpappeln, Ahorne, Linden, Haselsträucher und wilde Kirschen. Auch die Tierwelt soll von einer selten zu findenden Vielfalt sein.

Die ersten Kilometer bis Caderzone sind fast enttäuschend leicht. Der Fluß ist von Planierraupen überfallen und ausgeräumt worden, die Ufer sind teilweise befestigt. Aber gleich hinter dem Ort legt die Sarca richtig los. Gewaltige, von unglaublicher Wasserwucht bearbeitete Felsblöcke entragen dem Flußbett, das sonst mit seinem beidseitigen Baumbestand ganz harmlos wirkt, geradezu wie ein Bilderbuchfluß.

Mitten in diesem Chaos von prächtigen Granitblöcken und Wasser stellt man wieder einmal fest, daß es doch sehr problematisch ist, einen Fluß in seinem Schwierigkeitsgrad treffend einzustufen. Zumindest von der Straße sah das alles nach lustigem, wenn auch anspruchsvollem Wildwasser aus. Jedoch, die Schwälle sind enorm steil, oft so steil wie die berüchtigte S-Kurve an der Ötztaler Ache, wo man zusehen kann, wie die Leute aus den Booten fliegen. Hinzuzufügen ist, daß die Sarca bei Pegel 220 einerseits die ideale Wasserführung haben, andererseits dabei noch bedeutend voluminöser sein dürfte, als die Ötztaler Ache bei Pegel 120.

Die Schwälle zwingen immer wieder zum Aussteigen, doch um anderen das Abenteuer nicht zu verderben, wird nicht verraten, wo die schwersten Abschnitte liegen. Verraten sei nur soviel: Wer auf der Ötztaler Ache in der Waldschlucht oder im »S« Probleme hat, sollte an der Sarca gleich wieder einpacken. Denn hier zu schwimmen, geht ohne Prellungen und eventuelle Knochenbrüche wahrscheinlich nicht ab, und Eski-

motieren in den seichten, aber wuchtigen Schwällen ist auch riskant.
Erst nach der Mündung des Torrento Arno wird der Fluß ruhiger. Hinter der Brücke nach Preore am linken Ufer beginnt dann eine 2 Kilometer lange regulierte Strecke. Diese Regulierung ist genau das, was das Wasserwirtschaftsamt Bozen als »schön« betiteln würde: ein Kanal mit fast senkrecht (!) gepflasterten Wänden.
Wie wir so dahintrieben, schoß uns gleichzeitig der Gedanke in den Kopf: Wenn da nur kein Wehr kommt! Und schon hörten wir voraus ein dumpfes Geräusch. Nichts wie raus, war unsere Devise – was hier an Akrobatik grenzt, denn das hieß auf dem dahinschießenden Fluß aus einem kippligen Kajak auf eine ca. 1 Meter hohe Wand zu steigen. Zum Glück ist der Säuberungsaktion der Sarca ein Bestand von hochgewachsenem Gras entgangen. Dem zuständigen Flußbauamt ein herzliches Dankeschön!
Danach trifft man noch einmal auf schönes, etwas leichteres Wildwasser mit fünf verfallenen Stufen, deren Reste eventuell gefährlich werden können. An der Brücke nach Ragoli bootet man am besten aus, denn bald beginnt der Stau.
Nach dem Stausee Lago Pte. Pia findet man die Sarca tief in einer romantischen Klamm, die sich Stück für Stück als einer der großartigsten Cañons entpuppt und dessen Wände von etwa 258 Meter am Ausgang bei Sarche bis auf die 967 Meter des Monte Carsole fast senkrecht aufsteigen. Dieser große Sarca-Cañon ist unbedingt sehenswert, auch wenn er vielleicht noch einige Zeit auf seine erste Befahrung warten muß. Wer danach sucht, findet Fußwege: einen zu einer phantastischen Klamm am Grunde des Cañons, der an die Sočaklammen bei Soča erinnert. Dabei ist die wahrscheinlich unfahrbare Sarca weniger gefährlich als der Steinschlag.
Insgesamt kann man sagen, daß die Sarca für den Wildwasserfahrer und denjenigen, der die Schönheit der Landschaft bewußt sieht, auf jeden Fall lohnend ist. Alles das macht auch die Enttäuschung wett, die wir im August 1978 erlebten: kein Wasser. Es wurde ganz oben in Val Gemona erfaßt und weggeleitet.

Überblick

Allgemeines wuchtiger, sehr anspruchsvoller und landschaftlich lohnender Wildfluß zwischen der Adamello- und Brentagruppe, nur im Frühjahr und Frühsommer fahrbar, sauberes Wasser ▪ **Urlaubsfluß; Gebirgs- und Gletscherfluß** ▪ **Wassermenge** geschätzt 40–60 cbm/sec bei **Hilfspegel** an der Holz-

Ein grünes Tal zwischen Brenta und Adamello, herrliche Baumbestände und dazwischen die schweren schäumenden Schwälle der Sarca, die alle Aufmerksamkeit erfordert.

brücke von Carisolo am Campingplatz = eine Paddellänge von der Straßenoberkante der Holzbrücke + 10 cm = 220 cm zum Wasserspiegel ▪ **Start** beim Hilfspegel ▪ **Ausbooten** vor dem Stausee bei Ragoli ▪ **Flußcharakter** wasserreiches, sehr wuchtiges Wildwasser, lange, mit hohen Wellen, Brechern und Walzen »gewürzte« Schwälle, in denen sehr unübersichtlich überlaufene Blöcke und solche, die umfahren werden müssen, liegen; sehr hohe Geschwindigkeit, so daß man im Schwall kaum die Gelegenheit hat, in ein Kehrwasser auszuweichen; einige Abschnitte müssen vorher unbedingt besichtigt werden, da trotz relativ offener Durchfahrten Fehlentscheidungen vom Boot aus leicht unterlaufen können; breites Flußbett, riesiges Geröll, nur wenige Strecken reguliert; sehenswert der große Cañon, einer der schönsten Italiens ▪ **Gefälle** nach den recht langen Schwällen folgen immer ruhigere Strecken ▪ **Ufer** überall mindestens auf einer Seite begehbar ▪ **Besondere Gefahren** bei der gegebenen Wasserwucht dürften Kenterungen nicht immer glimpflich abgehen; Treibholz, ein Wehr im regulierten Abschnitt bei Preore ▪ **Vergleichbare Schwierigkeiten** am ehesten mit denen auf der unteren Ötz bei Pegel 120 im »S« ▪ **Autobegleitung** möglich, mehrere Kontaktmöglichkeiten ▪ **Boote** nur stabile Kunststoff-Einer, eventuell Zweier-Canadier ▪ **Übernachtung** Camping in Pinzolo; Hotels und Zimmer in allen größeren Orten ▪ **Anfahrt** von München über Innsbruck, Bozen, Trient, Tione, ca. 380 km ▪ **Karte** Freytag & Berndt 1:100000, Nr. 50

Wenn man im Frühsommer auf der Sarca den richtigen Wasserstand vorfindet, überrascht der Fluß immer wieder mit enormen Schwierigkeiten.

Sehenswertes

Carisolo in der Nähe Wasserfall des Nardis und des Lares
Adamello – Brenta Naturpark
Madonna di Campiglio berühmter Wintersportort
Pinzolo St.-Vigilius-Kirche, mit Totentanzfresko von Simone Baschenis (1539) ▪ Friedhofskirche Sant' Antonio Abate

30 Noce

Schweres Wildwasser

Italien
Südtirol

Ähnlich abenteuerlich wie die erste Bekanntschaft mit der Sarca war die mit dem T. Noce. Das T. steht bei den Italienern für Torrente, was soviel heißt wie Wildbach – mit der Betonung auf »Wild«.
Ein riesiger Wildbach allerdings und etwa so steil wie die Sarca, entspringt der Noce in unmittelbarer Nähe des Einzugsgebietes der Sarca, hauptsächlich an den Nordhängen der bis zu 3556 Meter hohen Presanellagruppe. Das bedeutet: Auch der Noce ist überwiegend ein Gletscherfluß, und da er sich noch weitgehend des Naturzustandes erfreut, trifft man meistens auf ausreichenden Wasserstand.
Ebenfalls wie an der Sarca fällt das weite Tal ab der Brücke von Dimaro terrassenförmig zum Fluß ab, so daß die Dörfer fast alle weiter vom Fluß entfernt an den Südhängen des Tales liegen. Der Fluß ist infolge dessen – von kurzen Strecken bei Dimaro und Male abgesehen, deren Länge sich hoffentlich nicht ausdehnen wird – in nahezu unberührtem Zustand. Man merkt zwar bei genauem Hinsehen, daß das Flußbett früher anderswo gelegen haben muß, die Eingriffe erfolgten jedoch für heutige Begriffe sehr vernünftig und für jeden Ökologen erfreulich naturbezogen.
Felsblöcke aus Granit und Gneis aller Größenordnungen liegen hier im Fluß. Das grobe Geröll weist auf starkes Gefälle hin und mildert die Wucht des Wassers. Die Böschungen sind mit Bäumen bestanden, die den alljährlichen Hochwassern standhalten, gelegentlich davongespült werden und auf Inseln oder sonstwo stranden. Etwa so wie die Möll vor 1965 sieht das Nocetal aus, doch der Fluß ist bedeutend schwerer zu befahren.
Wer von Norden kommt, zum Beispiel von der Passer, trifft am Stausee Lago di S. Guistina erstmals auf die Wassermassen des Noce. Es lohnt sich, bis kurz vor Cis zu fahren und zu Fuß der Brücke nach Cles zu folgen. Denn hier donnert der Noce tief unten durch eine Klamm. Er vermittelt den ersten Eindruck davon, was einen Kanusportler erwartet. Bis hierher wird allerdings nur ganz selten gefahren. Es ist ratsam, die Finger davon zu lassen, was nicht heißen soll, daß kleine Gruppen von extremen Fahrern sich bei größter Vorsicht nicht bis zum Stausee vorwagen könnten. Die Strecke ab Dimaro bis 1 Kilometer vor der Brücke nach Cles, also kurz vor die Schlucht, dürfte jedem sehr guten Kajaksportler genügen.
Sie hat es in jeder Hinsicht in sich. Die Schwälle sind lang, fast zu lang, und sehr hart. Dazwischen gibt's aber genügend Kehrwasser zum Bremsen. Viele Stellen

Noch immer relativ selten befahren ist der Noce mit seinen schier atemberaubend langen, wuchtigen Schwällen.

sind beim erstenmal vom Boot aus nicht zu beurteilen. Dabei steht man vor dem Problem, daß die Geschwindigkeit dem Sportler wenig oder keine Zeit läßt, rechtzeitig ans Ufer zu kommen. Dies trifft vor allem für die Waldschlucht bei Malè zu. Bis dahin Probleme gehabt zu haben, heißt klipp und klar: aussteigen und aufhören. Vielleicht kann man an geeigneter Stelle weiter unten wieder starten, doch lasse man sich vom »lieblichen« Anblick des Flusses nicht hinreißen. Ein Freund von mir – außerordentlich talentiert im Wildwasserfahren (im ersten Sommer Passer ohne Probleme, im zweiten Sommer Ubaye bis fast zum Stausee und Verdonschlucht ohne Literatur in einem Tag) – flog als »Einjähriger« auf dem Noce ganz fürchterlich aus dem Boot. Seitdem will er's ihm heimzahlen.

Damit wären gleich weitere Anhaltspunkte für die Schwierigkeiten gegeben: deutlich schwerer als die schwerste Strecke der Passer bei Salthaus. Es müssen dauernd überlaufene Blöcke mit tückischen Löchern dahinter in Kauf genommen werden. Dann wieder hohe Wellen , Walzen, offene Durchfahrten, die präzise Technik und stabilen Sitz im Boot erfordern.

Das Ausbooten gestaltet sich am Noce, je nachdem, wie weit man sich dem Schluchteingang nähert, etwas strapaziös, da alle Feldwege bald zwischen Obstbäumen enden. Aber das tut dem Abenteuer Noce wenig Abbruch. Was mich wundert ist, daß man hier noch keine Rennen oder Wildwasserwochen ausgetragen hat. Das täte dem Noce recht gut, denn bisher existiert er im Bewußtsein nur ganz weniger Wildwasserfahrer.

Die Gegend ist ideal, um einen längeren Urlaub zu verbringen. Ich hab es zwar aus Zeitmangel nicht versucht, aber man kann garantiert mit Einverständnis der Bauern am Südufer, jenseits aller Siedlungen, seine Zelte aufschlagen. Noch dazu ist die attraktive Sarca nur eine gute Autostunde entfernt und die berühmte Brenta mit ihren Klettertouren und gesicherten Steigen in Reichweite. Alles in allem eine Landschaft, die nach Farneti, Pratesi und Tassi »vom Standpunkt des Naturfreundes aus betrachtet eine der wichtigsten Landschaften der Region Trentino-Südtirol, wenn nicht ganz Italiens« darstellt.

Auch wenn man nicht vorhat, vom Noce ins südlich gelegene Sarcatal zu wechseln, sollte man die Lärchenwälder südlich des Nocetales besuchen. Ebenfalls lohnend ist die Fahrt über Cles nach Tuemo und weiter zum Lago di Tovel, einem sagenumworbenen Bergsee, bekanntgeworden durch eine Alge, die den See zu bestimmten Jahreszeiten zinnoberrot färbte.

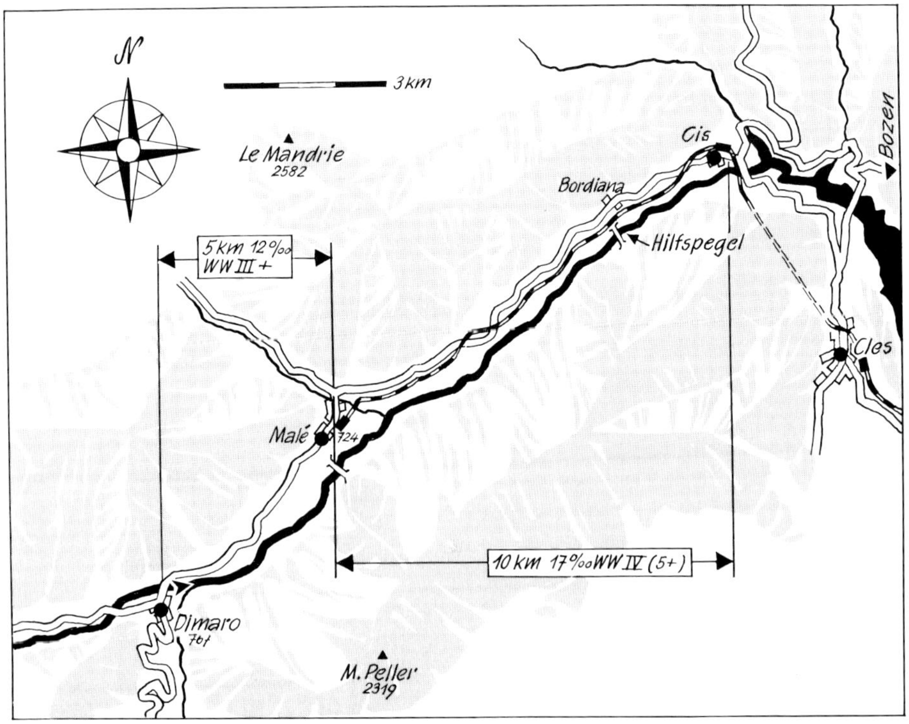

Der Noce bietet rasantes Wildwasser, das an Wucht und Kompliziertheit sogar die Passer und die untere Ötztaler Ache übertrifft.

Überblick

Allgemeines wasserreicher, wuchtiger Wildfluß in sehr schönem, landwirtschaftlich genutztem Tal, abseits der größeren Ortschaften, sauberes Wasser ▪ **Gletscher- und Gebirgsfluß; Urlaubsfluß** ▪ **Wassermenge** ca. 30 cbm/sec bei grünem **Hilfspegel** an der Brücke von Bordiana an einem Felsblock flußabwärts am linken Ufer, 1 m über dem Wasserspiegel ▪ **Start** in Rovina oder Dimaro ▪ **Ausbooten** rechtzeitig vor dem Eingang in die Schlucht am Stausee ▪ **Flußcharakter** meist breites Tal, breites, früher sehr naturnah reguliertes und inzwischen überwachsenes Flußbett, nur zwischen Dimaro und Waldschlucht von Malè neu reguliert, lange, sehr schnelle und oft verblockte Schwälle mit großer Wasserwucht, Walzen, Brecher, viele Blöcke, die überfahren werden, kleinere Abstürze, unübersichtliche Einfahrten in manche Schwälle; die Waldschlucht sollte unbedingt vorher besichtigt werden; durch das stark gegliederte Flußbett viele Kehrwasser; an manchen Stellen Verzweigungen; insgesamt sehr grobes Geröll, die Schwälle sind praktisch immer typische Geröllbettschwälle ▪ **Ufer** überall begehbar ▪ **Besondere Gefahren** Treibholz, hohe Geschwindigkeit, 1978 zerstörte Hängebrücke in der Waldschlucht von Malè, Kieswerk vor der Waldschlucht ▪ **Vergleichbare Schwierigkeiten** insgesamt schwerer als die Passer und die Ötztaler Ache in der Waldschlucht nach Ötz, entspricht ungefähr der Sarca ▪ **Autobegleitung** Kontakte nur an einigen Brücken von Nebenstraßen ▪ **Boote** stabile Einer und Zweier-Canadier ▪ **Übernachtung** Camping in Péio, Sant' Antonio di Mavignola; Gasthöfe und Hotels in Malè und Rabbi ▪ **Anfahrt** von München über Bozen, Mendelpaß nach Malé, ca. 320 km ▪ **Karte** Freytag & Berndt 1:100000, Nr. 50

Sehenswertes

Malé Assunta-Pfarrkirche, San-Valentino-Kapelle

31 Passer

Schweres Wildwasser

Italien
Südtirol

Im Charakter den südlicher gelegenen, herrlichen Wildflüssen Noce und Sarca verwandt, hat sich die Passer einen festen Platz auf der Tourenliste der Wildwasserfahrer erobert. Auch durch die Weltmeisterschaften 1971 wurde sie ins Licht der Öffentlichkeit gerückt und durch die, wenn auch nicht immer offene Verbindung über das Timmelsjoch vom Ötztal her, so daß man eine »große Wildwasser-Reib'n« auf folgenden Flüssen planen kann: Einfahren auf der Imster Schlucht, anschließend Befahrung der Ötztaler Ache mit Weiterfahrt auf dem Inn, dann Flucht über das Timmelsjoch in den häufiger sonnigen Süden an die Passer, weiter an den Noce, die Sarca – wenn das Wasser reicht – und zuletzt zum Avisio. Der schöne Oberlauf ist praktisch immer fahrbar, die an exotische Waldschluchten erinnernde Strecke des Val Cembra in 30 Kilometer unglaublicher Einsamkeit allerdings nur bei genügend Wasserabgabe aus dem Lago di Stramentizzo.

Doch zurück zur Passer. Man kann über sie nur im Zorn schreiben. Im Zorn über das, was durch die Gehirne derer spukt, die unsere Welt mit geraden Linien, kantigem Beton und Plastik »verbessern« wollen und uns, die wir uns dafür einsetzen, unseren Lebensraum zu erhalten – denn ein gesunder Wasserhaushalt geht schließlich alle an – als hinter dem Mond lebende Weltverbesserer abqualifizieren. Die Tatsache, daß die Passer als attraktives Wildwasser noch vor etwa zehn Jahren den Titel eines Buches über eine weltbekannte Spiegelreflexkamera zierte und daß dieselbe Passer heute auf weite Strecken nur noch ein Kanal ist – schräg gepflasterte Ufer, tödliche Wehre, der Auwald ausgerottet mitsamt der Flora und Fauna eines Wildflusses – kann einen nur zornig stimmen. Auch wenn wir es uns nicht verdrießen lassen wollen dieses Wildwasser zu befahren, ein Stachel bleibt doch.

Ab Salthaus können wir uns entschließen, das Boot zu besteigen; vielleicht geht es auch noch etwa 5 Kilometer oberhalb. Am besten ist es, die Passer ohne den üblichen Autorücktransport zu erleben, einmal im Boot, dann zu Fuß auf den schönen Feldwegen durch die berühmten Meraner Obstplantagen.

Doch in Salthaus droht noch immer unter der Hängebrücke das »Matterhorn«, ein Felsen, der mitten in der reißenden Strömung steht. Er bringt erhebliche Verwirrung in den Kopf des gerade darauf zutreibenden Paddlers, weil alles nämlich viel schneller geht, als man vorher von der Hängebrücke herunter kalkuliert hat.

Es folgen wie früher oberhalb Salthaus recht lange Schwälle, Blockstellen vom Kaliber des Ötzkataraktes vor Ötz, immer wieder wuchtiges Wasser. Erst ab dem sogenannten Damenstart wird die Passer etwas leichter, doch bleibt sie noch immer wuchtig und kompliziert genug, um volle Aufmerksamkeit zu fordern. Erst ab dem Fußballplatz lassen die Probleme erheblich nach.

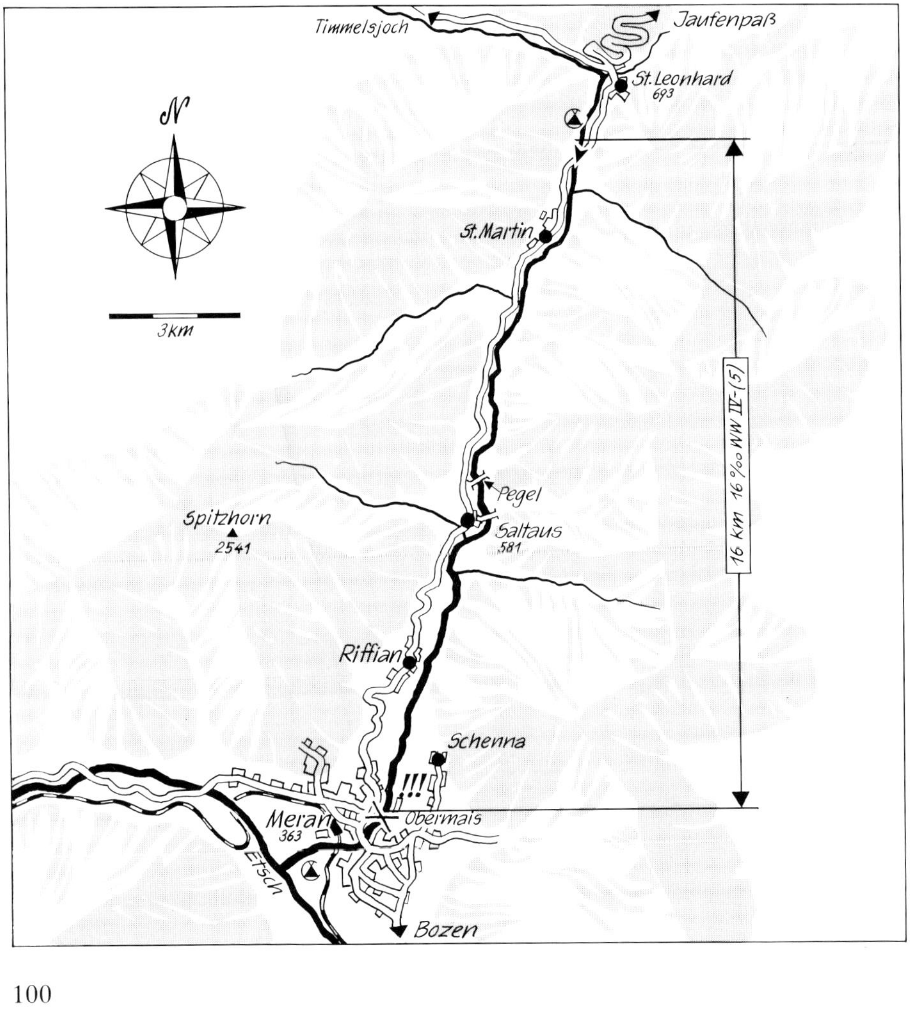

Ein Blick von der Salthauser Hängebrücke vermittelt eine Vorstellung von der Wucht und Verblockung der Passer, die 1971 Weltmeisterschaftsstrecke war.

Wuchtig und unübersichtlich über Blöcke fallend rauscht die Passer in die Salthauser Schwälle hinein.

Die ganze Passer, die früher in einem U-förmigen, teilweise Hunderte von Metern breiten Tal hin- und herpendelte, ist heute weitgehend reguliert, wobei jedoch große Strecken ober- und unterhalb von Salthaus sehr gekonnt und naturnah bearbeitet wurden. So war bis zum Hochwasser von 1978 die Befahrung ein echter Genuß. Lange Schwälle, große runde Blöcke, Verzweigungen, fast kataraktartige Blockstellen sorgten für ununterbrochene Abwechslung. Die Ufer waren von hohem Gras und Auwald bestanden und bildeten ein beliebtes Ausflugsziel für die Einheimischen. Überall ließe sich, natürlich mit Einverständnis der Besitzer, ein herrlicher Platz zum Zelten finden.

Wer sich die Passer von 1971 nicht vorzustellen vermag, kann dies am Noce nachholen. Doch muß gesagt werden, daß, wenn die Dinge so weiterlaufen wie seit 1971, von diesem schönsten und schwersten aller Südtiroler Wildwasser bald nichts mehr übrig bleiben wird.
Trotz allem lohnt sich eine Tour nach Südtirol und ein Besuch beim Salthauser Wirt, wo sich anno dazumal Südtirols in Mantua erschossener Nationalheld und Widerstandskämpfer Andreas Hofer aufhielt.
Übrigens ist die Passer auf der Strecke gleich nach der Gilfschlucht, also entlang der berühmten Promenade, alljährlich Austragungsort internationaler Wildwasserslalom-Wettkämpfe.

Überblick

Allgemeines rasanter, wuchtiger Wildfluß durch das weltberühmte Passeier Tal im Norden Merans ▪ **Gletscher- und Gebirgsfluß; Urlaubsfluß** seit 1978 durch Bauarbeiten schwer beeinträchtigt, aber dennoch lohnend ▪ **Wassermenge** ca. 30 cbm/sec bei **Pegel** 70 an der Brücke zum Gasthof Schweinsteig oberhalb Salthaus ▪ **Start** bei St. Martin oder beim Pegel ▪ **Ausbooten** am Fußballplatz rechts bei Schenna, bei Hochwasser auch kurz vor Meran ▪ **Flußcharakter** offenes, oft verblocktes, wuchtiges, sehr schnelles Wildwasser, Walzen, sehr hohe Wellen und Brecher, viele der überlaufenen Steine können überfahren werden, dahinter aber tiefe Löcher, teilweise so stark, daß das Boot aufgestellt wird; viele Kehrwasser ermöglichen bei entsprechender Technik die Befahrung ohne auszusteigen; teilweise Verzweigungen zwischen St. Leonhard und St. Martin, und ab Schenna (Fußballplatz) reguliert ▪ **Gefälle** ziemlich regelmäßig ▪ **Ufer** in dem U-förmigen Tal sind die Ufer überall begehbar; die »Schlucht« von Salthaus (laut DKV-Führer) existiert nicht ▪ **Besondere Gefahren** in den regulierten Abschnitten Stufen mit lebensgefährlichem Rücklauf; kurz vor Meran unter der Brücke ein lebensgefährlicher, hoher Abfall, unterspülte Wand, danach der Eingang zur Gilfschlucht (von Straßenbrücke aus einzusehen) mit ebenfalls nicht zu empfehlendem Abfall ▪ **Vergleichbare Schwierigkeiten** findet man in etwa auf dem Katarakt der Ötztaler Ache 300 m vor Ötz ▪ **Autobegleitung** sehr schwierig ▪ **Boote** stabile Einer und Zweier-Canadier ▪ **Übernachtung** Camping in Meran; Gasthöfe und Zimmer überall im Passeier Tal ▪ **Anfahrt** von München über Innsbruck, Sterzing, Jaufenpaß nach Salthaus, ca. 240 km ▪ **Literatur** DKV-Auslandsführer 1963 ▪ **Karte** Freytag & Berndt 1:100000, Nr. 45

Sehenswertes

Meran Stadtpfarrkirche in gotischem Stil, 14. Jh. ▪ Heilig-Geist-Kirche, erneuert 1483 ▪ Städtisches Museum ▪ Landesfürstliche Burg ▪ Schloß Tirol ▪ Schloß Schenna ▪ Kirche St. Valentin ▪ Laubengasse im Stadtzentrum ▪ Tappeinerweg, berühmte Höhenpromenade von 4 km Länge
St. Martin Sandhof, Haus Andreas Hofers, Südtiroler Freiheitskämpfer

32 Inn/Engadin

Überwiegend schweres, teilweise schwerstes Wildwasser

Schweiz
Graubünden

Es gibt kaum etwas faszinierenderes, als im Oktober einige Tage im Engadin zu verbringen. Während das Alpenvorland und das untere Inntal schon seit Wochen immer tiefer im Nebel verschwinden, leuchten hier oben die Farben der Lärchenwälder, ist die Luft von einer kristallenen Klarheit, wie wir sie nur von Föhntagen her kennen. Die Sonne strahlt ein Licht über die Landschaft, das seinesgleichen sucht und einen vergessen läßt, weshalb man gekommen ist. Man muß sich vom Licht und von den Farben losreißen, um rechtzeitig ins Boot zu kommen, denn so heiß es auf den flimmernden Hängen ist, so kalt ist es tief drunten in den Schluchten, in die kaum mehr als eine Stunde Sonnenlicht fällt.

Doch für den, der glasklares Wasser liebt, sich einen Sommer lang im Kajak auf schwerem Wildwasser herumgetrieben hat, bildet eine Fahrt auf dem Inn einen würdigen Abschluß der Wildwassersaison. Wenn anderswo die Flüsse schon zu wenig Wasser führen, findet man auf dem Engadiner Inn noch die richtige Portion. Gerade so viel, um nicht erbärmlich zu frieren, und so viel, um die Schluchten mit der ganzen Vielfalt an fahrtechnischen Überraschungen genießen zu können.

Überraschungen gibt es in Form von Steinblocklabyrinthen, deren Befahrungsmöglichkeiten vom Boot aus unmöglich auszumachen sind. Dazwischen kleinere und größere Abstürze, bei deren Bewältigung man sich in die Zeiten des Kintop zurückversetzt glaubt, so skurril sind die unfreiwilligen Figuren, die hier gezeigt werden. Situationen, über die man sich noch nach Wochen amüsieren kann.

Bis zum Pegel 60 ist also die Ardezer Schlucht eine lustige, wenn auch sportlich sehr anspruchsvolle Angelegenheit, aber auch wirklich nichts für Ehrgeizige, denn dann kann aus dem Spaß schnell lebensgefährlicher Ernst werden. Allein für die »Ardezer« sollte man sich einen vollen Tag Zeit nehmen, denn sie läßt sich nicht so im Vorbeifahren »machen«.

Für den ganzen Inn gilt wie für jedes schwere Wildwasser: anschauen, anschauen und nochmals anschauen. Denn immer setzen Schwälle, an die man zu nahe heranfährt, so heftig ein, daß man Mühe hat, nicht unfreiwillig hineinzugeraten. Und man darf nie vergessen, daß alles, was man von der letzten Tour her noch im Kopf hat, inzwischen vollkommen verändert sein kann. Wer den Inn

Eine der leichtesten Passagen in der Ardezer Schlucht, die aber schon das enorme Gefälle ahnen läßt.

mit seinen gigantischen Hochwassern einmal erlebt hat, kann sich vorstellen, bis zu welcher Größenordnung hier Felsen transportiert werden.
Natürlich kann man den Engadiner Inn auch bei höheren als dem zugrunde gelegten Pegel (50) befahren, aber nur, wenn man sich lange genug mit dem Fluß beschäftigt hat. Immerhin muß man dann mit Kenterungen vor lebensgefährlichen und unfahrbaren Abschnitten rechnen und sämtliche Sicherheitsvorkehrungen – Rettungsmannschaften mit Wurfseilen etc. – treffen.
Das soll jedoch nicht zu dem Trugschluß führen, der Engadiner Inn sei nur ein Betätigungsfeld für extreme Kanuten. Auch die leichteren Sektionen sind herrliches Wildwasser. Endlich hat man auch Zeit, vom Boot aus die Landschaft zu betrachten. Es ist auch nicht jedermanns Sache, eingekeilt zwischen Hunderte von Metern steil aufragenden Hängen Wildwasser zu meistern, und es ist keine Schande, die »Brailer« oder »Ardezer« von der Wunschliste zu streichen.

Überblick

Allgemeines abwechslungsreicher, wuchtiger, ursprünglicher Wildfluß in einsamen Waldschluchten und Klammen, im Herbst sehr sauberes Wasser ▪ **Urlaubsfluß; Gletscherfluß,** beste Zeit im Spätsommer und Herbst ▪ **Wassermenge** ca. 15 cbm/sec Pegel 50, 100 m unterhalb der Brücke nach Tarasp am linken Ufer ▪ **Start** bei S-Chanf ▪ **Ausbooten** an der Landesgrenze; wer die Ardezer Schlucht fährt, startet am besten in Giarsun; wer bis zur Brücke von Ardez Probleme hat, sollte hier aufhören ▪ **Flußcharakter** auf große Strecken völlig unberührter Wildfluß, oft breites Bett mit riesigem Geröll, in der Brail- und Ardezer Schlucht Verblockungen, Labyrinthe, viele Kehrwasser, Abstürze bis zu mehreren Metern Höhe, rasante, verblockte Schwallstrecken, zwischen den Schwällen ruhige Stücke, über 100 m tief eingeschnittene Schluchten, kurze Klammen, die Brail- und Ardezer Schlucht sowie Abschnitte der Schlucht bei Martina verlangen höchstes technisches Können ▪ **Gefälle** in den Schluchten unausgeglichen, stufenartig ▪ **Ufer** fast überall begehbar, in der Ardezer Schlucht können alle schweren Stellen umtragen werden ▪ **Besondere Gefahren** zu hoher Wasserstand, Treibholz, Fahren auf Verdacht ohne Ansehen ▪ **Vergleichbare Schwierigkeiten** findet man auf den schweren Stellen der Ötztaler Ache ▪ **Autobegleitung** Kontakte nur an wenigen Brücken ▪ **Boote** nur stabile Kunststoff-Einer auf den schweren Strecken, sonst auch Zweier-Canadier ▪ **Übernachtung** überall im oberen und unteren Engadin; Zelten in Strada, Crusch, Scuol, Zernez, Samedan, St. Moritz, Silvaplana ▪ **Anfahrt** von München über Garmisch, Fernpaß, Imst, Landeck, Sur En ca. 220 km ▪ **Literatur** Bauer/Holz, Kanufahren ▪ **Karten** Freytag & Berndt 1:100 000, Nr. 51 und 37

Sehenswertes

Graubünden bietet eine derartige Fülle kunsthistorischer Sehenswürdigkeiten, daß nur auf die wichtigsten Orte eingegangen werden kann
Bondo geschlossenes Bergeller Dorf ▪ St. Martino, um 1250 geweiht ▪ Palazzo Salis (1765–1774)
Promontogno mit Burg Castelmur, Turm erbaut um 1300 ▪ Kirche Nossa Donna, Campanile um 1100
Sils im Engadin Alte Pfarrkirche ▪ Nietzsche-Haus mit Erinnerungsstücken an den Philosophen Friedrich Nietzsche
St. Moritz Weltkurort ▪ Engadiner Museum ▪ Segantini-Museum mit Werken des Maler Giovanni Segantini (1858–1899)
Guarda in herrlicher Höhenlage, berühmt durch das Dorfbild und die Sgrafitti-Gestaltung der Hausfassaden
Tarasp eindrucksvolle Burg in beherrschender Höhenlage (11. Jh.) mit Burgmuseum
Zernez Reformierte Kirche (1607–1609), romanischer Turm ▪ Schloß Wildenberg mit Nationalparkmuseum
Zuoz Hauptort des Oberen Engadin mit schönen Bauern- und Patrizierhäusern ▪ Reformierte Kirche (1507)

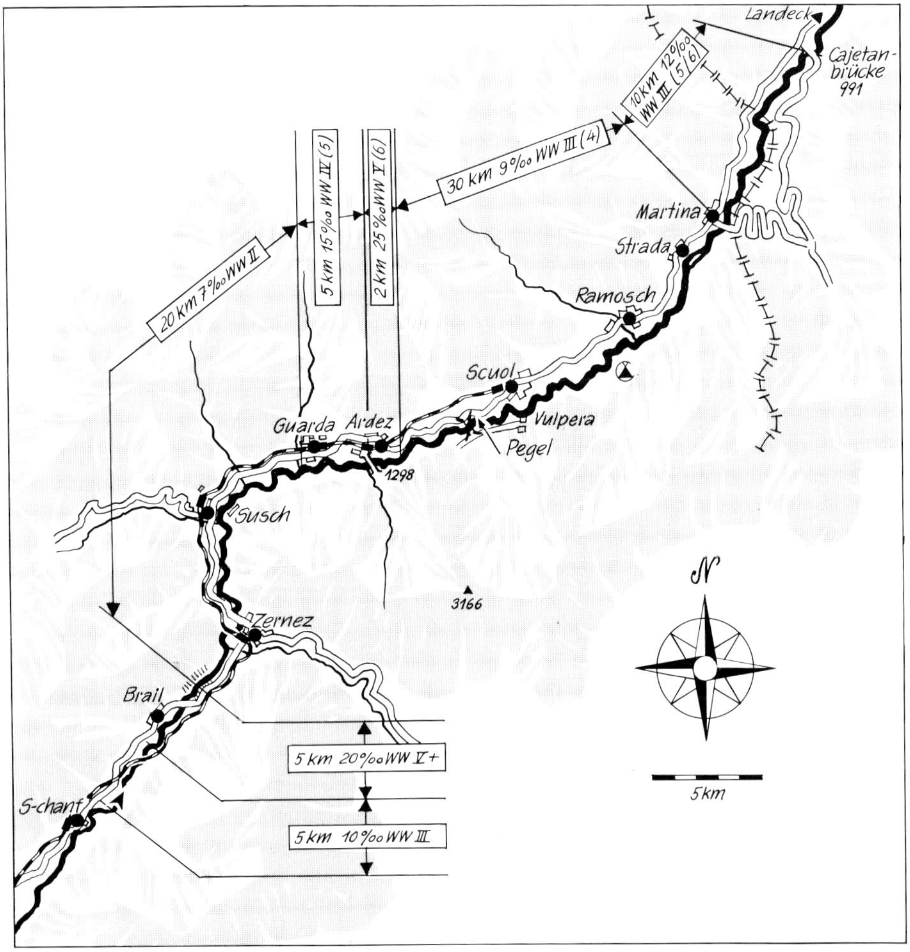

Der Herbst ist die ideale Zeit für die landschaftlich und sportlich faszinierenden Schluchten des Inn im Engadin, speziell für die Ardezer Schlucht.

33 Albula

Schweres Wildwasser

Schweiz
Graubünden

Wenn man, von Thusis am Hinterrhein kommend, ins Albulatal abbiegt und in die Abgründe der Schynnschlucht blickt, zur Verzweiflung der Hinterherfahrenden an jeder Ecke stehenbleibend, meint man, sich irgendwie auf der Landkarte geirrt zu haben. So erschreckend tief drunten rauscht der Wildfluß dahin, daß man dann bei Tiefencastel prompt dem Irrglauben verfällt, die Albula sei, nun durch eine eher romantische Waldschlucht rauschend, überhaupt kein Problem.

Doch ein kurzer Blick auf das Gefälle sollte uns eines besseren belehren: 18‰! Das bedeutet: rasantes Tempo, blitzschnelles Reagieren, überraschende Alternativen. Doch wie so oft verliert man durch die Betrachtung extremen Wildwassers das Gefühl für das Mögliche, merkt dann im Boot, daß man sich mit »langem Hals«, um überhaupt noch die Übersicht zu gewahren, von Kehrwasser zu Kehrwasser pirscht. Kehrwasserfahren ist wieder einmal das A und O der Fahrtechnik.

Wer die Albula, speziell die Waldschlucht vor Tiefencastel, genießen will, der gehe sie vorher am linken Ufer ab. Das ist sowohl ein wunderbarer Spaziergang durch kühlen Nadelwald als auch eine gute Vorbereitung auf die Strecke, ein pausenloses Vorwegnehmen der Befahrung und dem Konsum eines detaillierten Führer (z.B.: »nach dem runden Felsen scharf links halten«) hundertmal vorzuziehen.

Solchermaßen informiert kann man dann oben hinter dem Kraftwerk Filisur beruhigt ins Boot kriechen und die ersten Kilometer spielen, abschwingen, rückwärts einfädeln, kleinere Walzen quer abreiten – an der Waldschlucht wird man warmgefahren sein.

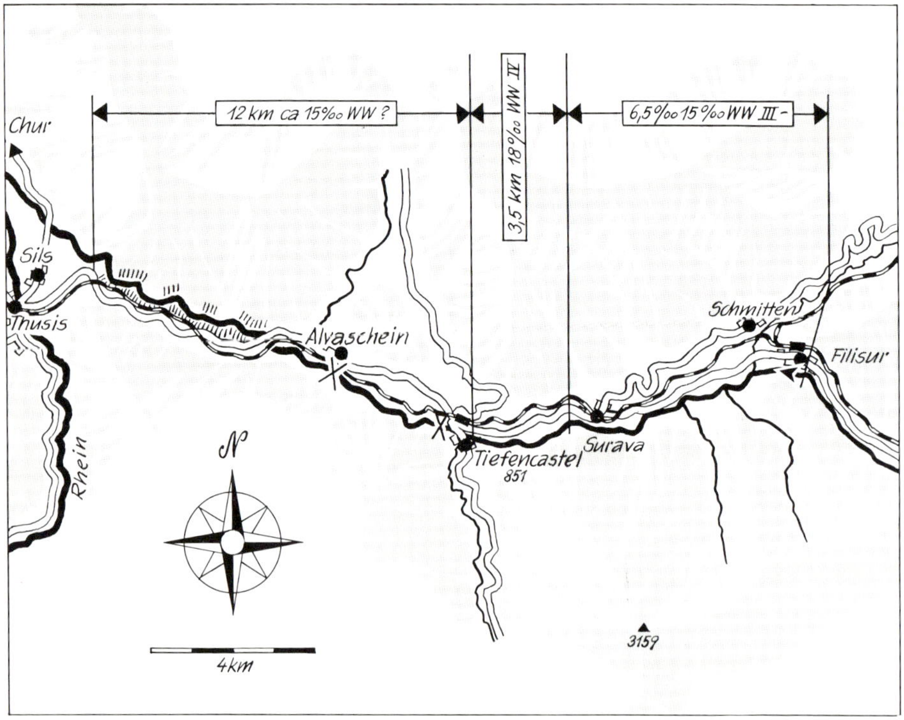

Das Albulatal, vom Boot aus wohltuend unzivilisiert anmutend, weist die Kennzeichen eines Hängetales auf. Der obligatorische Wasserfall stürzt zwar nicht direkt in den Hinterrhein, sondern lauert auf den Abenteurer unterhalb Tiefencastel im Eingang zur Schynnschlucht, die jedoch hier nicht beschrieben wird. Wer sich die Schynnschlucht ansehen möchte, steigt direkt hinter der Straßenbrücke, die die Schlucht überspannt, links durch den Bergwald zum Fluß. Beim Start müßte man als erstes einen etwa 8 Meter hohen schrägen Absturz überwinden. Übrigens ist es ein

Einer der wenigen leichteren Abschnitte in der Waldschlucht der Albula.

Wunder, daß die Schlucht noch existiert, und ich hoffe, daß alle Wildwassersportler die Augen offen halten und rechtzeitig protestieren, wenn Stauseepläne bekannt werden.

Das Tal verengt sich nach unten, das Gefälle nimmt zu, was den Vorteil hat, daß man sich einfahren kann. Die Hänge steigen von etwa 1000 Meter bis auf 3172 Meter im Corn da Tinizong im Süden und auf 2980 Meter im Aroser Rothorn im Norden auf. An den Nordhängen liegt bis in den Sommer hinein Schnee, Garantie für optimalen Wasserstand. Doch Vorsicht: die Waldschlucht, sonst schon rasant genug, erreicht dann rasch die Grenzen des vertretbaren Risikos. Denn die Durchfahrten und Abstürze, die normalerweise sehr genaues Fahren erfordern, die schweren, bis zu 100 Meter langen verblockten Schwälle dürfen dann bei über 20 cbm/sec extrem schwer werden.

Das durchschnittliche Gefälle ist mit 18‰ schon hoch, einzelne längere Strecken erreichen geschätzte 30‰ oder mehr. Die Bremswirkung der Blöcke ist im Gegensatz zu vielen anderen Flüssen gering.

Die Begehung der Ufer im oberen Abschnitt kann man sich sparen, leidenschaftliche Wildzeltler werden jedoch viele herrliche Stellen entdecken. Die Frage ist nur, wie die in dieser Beziehung sehr empfindlichen Eidgenossen reagieren. Ich würde es nicht ohne Gespräch mit dem Grundstücksbesitzer riskieren, sonst kann es einem passieren, im Morgengrauen weggejagt zu werden.

Eine Gefahr für den Wildwasserfahrer bedeutet auf der Albula wie so oft vor allem das Treibholz. Bei der hohen Geschwindigkeit dürfte es kaum möglich sein, einem in einer Stufe oder sonstwo verklemmten Baum auszuweichen.

Sicher gibt es ganz wenige Könner, die die Albula auch im Slalomcanadier-

Zweier bezwingen, aber Geschwindigkeit und Unübersichtlichkeit, die Enge des ganzen Flusses in der Waldschlucht machen den Einer zum idealen Boot. Jeder Fluß hat seinen eigenen unverwechselbaren Charakter, auch die Albula. Am ehesten paßt ein Vergleich mit der Koppentraun, wobei ich die Koppentraun noch etwas schwerer einstufen würde, weil ihre Passagen teilweise geradezu hinterlistig sind.

Überblick

Allgemeines rasanter, sportlich sehr lohnender Fluß mit herrlicher Waldschlucht, sehr sauberes Wasser; von der fantastischen Schynnschlucht fehlen bis heute genaue Angaben, sicher ein Leckerbissen für Extreme ▪ **Gebirgsfluß; Urlaubsfluß** ▪ **Wassermenge** ideal ca. 10–12 cbm/sec ▪ **Pegel** unbekannt ▪ **Start** am Kraftwerk in Filisur ▪ **Ausbooten** in Tiefencastel ▪ **Flußcharakter** zuerst reguliertes Bett, dann breiteres, fast unberührtes Flußbett, teilweise seicht, bis auf wenige Stellen übersichtliches Wildwasser, gelegentlich ragen seitlich Bäume herein; vor Surava weiter zunehmendes Gefälle, die Ufer werden steiler, das Flußbett enger, die Verblockung nimmt zu, so daß es sich dringend empfiehlt, vor der Befahrung die ganze Waldschlucht vom linken Ufer aus zu besichtigen; die schweren Stellen, aus genau zu treffenden Blockstellen und Abstürzen bestehend, folgen ziemlich nahe aufeinander, vom Boot aus nicht zu beurteilen, doch genügend Kehrwasser zum Landen ▪ **Gefälle** zunächst gleichmäßig, in der Waldschlucht eher stufenförmig ▪ **Ufer** praktisch überall begehbar ▪ **Besondere Gefahren** vor allem Treibholz, von der Waldschlucht wird bei Hochwasser abgeraten ▪ **Vergleichbare Schwierigkeiten** Waldschlucht eventuell wie der Ötzkatarakt direkt vor Ötz bei Pegel 80, leichter als Koppentraun ▪ **Autobegleitung** möglich, Kontakte teilweise schwierig ▪ **Boote** nur stabile Kunststoff-Einer ▪ **Übernachtung** Zeltplatz bei Filisur; Zimmer in Thusis am Thein ▪ **Anfahrt** von München über Kempten, Bregenz, Chur, Thusis ca. 310 km ▪ **Literatur** Bauer/Holz: Kanufahren ▪ **Karte** Freytag & Berndt 1:100 000, Nr. 51

Kehrwasserpause in der schwierigen Waldschlucht der Albula.

Sehenswertes

Cazis Frauenkloster St. Peter und Paul, spätgotisch, neu erbaut 1504, Wiederaufbau 1772, Turm von 1871
Bergun schönes Dorfbild mit verzierten Häusern ▪ Reformierte Kirche, romanisches Schiff (1188), spätgotischer Chor ▪ Haus Nr. 114 mit interessanter Giebelfront
Mistail Kirche St. Peter oberhalb Albula Schlucht, karolingischer Stil (um 800), karolingische Wandmalereien
Savognin Pfarrkirche St. Martin, romanischer Turm (12. Jh.), barocker Innenraum
Sils im Domleschggebiet Pallazzo (1740) bedeutender Herrschaftsbau
Burg Ehrenfels mittelalterlicher Bergfried südlich Sils

34 Landquart

Schweres Wildwasser

Schweiz
Graubünden

Wenn ich die Wahl hätte zwischen Albula und Lanquart, müßte ich wählen zwischen einem hervorragenden sportlichen Wildwasser in einem von der Zivilisation schon merklich beeinträchtigten Flußbett und einem etwas weniger nervenaufreibenden Fluß in einer direkt klassischen alpinen Kulturlandschaft. Damit ist schon gesagt, in welcher Reihenfolge man die Flüsse befahren sollte: erst die Albula, dann die Landquart, denn man könnte fast auf den Ausdruck »Wildwasser-Achterbahn« kommen, so wird man auf der Landquart durchgebeutelt. Wehe dem, der schlecht und ohne trainiertes Beinspiel im Boot sitzt. Das tobende Wasser schießt oft so unübersichtlich dahin, daß man nicht mehr weiß, von wo der nächste Angriff erfolgen wird.

Beim Gedanken an eine Kenterung kann einem leicht schwach in der Magengegend werden. Dabei sind die technischen Probleme etwas geringer als etwa auf der Albula. Es gibt weniger heikle Durchfahrten als einfach Wasserwucht und nochmals Wasserwucht, kaum daß man ein Kehrwasser erwischt. Außerdem müssen viele Blöcke überfahren werden. Dahinter lauern mächtige Löcher, überall stehen Schrägwalzen. Man merkt, die Landquart ist in der Hand eines Flußbauamtes, sie setzt sich gegen die Einengungen heftig zur Wehr. Vielleicht gewinnt sie irgendwann, wie im Sommer 1978 die Passer, und korrigiert die Pläne vom Reißbrett.

Im allgemeinen kann die Landquart gerade noch ohne vorheriges Ansehen befahren werden, wenn man sehr vorsichtig ist. Doch mindestens zwei Abschnitte verlangen genaues Studium. Der erste findet sich hinter der Mündung des Arieschbaches von links, wo man nach Überqueren der Eisenbahngeleise die Stelle besichtigen kann. Von van Erschel/Kopp wird sie mit WW V+ eingestuft, aber ob V+ oder V− ist egal; wichtig ist, sich alles anzusehen.

Eine weitere Stelle ist der Schlitz oder das »Fuchsloch«, wo sich die Landquart nach einem kataraktartigen Anlauf von etwa 100 Meter Länge in einer niedrigen Klamm buchstäblich durch einen S-förmigen Spalt von knapp 2 Meter Breite hindurchquetscht. Die Gefahr besteht darin, daß man in der Begeisterung zu nahe an das »Fuchsloch« heranfährt und dann keine Chance mehr hat, an Land zu kommen. Also: Angesichts eines Steges aus Eisenträgern in der Nähe des Bahnhofs von Schiers sofort rechts landen! Ein Freund wäre hier beinahe durchgeschwommen; es wird auch behauptet, daß die Stelle schon befahren wurde. Ich will jedoch niemanden dazu animieren.

Nach dem »Fuchsloch« hat der Fluß arg

Rasante Folge von Löchern, Walzen und heftiger Wellenbildung kennzeichnen die Landquart.

Die Landquart übertrifft zwar die Albula-Waldschlucht nicht an fahrtechnischen Schwierigkeiten, dafür aber an Wucht in einigen Passagen.

Die Straße führt immer in der Nähe des Flusses entlang. Man kann also schon bei der Anfahrt oder Umverteilung der Autos inspizieren, was einen in etwa erwartet.
Das Boot wird auf der Landquart teilweise stark strapaziert. Das Heck schlägt beim Auftauchen aus den vielen Löchern auf, so daß man auf jeden Fall ein stabiles Kajak verwenden soll. Mit Canadier-Zweiern dürfte man auf dem Fluß weniger Spaß haben, vor allem, weil sich blitzschnelles Aufdrehen nach einer Kenterung dringend empfiehlt, was bislang in diesen Booten selten beherrscht wird.
Landschaftliche Reize gehen auf der Landquart auf Grund der enormen Geschwindigkeit verloren. Das ziemlich ausgeglichene Gefälle macht, wie bereits erwähnt, allein schon vernünftiges Abschwingen zum Kunststück. Ein Fehler, der unangenehme Folgen haben kann, ist daher unbedingt zu vermeiden: das Fahren in zu großen Gruppen und in zu geringen Abständen, so daß gegenseitige Behinderung an entscheidenden Stellen unvermeidlich wird.
gelitten, er ist begradigt, und die Wasserwucht wird in Form zahlreicher Staustufen gebrochen, so daß eine Weiterfahrt sinnlos erscheint.
Schließlich muß damit gerechnet werden, daß auf dem ganzen Fluß irgendwo im Zusammenhang mit Straßenbauarbeiten und ähnlichem irgendwelche Änderungen eintreten, die dann eventuell sehr gefährlich werden. Am besten ist es, jede Ecke genau auszukundschaften, bevor man auf dem reißenden Wasser in eine Falle gerät.
Die Landquart bezieht ihr Wasser aus den umliegenden, bis über 3000 Meter aufragenden Bergen, deren Nordhänge von Gletschern bedeckt sind. Das garantiert im Sommer gute bis kräftige Wasserführung, wenn man nicht von dem komplizierten Silvretta-Energiegewinnungssystem gefoppt wird.

Im Vergleich zur eine Autostunde entfernten Albula ist die Landquart rasanter, technisch aber weniger kompliziert. Das Flußbett charakterisieren mächtiges Geröll und relativ wenig bremsende Kurven. Rechter Hand begleiten scharfplattige Felsen die Landquart bis zur Straßenbrücke etwa 2 Kilometer vor Schiers. Teilweise ist sie auf beiden Seiten von niedrigen Wänden eingeschlossen, was den »Achterbahneffekt« noch verstärkt. Erst ab der erwähnten Brücke wird der Fluß freier.

Überblick

Allgemeines wuchtiges, außerordentlich schnelles Wildwasser in grobem Geröll mit vielen zu überfahrenden Felsblöcken und kleineren Abstürzen ▪ **Gebirgsfluß; Gletscherfluß** ▪ **Wassermenge** ca. 15 cbm/sec ▪ **Pegel** 100 an der Eisenbahnbrücke unterhalb Dalfazza, neben der Straßenbrücke ▪ **Start** in Küblis ▪ **Ausbooten** 300 m vor dem »Fuchsloch« von Schiers ▪ **Flußcharakter** schmales, teilweise reguliertes Flußbett, großes Geröll, große überlaufene Blöcke, kleinere Abstürze, sehr hohe Wassergeschwindigkeit, die Durchfahrten sind meistens vom Boot aus noch zu erkennen, wenige Kehrwasser, schwer zu erreichen, sehr unregelmäßige Wellenbildung ▪ **Gefälle** ziemlich gleichmäßig ▪ **Ufer** abgesehen von den kurzen durch die nebenherlaufende Straße oder Eisenbahn bedingten Engstellen begehbar ▪ **Besondere Gefahren** Baustellen, Kenterungen ohne sofortiges Eskimotieren, gefährlich das »Fuchsloch« bei Schiers, unbedingt rechtzeitig landen, Stelle vorher markieren, bei Bootsverlust muß mit sehr schwieriger Bergung gerechnet werden; zwei neue Wehre oberhalb Schiers ▪ **Vergleichbare Schwierigkeiten** findet man auf der Passer bei Pegeln über 70, wobei die Landquart noch mehr Konzentration erfordert ▪ **Autobegleitung** möglich ▪ **Boote** nur stabile Einer aus Kunststoff ▪ **Übernachtung** Hotels und Zimmer in Klosters und Landquart; Zelten in Landquart--Igis und Chur ▪ **Anfahrt** von München über Kempten, Bregenz, Landquart knapp 300 km ▪ **Literatur** van Erschel/Kopp, Wildwasserfahren heute ▪ **Karte** Freytag & Berndt 1:100000, Nr. 37

Sehenswertes

Klosters spätgotische Kirche (1493), Turm 13. Jh., Kirche nach Brand bis 1634 wieder hergestellt, Neubau des Schiffes um 1723 ▪ Heimatkundliche Sammlung im »Nuttlihuisli«
Küblis Reformierte Kirche, spätgotisch
Luzern Häuser der Familie Sprecher von Bernegg in bäuerlich-aristokratischer Bauweise
Malans Bürger- und Patrizierhäuser ▪ Reformierte Pfarrkirche ▪ Rathaus (1622) ▪ ehemalige Plantahäuser (17. Jh.) ▪ Schloß Bothmar oberhalb Malans

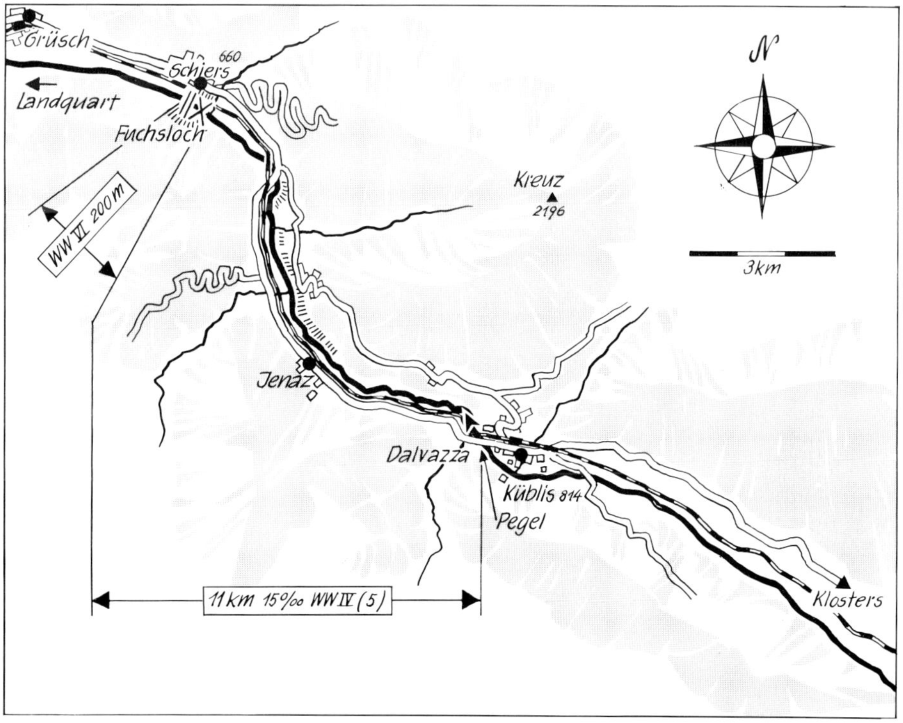

35 Vorderrhein

Wildfluß mit geringen bis großen Schwierigkeiten

Schweiz
Graubünden

Wildwasserfahrer und Landschaftsfotografen haben einen gemeinsamen Tick: Sie lieben das Unregelmäßige, Wilde und vom Menschen noch nicht Geordnete. So darf es auch nicht verwundern, daß viele Liebhaber des Wildwassersports gleichzeitig leidenschaftliche Fotografen oder Filmer sind.

Nur ist leider bei diesem Sport die Kombination mit Film- und Fotoarbeit recht strapaziös. Man hat Spaß am Fahren, wühlt sich gerade durch Walzen und Brecher, trickst sein Boot durch Felsblocklabyrinthe – und möchte gleichzeitig aus dem Boot springen, um mit der Kamera irgendein verlockendes Motiv einzufangen. Irgendwann ist man dann von dem ständigen Aus- und Einpacken des Apparats so erschöpft, daß man an den schönsten Punkten vorbeitreibt.

Der Vorderrhein macht es einem insofern leicht, als der Durchbruch von Flims in der Faszination der optischen Eindrücke von keinem anderen Abschnitt des Flusses überboten wird. Hier lohnt es sich immer auszusteigen. Wildwasserfahrer und Fotografen geraten hier gleichermaßen ins Schwärmen. Die weiße Schlucht bei Flims läßt selbst den Laien, der unserem Sport nur achselzuckend gegenübersteht, ahnen, warum es uns so schwer fällt, unsere Neugier in puncto Schluchten und Klammen zu zügeln. Am Vorderrhein halten selbst Leute, die in fließendem Wasser nicht viel mehr entdecken können als Kilowattstunden.

Der nordwärts fließende Rhein entspringt nur 40 Kilometer von der ins Mittelmeer mündenden Rhône entfernt in etwa 2000 Meter Höhe am Oberalppaß. Der zweite Quellfluß, der Hinterrhein, erlangte durch die Via Mala Berühmtheit. Diese bizarre Klamm bildete vor allem in früheren Jahren eine wichtige, wenn auch gefahrenreiche Verkehrsverbindung über die Alpen.

Zwischen den beiden Quellflüssen erheben sich bis zu 3000 Meter hohe Berge. Sie heißen mit Nachnamen vornehmlich Horn: Frunthorn, Valser Horn, Bruschhorn etc. Da sie vorwiegend aus kristallinen Gesteinen und Jura aufgebaut sind, ist der Vorderrhein ein sehr sauberes Gewässer, wenn nicht gerade der Glenner sein dunkelgraues Hochwasser beisteuert.

Wildwassermäßig ist der obere Vorderrhein lohnend und sehr abwechslungsreich, eine sportliche Strecke mit schwierigen kataraktartigen Abschnitten, Abstürzen, leichteren Schwällen und bei Hochwasser langen, wuchtigen, immer wieder mit Blöcken versetzten Durchfahrten. Riesige Geröllbrocken vermitteln eine Vorstellung von der im Fluß steckenden Energie.

Die weiße Schlucht von Flims zählt zu den landschaftlichen Höhepunkten nicht nur des Vorderrhein, sondern der Schweizer Wildflüsse überhaupt.

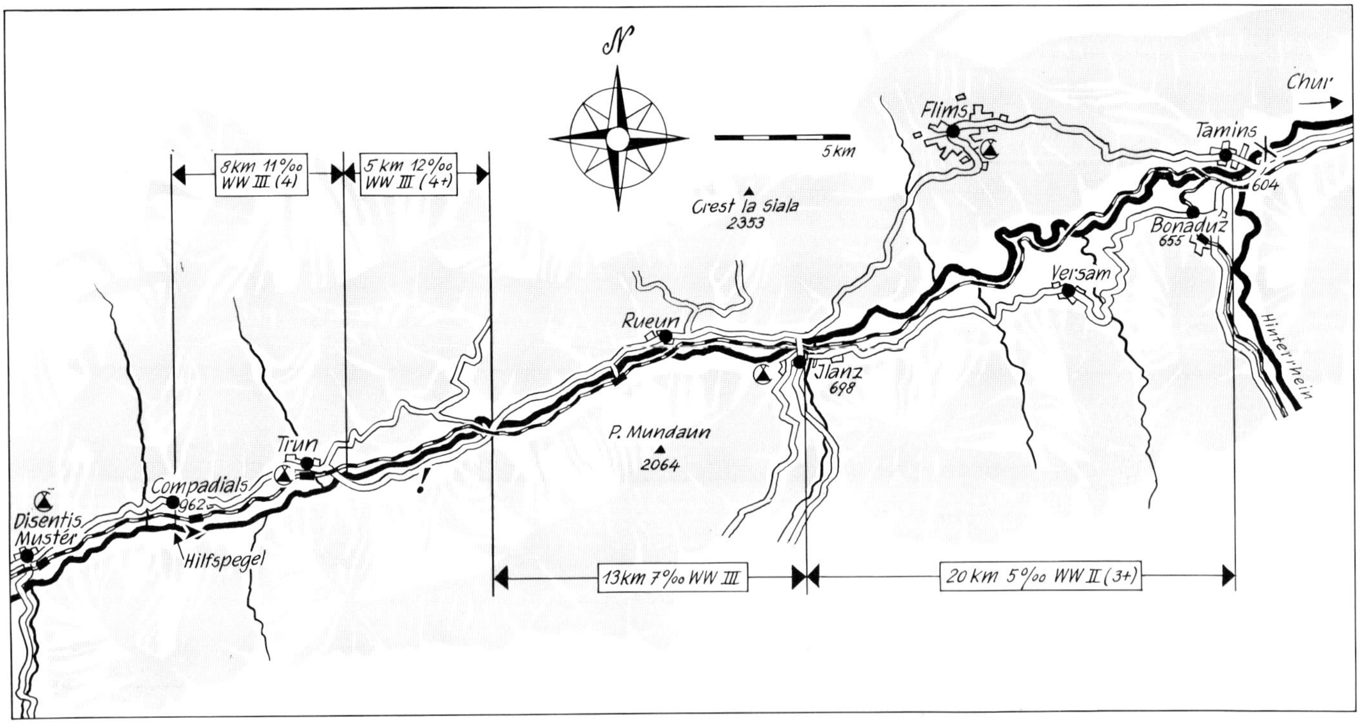

Ins Kehrwasser eingefädelt versucht ein Wildwasserfahrer, sich den richtigen Überblick über die folgende verblockte Strecke des Vorderrhein zu verschaffen.

Der Wasserstand des Rhein wird durch ein System von Druckleitungen und Kraftwerken beeinflußt, wobei er beim Kraftwerk Tavanasa maximal 48 cbm/sec, normalerweise jedoch »nur« 20–28 cbm/sec beträgt. Eine schöne Menge, wenn man sie mit anderen Wildwassern alpinen Zuschnittes vergleicht. So darf man sich bei einer Befahrung auf einige Überraschungen gefaßt machen. Wenn der Vorderrhein bei Hochwasser so richtig voll ist, dürften einige hundert cbm/sec unterwegs sein, und der Wildwasserfahrer tut dann gut daran, seine Freizeit anderswo zu verbringen.

Wer die weiße Schlucht bei Flims dem Sport auf dem oberen Lauf des Vorderrheins vorzieht, startet am besten auf dem Glenner in der Nähe des Bahnhofs Ilanz und hat dann (wenn er sein Geld für die Rückfahrkarte nicht vergißt) bis Reichenau eine autosorgenfreie Fahrt vor sich.

Vor dem ehedem gefürchteten »Schwarzen Loch« braucht man sich auch nicht mehr zu ängstigen; es ist durch einen Erdrutsch verschüttet worden. Dafür wird nun ein wundervoller Schwall zwischen riesigen Felstrümmern geboten, doch ansonsten liegen die Probleme um eine Stufe niedriger.

Überblick

Allgemeines sportlich sehr ergiebiger Wildfluß mit landschaftlich außerordentlich eindrucksvoller Schlucht ▪ **Gletscherfluß; Urlaubsfluß** ▪ **Wasserstand** von Abgabe eines Kraftwerk- und Stauseesystems abhängig ▪ **Wassermenge** ca. 22–28 cbm/sec ▪ **Pegel** 690 kurz unterhalb Ilanz; Zufahrt über Feldweg zwischen Fluß und Bahnschiene ▪ **Start** Compadials-Trun ▪ **Ausbooten** in Reichenau an der Mündung des Hinterrhein ▪ **Flußcharakter** abwechslungsreich, leichte und schwere, gelegentlich unübersichtliche Blockstellen, teilweise kataraktartig, Abstürze, meist verschiedene Durchfahrten möglich; ab Tavanasa wasserreich, großes Geröll, immer wieder Kehrwasser zum Anlanden; zunächst offene Schlucht, ab Ilanz steil aufragende Hänge und Wände ▪ **Gefälle** kurze schwere Abschnitte mit starkem Gefälle wechseln mit längeren flachen Strecken ▪ **Ufer** überall wenigstens auf einer Seite begehbar ▪ **Besondere Gefahren** unübersichtliche Katarakte ▪ **Vergleichbare Schwierigkeiten** im Oberlauf stellenweise etwa wie Waldschlucht der Albula, Flimser Schlucht etwa wie Entenlochklamm der Tiroler Ache ▪ **Autobegleitung** in der Schlucht nicht möglich, sonst teilweise, z.B. zwischen Tavanasa und Ilanz ▪ **Boote** Kunststoff-Einer, ab Ilanz auch Canadier-Zweier ▪ **Übernachtung** Camping in Flims-Waldhaus, Ilanz, Trun, Disentis-Mustér; Zimmer in den einzelnen Orten ▪ **Anfahrt** von München über Bregenz, Chur nach Ilanz knapp 300 km ▪ **Literatur** van Erschel/Kopp, Wildwasserfahren heute; Alpinismus 10/1971 ▪ **Karte** Carte nationale de la Suisse 1:100000, Nr. 38

Sehenswertes

Disentis/Mustér Benediktinerkloster St. Martin, Barockanlage mit Kuppeltürmen (um 1750) Katholische Pfarrkirche St. Joh. Baptist (1604–1643)
Trun Disentiser Hof, großenteils neu erbaut (1674–1679) ▪ Heimatmuseum
Breil/Brigels Pfarrkirche St. Marie (1486), Neubau des Schiffes 1963 ▪ Kirche St. Martin, romanisch ▪ Wallfahrtskirche St. Sievi
Ilanz Reformierte Pfarrkirche (1483) ▪ Campanile ▪ Oberes Tor (1513) ▪ Casa Grond (1677)
Flims Reformierte Kirche (1512) ▪ romanischer Turm ▪ Schlössli (1682)
Tamins Schloß Reichenau am alten Rheinübergang (17. Jh.), umgestaltet 1775
Chur mittelalterliche Stadt ▪ Kathedrale St. Mariä Himmelfahrt, 1272 geweiht, Neubau des Turms 1811, Ausstattung von karolingischer Zeit bis zum Barock, spätgotischer Altar ▪ Dommuseum ▪ Rätisches Museum ▪ Kunsthaus

36 Simme

Wildwasser mit geringen bis mittleren Schwierigkeiten

Schweiz
Bern

Wenn man den Engadiner Inn, den Vorderrhein oder die große Emme zu den »Wilden« unter den Schweizer Wildflüssen rechnet, so gehört die Simme zu den »Kultivierten«. Das liebliche Simmental, entstanden aus dem Begriff Siebenthal im Berner Oberland, wird im Süden und Südosten vom Massiv der Dreitausender des Wildstrubel abgeschlossen. Es vermittelt das Bild, das sich viele Ausländer von der Schweiz zu machen pflegen: Matten, Bergwälder, ordentlich gemähte Wiesen, ein Tal ganz Grün in Grün mit prachtvollen Bauernhöfen, drüber das Hochgebirge, und unten rauscht die Simme, säuberlich eingefaßt von zwei Reihen Erlen, Eschen und Weiden – ein manierliches Wildwasser.
Unterhalb von Boltigen entwickelt die Simme allerdings eine Geschwindigkeit, vor der man Respekt haben muß. Vom Boot aus macht sie nun, trotz der Nähe der Straße, einen zunehmend urigen Eindruck mit steilen, felsigen und bewaldeten Ufern. Diese werden ab und zu

Unter den Wildflüssen der Schweiz zählt die Simme eher zu den »Kultivierten« und ist somit auch für den großen Canadier-Zweier geeignet.

von saftigen Wiesen unterbrochen, wo sich ruhige Plätzchen für die Brotzeit finden lassen.
Gleich nach der malerischen alten Holzbrücke bei Oberwil bekommt die Simme einen »Tobsuchtsanfall«, der sich erst vor Weissenburg allmählich wieder legt.
Für den Wildwasser-Enthusiasten bedeutet eine Fahrt auf dieser Strecke, dem sogenannten Eichenwäldchen, daß er mit zunehmendem Wasserstand auf herrliche Schwälle und Walzen trifft, die das Kajak ständig einzusaugen und wieder auszuspucken scheinen. Dabei ist der Flußverlauf recht offen und frei, ohne große Verblockungen und Engpässe, so daß man seinem Spieltrieb freien Lauf lassen kann. Allerdings einmal gekentert und ausgestiegen kann man sicher ein längeres Stück schwimmen und in den Genuß des Wildwasserwanderns per pedes in und neben dem Fluß kommen.
Die fahrtechnischen Probleme sind ungefähr so wie man sie als Anfänger nach 14 Tagen intensivsten Trainings mit wachsendem Genuß bewältigen kann.
Je mehr man sich Erlenbach nähert, desto mehr nimmt das Gefälle ab. Die Straße entfernt sich vom Fluß, der sich nun einsam und unberührt dahinschlängelt und, gelegentlich von Schwallstrecken unterbrochen, leichtes Wildwasser bietet.

Auf ihren letzten Kilometern zum Thuner See ändert sich der Charakter der Simme weitgehend. Schon vor dem Kraftwerk Wimmis in einer Waldschlucht verengt sich das Tal. Hier muß ein vordem sportlich sehr interessanter Abschnitt im Stau »abgesoffen« sein. Doch dessen Ausmaße sind vergleichsweise bescheiden. Wenn das Wasser zur Weiterfahrt reicht, lohnt sich die Plagerei, die Boote in die folgende Schlucht, etwa 15 Meter tief hinunterzuschleppen. Der Durchbruch bis zum Thuner See galt früher als äußerst schwierig. Heute geht die Strecke, deren Landschaft an die Konglomeratschluchten der Steirischen Salza erinnert, nicht über WW III bis höchstens IV hinaus. Was nicht heißt, daß man sie ohne jede Vorsicht befahren sollte.
Die »typisch schweizerischen Formen und Farben« des Simmetales kommen natürlich nicht von ungefähr. Die Gebirgszüge des Einzugsgebietes bestehen zum Teil aus weichem Flysch. Infolge dessen ist das Flußbett reich an Geschieben, so daß die vorhandenen Unebenheiten des Talbodens ausgeglichen sind und das Gefälle langsam abnimmt. Dies ist ein Charakteristikum vieler alpiner Wildflüsse, im Gegensatz zu denen des Jurabereichs und des Französischen Zentralmassivs, wo das Regenwasser wie in einem Sieb verschwindet, durch riesige Höhlensysteme strömt und als große Quellen wieder zu Tage tritt, infolge dessen weniger Unebenheiten ausfüllt als durch Erosion neu geschaffen werden. Zudem liegt das Tal in der Kalkzone, was zusammen mit den Flyschschichten die Ursache für die saftigen Hänge und ausgedehnten Alpweiden ist. Einen besonderen Reiz erhält die Landschaft auch durch die terrassenförmigen Fluren, wodurch die Hänge weniger steil und somit bewohnbar sind. Insgesamt ist das Simmetal der ideale Aufenthalt eher für jene Leute, deren Drang, weit von der Zivilisation weg zu sein, nicht zu stark ausgeprägt ist.

Schattige Waldschluchten und überdachte Holzbrücken im Simmetal.

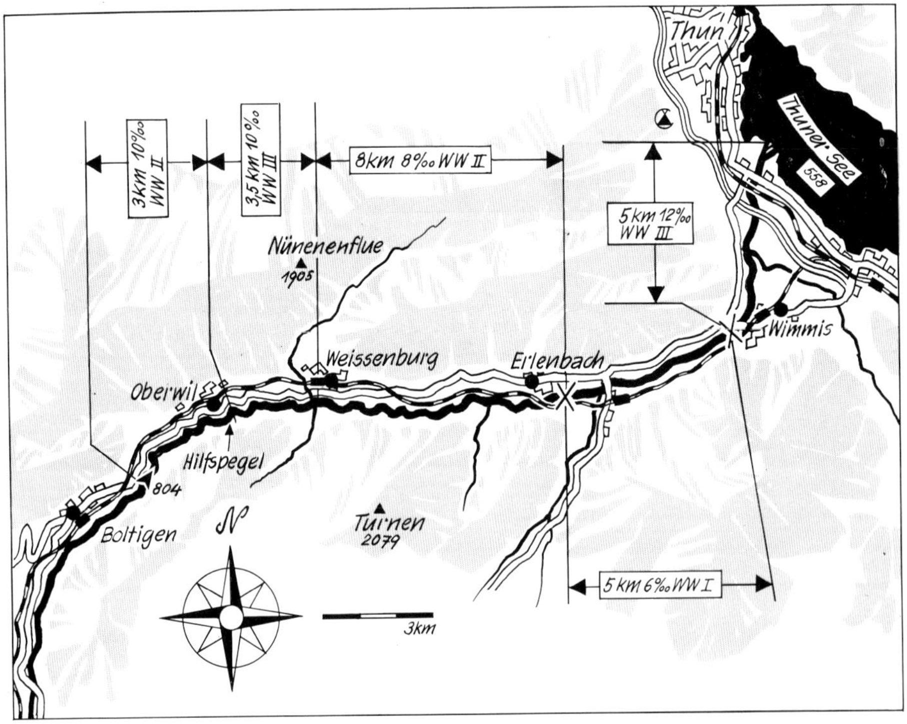

Überblick

Allgemeines mittelschwerer Wildfluß in der schönen, weitgehend kultivierten Gebirgslandschaft des Berner Oberlandes mit wundervollem Blick auf die Dreitausender ▪ **Gletscherfluß; Wildwasserpiste** ▪ **Wassermenge** 18–22 cbm/sec ▪ **Hilfspegel** Brücke bei Oberwil: rechteckige Löcher in einer Bordwand rechts vor der Brücke (vermutlich Pegelanlage des DKV-Führers 1,2–1,7 m); Normalwasser, wenn die Löcher vom Wasser angespült sind ▪ **Start** Kieswerk unterhalb Boltingen bei Kreuzung Bahnlinie–Straße ▪ **Ausbooten** bei Weissenburg oder, leichtere Strecke, bis Stausee Erlenbach, bei ausreichendem Wasser bis Wimmis; hier umtragen in die ca. 15 m tiefe Schlucht; Weiterfahrt bis in den Thuner See ▪ **Flußcharakter** durch frühere, schon renaturalisierte Verbauungen im Verhältnis zur Wassermenge oft schmales Bett, hohe Geschwindigkeit, Wellen, Walzen, einfache Blockstellen, viele Kurven, Prallhänge; 3–4 km nach Start durchs »Eichwäldchen« (III+) starkes Gefälle, Blöcke, Walzen; überall vom Boot aus überschaubares offenes, freies Wildwasser bis Weissenburg; ab Weissenburg urige, abgerutschte Hänge, eingestürzte Bäume; ab Wimmis kleine Konglomeratschlucht ▪ **Gefälle** ausgeglichen, nach den kurzen, steilen Schwällen ruhigere, aber immer zügige Abschnitte, keine echten Katarakte ▪ **Ufer** überall begehbar, wenigstens auf einer Seite ▪ **Besondere Gefahren** ab Weissenburg Bäume ▪ **Vergleichbare Schwierigkeiten** schwerere Strecken (»Eichenwäldchen«) etwa wie Bregenzer Ache ab Egg ▪ **Autobegleitung** großenteils

möglich ■ **Boote** bei gutem Wasserstand neben Einern aus Kunststoff auch Canadier-Zweier ■ **Übernachtung** Zelten mit Erlaubnis der Bauern; Zeltplatz am Fluß bei Oberwil; viele Gasthöfe im ganzen Simmental ■ **Anfahrt** von München über Bregenz, St. Gallen, Rapperswil, Luzern, Interlaken, Spiez, Weissenburg ca. 490 km ■ **Karte** Carte nationale de la Suisse 1:100000, Nr. 36

Sehenswertes

Erlenbach Reformierte Pfarrkirche, Anlage aus dem 10./11. Jh., Turmchor (13. Jh.), spätgotische Wandmalereien ■ stattliche Bauernhäuser
Wimmis Reformierte Kirche, frühromanischer Bau (10. Jh.), dreischiffige Pfeilerbasilika mit drei Apsiden ■ Schloß, mittelalterliche Anlage, ausgebaut 17. Jh.
Spietz herrliches Ensemble von romanischer Kirche, Pfarrhaus und Burganlage ■ karolingischer Turm (um 700), spätgotische Wandmalereien, Unterbau des Schlosses (10. Jh.), Museum mit Wohn- und Repräsentationsräumen

37 Saane

Wildwasser
mit mittleren, gelegentlich
großen Schwierigkeiten

Schweiz
Bern

Von der Simme her über einen nur knapp 1300 Meter hohen Paß ins Saanetal kommend, fällt einem bald auf, daß es statt »Grüezi« nun »bonjour« und »en revoir« heißt. Sonst scheint sich auf den ersten Blick nicht viel geändert zu haben: hier wie dort Schweizer Bilderbuchlandschaft.

Allerdings ist das Saanetal etwas weiter, die Matten sind sanfter geschwungen, so daß sie einer größeren Zahl von Gehöften Platz bieten. Obwohl sehr gepflegt und kultiviert, bietet sich dem Auge zusammen mit den im Süden leuchtenden Firnen und Gletschern der bis auf 3209 Meter aufragenden Gipfel der Les Diablerets ein ungemein harmonisches Zusammenspiel von Formen und Farben.

Die Saane selbst jedoch entzieht sich dem Blick. Sie hat sich in dem weiträumigen, wiesenüberzogenen Talboden eine V-förmige Waldschlucht gegraben und führt dort unten ihr unruhiges Eigenleben. Während oben die Nähe des Genfer Sees spürbar ist, wo nur ein oder zwei Dutzend Kilometer Luftlinie entfernt an sonnigen Hängen Weinberge in der Hitze glühen, schäumt sie durch schattige Tannenwälder und schmale Klammen, stürzt Felsabbrüche hinunter und tost ab und zu ganz gewaltig.

Dieses unbändige Benehmen der Saane bewog die Menschen, ihre Kraft zu Energiezwecken zu mißbrauchen.

Doch vom Col du Pilon herunter, an Gsteig und Saanen vorbei bis zum Stausee von Rossinière, sprudelt die Saane munter, wobei allerdings im Oberlauf ein begradigtes Stück des Wildwasserfahrers Freude trübt. Wer diese Strecke vermeiden möchte, setzt am besten gleich ca. 3 Kilometer unterhalb von Saanen ein und kann sich nun ruhig Zeit lassen, denn nach wenigen Metern ist er in der Vanel, der ersten Saaneschlucht. Was sie zu bieten hat, sind genußvolles Wildwasser, viele Übungsstellen mit scharfen Stromzungen und Kehrwassern und ein Felsenkessel, wo Sandkuhlen und glatte Steinplatten zum Sonnenbaden einladen.

Von der zweiten Schlucht, deren wassermäßig schwierigste Stelle am Ausgang einer wahrlich beklemmend engen Klamm liegt, kann man sich einen Eindruck verschaffen, wenn man von der Straße zwischen Château d'Oex und Fleudring abzweigt. Nach ein paar hundert Metern bietet sich von einer kleinen Brücke aus schwindelnder Höhe eine phantastische Aussicht in die besagte Klamm und den Ausgangsschwall. Flußabwärts wird man übrigens an den Blick von der Echelsbacher Brücke auf die Ammer erinnert.

Wildwasser-Normalverbraucher sollten es bei den ersten beiden Schluchten bewenden lassen und spätestens bei dem Kieswerk links vor der dritten Schlucht das Boot an Land ziehen und aufs Autodach packen. Und auch die Spezialisten tun gut daran, den ca. 3 Meter hohen Abbruch, über den die Saane in die Eingangsklamm der Schlucht bei La Tine stürzt, sehr gründlich zu inspizieren, bevor sie die folgenden 1200 Meter schwerstes Wildwasser in Angriff nehmen. Ein Bekannter aus dem Schwabenland hat sie mit den Worten kommentiert: »Da kannscht Männle baue!«

Für dieses letzte Aufbäumen der Saane dürfte ein stabil gebauter Einer-Kajak das richtige Boot sein, während man in den ersten beiden Schluchten häufig auf Canadier trifft.

Noch eine Bemerkung zum Wasserstand: Die Saane ist ein Gletscherfluß, entspringt in 2550 Meter Höhe am Glacier de Zaufleuron zwischen Sandschhorn, Oldenhorn, Les Diablerets und Tour de Saint Martin. Das bedeutet, daß die beste Wasserführung dann zu erwarten ist, wenn ein Hochdruckgebiet uns den Schweiß aus den Poren treibt, also dann, wenn man auf anderen Flüssen

Geradezu klassisch präsentieren sich hier in einer Schlucht der Saane die Strömungsformen eines schweren Wildwassers.

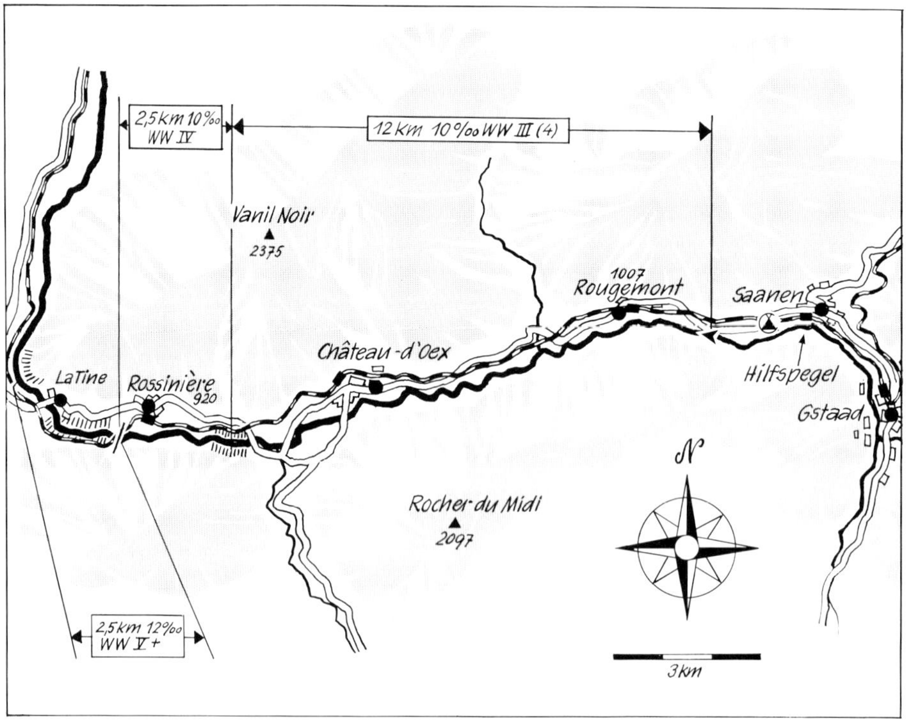

kaum noch auf einige Kubikmeter unterm Kiel zu hoffen wagt. Nachmittags bis abends nach heißen Tagen rauscht die Saane mächtiger als sonst zu Tal.

Überblick

Allgemeines romantischer, sportlich interessanter und streckenweise sehr schwieriger Wildfluß durch Waldschluchten und Klammen ▪ **Gletscherfluß; Urlaubsfluß** ▪ **Wassermenge** ca. 20 cbm/sec ▪ **Hilfspegel** in Saanen, von der Brücke am Bahnhof ist ca. 15 m flußaufwärts nahe dem Ufer ein zweizackiger Fels im Flußbett zu sehen, wenn er angespült wird, reicht das Wasser, läuft es zwischen den Zacken durch, sollte man aufgeben ▪ **Start** 3 km unterhalb Saanen an der Brücke beim Schießplatz ▪ **Ausbooten** normalerweise nach der zweiten Schlucht vor dem Eingang zur dritten am Kieswerk; extreme Fahrer booten nach der dritten Schlucht am Stausee aus ▪ **Flußcharakter** im wesentlichen Schluchten, dazwischen offenes, einsames Tal, bewaldet; erste Schlucht »Vanel« sehr schön; nach einigen hundert Meter zweite Schlucht bei Les Moulins länger als die erste, steile Wände, klammartig, schwerste Stelle durch Blöcke und Gefällstufe am Ausgang, Straßenbrücke; dann dritte Schlucht bei La Tine 1200 m lang, sehr schwer, am Eingang etwa 3 m hoher Absturz, technisch sehr problematisch, danach ruhiger, später Naturstufen, sehr schwer, Walzen ▪ **Gefälle** in den Schluchten stufenförmig, dazwischen ausgeglichen ▪ **Ufer** nicht überall begehbar ▪ **Besondere Gefahren** eventuell Baumhindernisse, Einfahrt in die dritte Schlucht sehr problematisch ▪ **Vergleichbare Schwierigkeiten** schwerste Stellen der ersten beiden Schluchten einfacher als die Loisach, dritte Schlucht wie oberer Tarn ▪ **Autobegleitung** nicht möglich, außer an Brücken ▪ **Boote** in erster und zweiter Schlucht Kunststoff-Einer, Canadier-Einer und -Zweier; in der dritten Schlucht nur stabile Kunststoff-Einer ▪ **Übernachtung** offizielle Campingplätze in Saanen und an der Brücke bei Château d'Oex, außerdem schöne Zeltwiesen am Fluß (Bauern fragen); Gasthöfe überall ▪ **Anfahrt** von München über Bregenz, St. Gallen, Rapperswil, Luzern, Interlaken, Spiez, Weissenburg ca. 490 km (oder Autobahn Bern–Fribourg) ▪ **Karten** Carte nationale de la Suisse 1:100000, Nr. 41; Gewässerkarte des Touring Club der Schweiz, Nr. 1

Sehenswertes

Saanen Holzbauernhäuser mit außenliegenden Treppen
Rougemont St. Nicolas (1073–1085), ehemaliges Cluniazenser-Priorat ▪ Holzhäuser mit gekerbten und geschnitzten Dekorationen
Rossinière Grand Chalet, Pension, gilt als eines der schönsten Holzhäuser der Schweiz (1752–1756)
Cruyères/Greyerz Hügelstädtchen mit Burg, wundervolle, geschlossene Anlage in voralpiner Landschaft ▪ Museum im Schloß ▪ spätgotische Häuser am Markt ▪ Haus Chalamala (1537)

Walzen und andere Turbulenzen reizen den Könner immer wieder zum Spielen.

38 Große Emme

Mittelschweres, jedoch besonders tückisches Wildwasser

Schweiz
Bern

Es gibt Flüsse, denen nachgesagt wird, sie seien ausgesprochene Mausefallen. So die Gorges de Daluis des Var, die Gorges de Vesubie und das Räbloch der Großen Emme (keltisch: emlain = starke Strömung).
Nun fühlen wir Kajak- und Canadierfahrer uns zwar nicht unbedingt und immer wie Mäuse, doch das Gefühl, in eine Falle zu geraten, kann einem schon gehörig zu schaffen machen.
Der Anblick eines Flusses, der in einer kilometerlangen Spalte verschwindet, kennen manche vielleicht vom Rio Novella, einem linken Zufluß zum herrlichen Noce in Italien. Doch diese Schlucht ist leider oder zum Glück, wie man's nimmt, indiskutabel, da total unfahrbar. Man braucht sich nicht länger darüber zu ereifern, was wohl wäre, wenn man da im Kajak hineingeriete.
In die Falle der Großen Emme kann man sich durchaus locken und von dem Erlebnis einer unvergleichlichen Klamm (Räbloch) begeistern lassen. Dieses Erlebnis besteht in sprühenden Wasservorhängen, rauschenden Sturzbächen, atemberaubenden Engpässen, die ins Erdinnere zu führen scheinen und – je nach Jahreszeit – bizarren Fels- und Eisformationen.
Im Frühjahr kann man vom Klammeingang her in der Dunkelheit zwischen den turmhoch aufragenden Wänden einen viele Tonnen schweren Eispfropfen hängen sehen. Man muß sich unbedingt klar werden, ob der Spielraum zwischen Wasseroberfläche und Eis für eine Durchfahrt ausreicht. Ein Irrtum wäre fatal, denn einmal hineingepaddelt, gibt es kein Zurück! Gegebenenfalls schleicht man sich dann möglichst leise und ohne anzustoßen unten durch, um nicht den Block oder Teile davon auf den Kopf zu bekommen.
Dann stelle man sich auf weitere Überraschungen in der Klamm ein, wie zum Beispiel von den Wänden polterndes Eis oder die Möglichkeit von Treibholzbarrieren, die weder zu umgehen noch zu umtragen sind. In einem solchen Fall war einmal Kajakfahrern nichts anderes übrig geblieben, als mit dem Bug mit voller Wucht in den Holzverhau hineinzustoßen, blitzschnell über das Vorderschiff auf die Bäume zu klettern und das Boot nachzuziehen.
Wer sich also zu diesem Abenteuer verlocken läßt, um in den Genuß des oben angedeuteten Erlebnisses zu gelangen, sollte, um ein Zuschnappen der Falle zu verhindern, entsprechende Ausrüstung ins Boot packen. Auch muß er sich darüber klar sein, was er bei eventuellen Schwierigkeiten zu tun gedenkt. Zumal das Räbloch auch fahrtechnisch mit einigen Schwierigkeiten aufwartet, die allerdings nicht über WW III–IV hinausgehen.
Die erste Etappe – das Räbloch bildet die zweite – beginnt bei genügend Wasser in Bumbach, und sollte dabei fast ohne Grundberührung abgehen. Zwischen Bumbach und Schangnau wartet in einer einsamen V-förmigen Nadelwaldschlucht ein wuchtiges Bilderbuchwildwasser auf den Experten mit Engpässen, starken Verblockungen und Gefällestrecken mit verwinkelten Durchfahrten, die einige Geschicklichkeit im Umgang mit Boot und Paddel verlangen.
Schließlich weichen nach dem Räbloch die Wände etwas zurück, und wir haben Gelegenheit, uns in einer Landschaft zu erholen, die vollkommen im Urzustand belassen wurde. Durch sie wogt das Wasser in zahlreichen Windungen von einem Prallhang zum nächsten talabwärts, den Kajakfahrer ständig zum Spielen anregend. Er sollte dabei jedoch nicht vergessen, daß auch hier auf umgestürzte Bäume zu achten ist, die immer wieder den direkten Weg versperren. Außerdem wartet 2 bis 3 Kilometer nach der Klamm eine enge Linkskurve – gefährlich, aber leicht erkennbar – mit einer Unterspülung auf, die aber mit entsprechender Vorsicht leicht umfahren werden kann.
Solchermaßen mit Klamm und Wildwas-

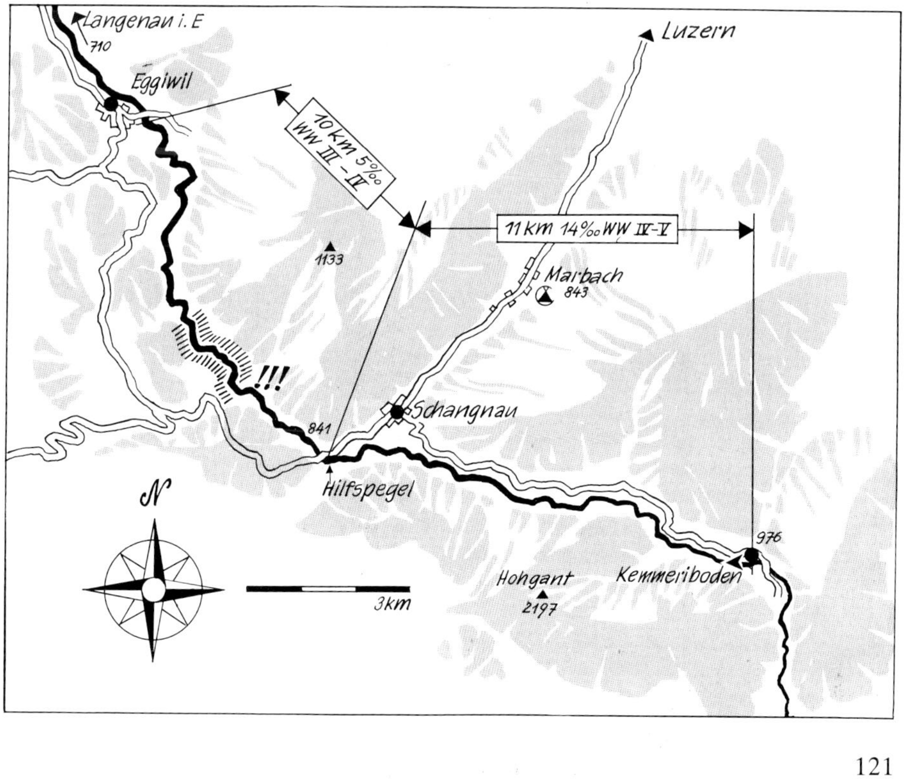

Dem Experten bietet die Große Emme ein wuchtiges Bilderbuch-Wildwasser.

ser ausgestattet, fließt die Große Emme in einer wunderschönen, von unzähligen Bergbächen und Gräben zergliederten Landschaft, dem sogenannten Napfbergland, das einzigartig in der Schweiz ist. Während der Eiszeit eine Insel im Eis, wurde es nicht glattgehobelt, sondern vom fließenden Wasser geformt. Deshalb die starke Gliederung, die seit jeher eine »Erschließung« erschwerte, so daß wir uns heute über eine recht unberührte Landschaft freuen können, mit dunklen Tannenwäldern und stattlichen Einzelhöfen. Bei schönem Wetter, was hier allerdings einen gewissen Seltenheitswert genießt, sehen wir im Osten den imposanten Felsrahmen von Hohgant und Brinzer Rothorn.
Zum Schluß noch der Hinweis, daß die Große Emme zum Teil als Fischerei-Schongebiet ausgewiesen ist. Mir ist jedoch kein Fall bekannt, bei dem jemand wegen einer Befahrung zur Kasse gebeten worden wäre.

Überblick

Allgemeines im Oberlauf schwerstes, einsames Wildwasser durch eine Waldschlucht, später in einzigartiger Klamm, dem sogenannten »Räbloch« ▪ **Gebirgsfluß; Urlaubsfluß** ▪ **Wassermenge** ca. 15 cbm/sec bei **Hilfspegel** große Felsbrocken am linken Brückenpfeiler bei Schangnau gerade angespült ▪ **Start** bei Bumbach (Waldschlucht) oder Schangnau (»Räbloch«), eventuell auch oberhalb Bumbach ▪ **Ausbooten** bei Eggiswil ▪ **Flußcharakter** ab Bumbach Nagelfluh als Flußbett, stark verblockt, große, teilweise unübersichtliche Felsen, schwierige Durchfahrten, Abstürze, hohe Geschwindigkeit und Wasserwucht; dann etwas leichter bis zur Einfahrt ins »Räbloch«, das heißt in die Klamm; hier zügige Strömung, Kehrwasser, sehr enge Durchfahrten bis ca. 1,50 m Breite, scharf angespülte, teilweise unterspülte Wände ▪ **Gefälle** ab Bumbach teilweise stufenförmig, später ausgeglichener ▪ **Ufer** in der Waldschlucht ab Bumbach begehbar; in der Klamm ist jedes Verlassen des Flusses völlig unmöglich, eventuell sogar für gut gerüstete Bergsteiger ▪ **Besondere Gefahren** in der Waldschlucht Treibholz, in der Klamm Treibholz, das eventuell die Weiterfahrt versperrt, wobei Aussteigen an den senkrechten Wänden oft unmöglich ist; außerdem im Frühjahr ein Eiszapfen, der vor der Schlucht eingesehen werden und nur bei genügend Abstand zur Wasseroberfläche durchfahren werden kann, ansonsten lebensgefährliche Situation; herabfallende Eisbrocken oder sogar das Einstürzen des Eispfropfens, wenn nicht lautlos drunter durchgefahren wird ▪ **Vergleichbare Schwierigkeiten** Waldschlucht deutlich schwerer als Loisachschlucht, etwa wie schwere Stellen vom Eyrieux ▪ **Autobegleitung** praktisch nicht möglich ▪ **Boote** nur stabile Kunststoff-Einer ▪ **Übernachtung** am besten Wildzelten mit Erlaubnis der Bauern; Camping in Marbach/Entlebuch; Gasthöfe in Egg und den umliegenden Dörfern ▪ **Anfahrt** von München über Bregenz, Winterthur, Zürich, Luzern, Schüpfheim ca. 400 km ▪ **Karte** Landeskarte der Schweiz 1:100000, Nr. 37

Wie eine Tour zur Unterwelt: das Räbloch der Großen Emme mit seinen lotrecht aufragenden Wänden.

Sehenswertes

Oberdiessbach Reformierte Kirche, spätgotischer Bau (1498) ▪ Neues Schloß (1666–1668)
Burgdorf Reformierte Pfarrkirche, spätgotischer Neubau (1471–1490), kostbarster Lettner der Schweiz ▪ Schloß Bergfried und Palast aus der zweiten Hälfte des 12. Jh. ▪ lokalhistorisches Museum
Bern seit 1848 Bundeshauptstadt der Schweiz ▪ städtebaulich eine der schönsten geschlossenen Stadtlandschaften, typisch die Laubengänge und durch Brunnen aufgelokkerte Gassenräume ▪ schöner Ausblick von der Kirchenfeldbrücke auf die Aare ▪ Naturhistorisches Museum ▪ Berner Historisches Museum ▪ Kunstmuseum ▪ Schweizer Postmuseum ▪ viele schöne öffentliche Bauten und Patrizierhäuser ▪ Botanischer Garten ▪ Tierpark ▪ Vivarium (mit größtem Aquarium der Schweiz)

39 Kleine Emme

Überwiegend mittelschweres Wildwasser

Schweiz
Bern

In einem köstlichen Abschnitt im »Geographischen Lexikon der Schweiz« ist von der Kleinen Emme die Rede als einem »echten Sohn der Berge«, der sich aber schließlich »in den Dienst des Menschen stellt.«
Natürlich interessieren wir Kajakfahrer uns mehr für den Bergsohn als den Knecht. Von der Ungezügeltheit des ersteren kann man sich überzeugen, wenn man von Schüpfheim aus nach Flühli hinauffährt, wo sich immer wieder Ausblicke in die wilde Lammschlucht und ihre brodelnden, tobenden Wasser bieten. Eine Befahrung dieser Schlucht wäre fast Selbstmord, wie sie auch einer Gruppe extremer Wildwasserfahrer aus dem südlichen Schwarzwald vor einiger Zeit um ein Haar das Leben gekostet hätte.
Wir booten also erst nach der Lammschlucht an einem Sägewerk, ca. 3 Kilometer oberhalb Schüpfheim ein. Nach einem munteren Start von ein paar hundert Metern mit anschließender kräftiger Schrägwalze in einem Felsabbruch

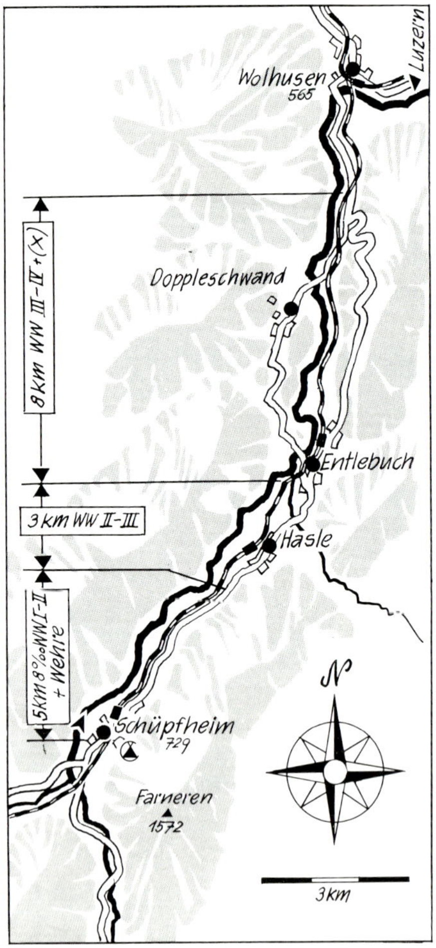

landet man zunächst in einem Flußstück, das kaum geeignet ist, die Herzen höher schlagen zu lassen: das Tal weit, die Straße in der Nähe des Flusses, den offenbar »schlaue« Wasserplaner von den schlimmsten Schleifen »befreit« haben. So bieten lediglich Kehrwasser etwas Abwechslung hinter Felsen- und Betonbrocken, die anscheinend zur nach der Sanierung nötigen Hochwasserbremsung an den Ufern verankert wurden. Für recht sportliche Unterbrechungen sorgen einige bis zu 3 Meter hohe Wehre, die man mit der üblichen Vorsicht befahren kann.
Nach Schüpfheim verengt sich das Tal allmählich, die Straße zieht den Berg hinauf, der Fluß kommt wieder zu sich,

bildet Schleifen und wird zusehends lebendiger.
Bei Entlebuch folgt dann die Mündung des Entlen. Er ist ein echter »Brüller«, der über viele einsame Kilometer mit starkem Gefälle, schwerstem Wildwasser bei rasender Geschwindigkeit und dazwischen liegenden unfahrbaren Stellen die stärksten Nerven zum Flattern bringen kann.
Mit dem Entlen vereinigt, löst die Kleine Emme bei Wassersüchtigen nun leicht einen Rausch aus. Durch bizarr ausgewaschene Nagelfluhformationen wogt die Flut durch Bobbahn-ähnliche Kurven im Flußbett hin und her. Man gleitet Abhänge hinunter, hinein in eine kopfhohe Walze von vorn, es folgen ein seitlicher Rutsch mit Schrägwalze, dann 15 Meter Schuß- und Abschwingen …
Doch man behalte klaren Kopf, denn es lauern Überraschungen, spätestens am »Entenloch«, 3 bis 4 Kilometer unterhalb von Entlebuch. Da kann man leicht nach einem flachen schrägen Absturz in einem tobenden, schäumenden Kessel verschwinden, um anschließend nach endlos erscheinendem Aufenthalt in der Tiefe kieloben ins Tageslicht zu stechen. Da weiß man Bescheid, wozu eine perfekte Eskimorolle gut ist! Hier kann sie einem das Leben retten, denn wie lange ein Schwimmer in der birnenförmigen unterirdischen Auskolkung festgehalten wird, ist ungewiß.
Dieses Loch folgt auf eine schmale Rinne, in der der ganze Fluß am linken Ufer entlangschießt. Rechtzeitig landen! Kennzeichen am Ufer: links in den Fluß ragende dicke Betonmauer. Umtragen ist übrigens ganz einfach.
Ein Stück flußabwärts wird das Wasser zwischen fünf schmalen unterspülten Felsrippen hindurchgepreßt. Diese unfahrbare Stelle ist durch eine senkrecht

Die Kleine Emme beweist, daß auf massivem, aber vom Fluß dennoch zernagtem Untergrund die überraschendsten Strömungen entstehen können.

in den Fels gerammte, ca. 5 Meter hohe Bahnschiene gekennzeichnet.
Man beachte, daß solche Zeichen über Nacht verschwinden können. Deshalb gilt generell: Augen auf und rechtzeitig landen, wenn nicht völlige Klarheit über den weiteren Flußverlauf besteht!

Überblick

Allgemeines fahrtechnisch wie landschaftlich gleichermaßen lohnender Wildfluß durch interessante Formationen, die der Fluß aus Nagelfluh und Sandstein herausgefräst hat. **Gebirgsfluß; Urlaubsfluß** ▪ **Wassermenge** ca. 15–20 cbm/sec ▪ bei **Hilfspegel** an der Brükke bei Wolhusen: am linken Pfeiler ist der Betonklotz gerade angespült ▪ **Start** beim Sägewerk an der Straße von Schüpfheim nach Flühli, kurz nach der Abzweigung der Straße nach Escholzmatt ▪ **Ausbooten** kurz nach der Brücke der Straße von Wolhusen nach Romoos Doppleschwand ▪ **Flußcharakter** zunächst gemächlich in offenem Tal mit teils recht hohen, aber fahrbaren Wehren, dann abgelegenes Waldtal mit bizarr ausgewaschenen Nagelfluh-Flußbett; darin eigenartig wogender unregelmäßiger Wasserverlauf mit vielen Walzen und Wellen, viele kleinere und größere Gefällestücke bis zu 30 m Länge; danach gute Landemöglichkeiten ▪ **Gefälle** anfangs gleichmäßig und Wehre, später stufenförmig, vergleichbar mit hügeligen Abhängen ▪ **Ufer** überall begehbar ▪ **Besondere Gefahren** Rücklauf an Wehren zwischen Schüpfheim und Entlebuch, nach Entlebuch ein bis zwei unfahrbare Stellen: 1. sog. Entenloch, erkennbar an Betonmauer links und 2. wo der Fluß zwischen vier oder fünf Felsrippen durchgepreßt wird; Kennzeichen: aufgerichtete, ca. 5 m hohe Bahnschiene zur Warnung; beide Stellen leicht links zu umtragen; Achtung Eisenstangen im Wasser und Unterspülungen ▪ **Vergleichbare Schwierigkeiten** etwas schwieriger als Bregenzer Ache ab Egg ▪ **Autobegleitung** nur am Anfang beschränkt möglich ▪ **Boote** Kunststoff-Einer und Canadier ▪ **Übernachtung** Zelten mit Erlaubnis der Bauern oder in Waldlichtungen am Fluß; Camping in Marbach/Entlebuch, Schüpfheim; Gasthöfe in jeder Ortschaft ▪ **Anfahrt** von München über Bregenz, Winterthur, Zürich, Luzern, Schüpfheim gute 360 km ▪ **Karten** Landeskarte der Schweiz 1:100000 Nr. 32 und 37; veraltete Karte des Touring-Club der Schweiz

Komplizierte Auswaschungen im Nagelfluhbett prägen das Verhalten der Kleinen Emme.

Sehenswertes

Schüpfheim Katholische Pfarrkirche St. Johann und Paul, klassizistischer Neubau (1804–1808)
Hergiswald Wallfahrtskirche Maria Loreto, neu errichtet (1651–1662)
Luzern Hofkirche St. Leodegar und Mauritius (1633–1639) ▪ Pfrund- oder sog. Rothenburger Haus, spätgotischer Blockbau (um 1500), ältestes als Ganzes erhaltenes bürgerliches Holzhaus der Schweiz ▪ Altstadt ▪ Kapellenbrücke, älteste, wiederholt erneuerte Holzbrücke Europas (1300) ▪ Wasserturm (1300) ▪ Haus Gilgen, gotisches Wohnhaus ▪ Kunstmuseum ▪ Historisches Museum ▪ Verkehrshaus der Schweiz

40 Durance

Wildwasser mit geringen bis großen Schwierigkeiten

Frankreich Hautes Alpes

Hannibal war auch schon da. Im Jahre 218 v.Chr. plagte er sich mit Kamelen und Kampfelefanten das Durancetal aufwärts, vorbei am heutigen Briançon, über den 1850 Meter hohen Pass Mont Genèvre ins italienische Susa, um – endlich – die Römer zu schlagen. Über diesen Weg schrieb Livius: »... die riesenhohen Gipfel, die beinahe in die Wolken reichenden Schneefelder, die auf den Felsen errichteten häßlichen Hütten, das Vieh und die Zugtiere, schwerfällig infolge der Kälte, die ungepflegten und wilden Menschen, die von Frost starrenden Lebewesen insgesamt.«
Was für Hannibal eine verlustreiche Unternehmung war, stellte für damalige Verhältnisse offenbar eine der optimalen Möglichkeiten dar, die Alpen zu überqueren. Heute bietet die Route von München über Mailand, Susa und besagten Mont Genèvre eine der schnellsten Verbindungen nach Südfrankreich.
Kaum über dem Paß, trifft man auf die oberste Durance, einen schmalen, durch kleine Schluchten rauschenden Wildfluß, alpin im Charakter, so daß man sich noch zuhause fühlt.
Das trifft nicht nur für das Betrachten, sondern genauso auf die Befahrung zu. Eine Schlucht, klares Wasser, verblockte Durchfahrten und immer wieder schöne Kehrwasser zum Aussteigen, so präsentiert sich der Verlauf. Das Aussteigen

In weiten Schleifen pendelt die wasserreiche Durance in die immer enger werdenden Schluchten.

empfiehlt sich in manchen Teilstücken dringend, denn unklare Stellen sind hier mindestens einmal völlig unfahrbar und müssen umtragen werden.

Flußabwärts ändert sich der Charakter völlig: Im flachen Wildbett rast die Durance im wahrsten Sinne des Wortes zu Tal, verzweigt sich, bildet leichte Schwälle in einem völlig unregulierten Flußbett. Von Argentière bis St. Clèment erinnert vieles an die Isar zwischen Bad Tölz und Wolfratshausen.

Ab St. Clèment zeigt das Tal zunehmend Aspekte, die man in Bildbänden über die Alpen vergeblich suchen wird: von Erosion zernagte, aus Schiefern geschichtete Steilhänge, zum Blätterteig geschichtete Konglomeratwände, an den Gleithängen brettebene Auböden mit riesigen alten Pappeln, darunter ideale wilde, schattige Zeltplätze, dann wieder Auwald mit Kiefern und Weiden.

Die Durance fließt, das heißt schießt in großen, malerischen Schleifen unterhalb der Dörfer dahin, sehr seicht und zischend. Die Schwälle steigern sich allmählich an Wucht und Länge, um in einer von manchen Kanuten als »Loch« bezeichneten Walze am Ende zweier Inseln ihren Höhepunkt zu finden. Wie am »Pavianfelsen« an der Isar hocken die lieben Kameraden und warten. Man hat keine Chance, in aller Ruhe und Einsamkeit zu kentern. Hier findet man auch die »Loopingdreher« und »Männlemacher« und solche, die es werden wollen. Dabei ist man schneller durch die Walze, als man zum Kentern Zeit braucht. Jedenfalls ist danach reichlich Gelegenheit, an Land zu kommen.

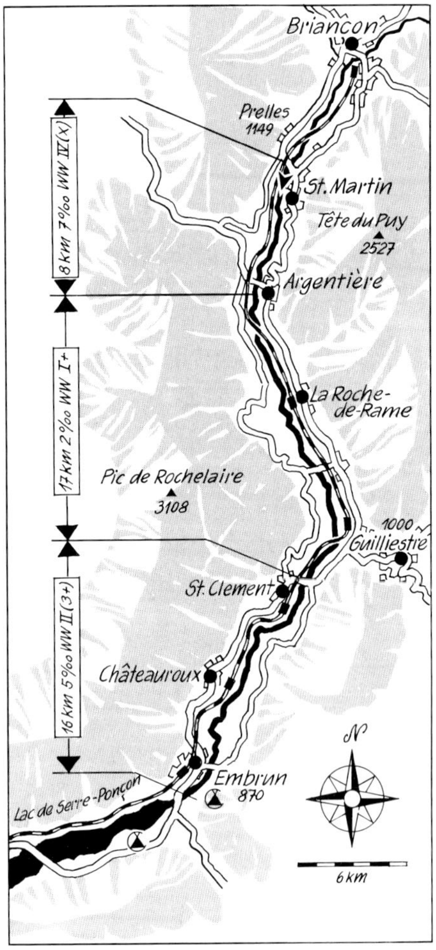

Manche zelten hier der Einfachheit halber im Schatten der Pappeln. Der Platz ist weit weg vom Lärm der Straße, aber ganz eingebettet in das Rauschen der Durance.

Was danach bis zum Stausee Lac du Serre Ponçon noch folgt, ist großartiges, fremd anmutendes Wildwasser, weniger im Sinne von Sensationen, als von ursprünglicher Schönheit. Rechter Hand immer wieder die steil aufragenden Prallhänge, links Kies und Geröllbänke, die etwas von der Wucht der alljährlichen Hochwasser ahnen lassen.

Fahrtechnische Schwierigkeiten sind bedingt durch längere Schwälle, gelegentliche Verschneidungen von scharfen Stromzungen sowie Preßwassern an Prallhängen und von Blöcken, in deren Kehrwasser man spielen kann.

So schön die Zeltplätze im Durancetal sind, so sehr muß man mit aufkommendem tagelangen Sturm rechnen, der die Zelte ganz schön beutelt und auch den heißesten Sommertag auf dem Fluß in ein kühles Erlebnis verwandelt.

Überblick

Allgemeines im Oberlauf technisch interessanter, schneller, ab St. Clèment zunehmend wuchtiger Wildfluß in größtenteils ursprünglicher, geologisch interessanter Landschaft ▪ **Gletscherfluß; Urlaubsfluß** ▪ **Wassermenge** im Oberlauf ca. 10 cbm/sec, bei St. Clèment ca. 40 cbm/sec bei **Pegel** 110 an der Brücke ▪ **Start** bei Prelles am Zeltplatz ▪ **Ausbooten** kurz vor der Mündung in den Lac Serre de Ponçon ▪ **Flußcharakter** ab Prelles Schlucht, verblockt, teilweise unübersichtlich, Besichtigung teils unbedingt nötig, überall Kehrwasser: ab Argentière sehr schnelles Wasser mit leichten Schwällen im Wildbett: ab St. Clèment zunehmend wuchtiger, Prallhänge, Inseln, leicht verblockte Schwälle mit hohen Wellen, hohe Geschwindigkeit und seichtes Wasser ▪ **Gefälle** stufenförmig, Schwallstükke sehr lang ▪ **Ufer** fast immer wenigstens auf einer Seite begehbar. ▪ **Besondere Gefahren** hohe Geschwindigkeit bei niedriger Wassertiefe ▪ **Vergleichbare Schwierigkeiten** Oberlauf wie Loisachschlucht, dann wie mittlere Isar, ab St. Clèment wie Imster Schlucht bei Niederwasser (Pegel 150) ▪ **Autobegleitung** praktisch nicht möglich ▪ **Boote** Kunststoff-Einer und WW-Canadier ▪ **Übernachtung** Zeltplatz Lac Serre de Ponçon bei Embrun, außerdem in Châteauroùx-les-Alpes, Baratier u.a.; zahlreiche Möglichkeiten zum Wildzelten am Fluß; Hotels in Embrun ▪ **Anfahrt** von München über Innsbruck, Verona, Mailand, Susa, Col de Mont Genèvre, Briançon, Embrun ca. 870 km ▪ **Literatur** DKV-Auslandsführer III ▪ **Karten** Michelin 1:100000, Nr. 77; Carte Touristique 1:100000, Nr. 54 vom Institut Geographique National

Sehenswertes

Embrun ehemalige Kathedrale (12. und 13. Jh.)
Briançon Festung (17. Jh.)

Die Durance, im Bild knapp unterhalb von St. Clement, bietet neben wasserreichem, auch für Schlauchboote geeignetem Wildwasser viele schattige Zeltplätze direkt am Fluß.

41 Ubaye

Wildwasser mit geringen bis extremen Schwierigkeiten

Frankreich
Alpes des Hautes Provence

Der Ubaye gilt als eine Art Kriterium für die Wildwasserfahrer der Spitzenklasse. Das heißt, die unvorstellbar schwere Schlucht vor der Mündung in den Riesenstausee der Durance, in den Lac de Serre Ponçon, heil durchzustehen. Nun, auch wenn wir weniger ehrgeizig sind, bleibt der Ubaye für uns genauso interessant: wegen der Landschaftsbilder, wegen der zu lösenden Probleme auf den anderen Strecken, wegen des herrlichen Wassers. Doch damit muß man Glück haben, wie am Var. Denn kaum ein halber Regentag genügt, um aus dem klaren Bergwasser eine grauschwarze, beängstigend dahinschießende Masse zu machen.

Beim Ubaye kann man beinahe von einem Hängetal sprechen. Das heißt, sein Gefälle nimmt nach unten immer mehr zu, immer tiefer sägt er sich in die Berge, um die Durance zu erreichen. Schon ein Blick auf die in der letzen Schlucht hinter Le Lauzet im Ubaye liegenden runden Felsblöcke läßt ahnen, was dem Kajaksportler bevorsteht. Bei idealem Wasserstand ist der Fluß so weiß und schaumig, daß der ahnungslose Anfänger vor Freude strahlt, dem Kundigen eher die Haare zu Berge stehen.

Faszinierend sind die landschaftlichen Eindrücke: Kiefernwälder im Tal, baumlose Bergkuppen, steppenartige Grasflächen, malerisch vergammelte Städtchen, graue Schieferbrüche, flache Talhänge, dazwischen wie ein Alptraum die Skiretorte Pra Loup.

Gerade die am Fluß zu findenden Kiefernwälder laden zum Wildzelten ein, was in Frankreich bekanntlich weit verbreitet ist.

Der Fluß hat wie die am anderen Ende der Alpen dahinströmende Steierische Salza den Vorteil, daß er leicht anfängt und sich allmählich steigert. So kann man sich gut einfahren, was am Ubaye sehr wichtig ist. Zuerst liegen die Probleme in der geringen Wassertiefe, in einigen eckigen Kurven, später in den Verzweigungen. Bis Barcelonette nimmt das Gefälle etwas ab, es folgen 1 Kilometer reguliertes Wasser, dann wieder Verzweigungen, ganz wie auf dem oberen Lech.

Erst nach der Brücke von Thuiles deutet sich das schwerere Wildwasser kurz an, und das Gefälle wird nun laufend stärker.

Das bisher flache, V-förmige Tal vertieft sich, die Geröllgröße zeigt eindrucksvoll, wie der Ubaye sich anschickt zu beschleunigen, und spätestens bei La Fresquiere steigt man zum erstenmal aus, weil aus der Bootsperspektive der Überblick verloren geht.

Der bisherige Abschnitt war schon reichlich rasant, immer mit Blöcken im

Der Ubaye – hier zwischen Le Martinet und Le Lauzet-Ubaye – garantiert klassische Wildwasserfreuden.

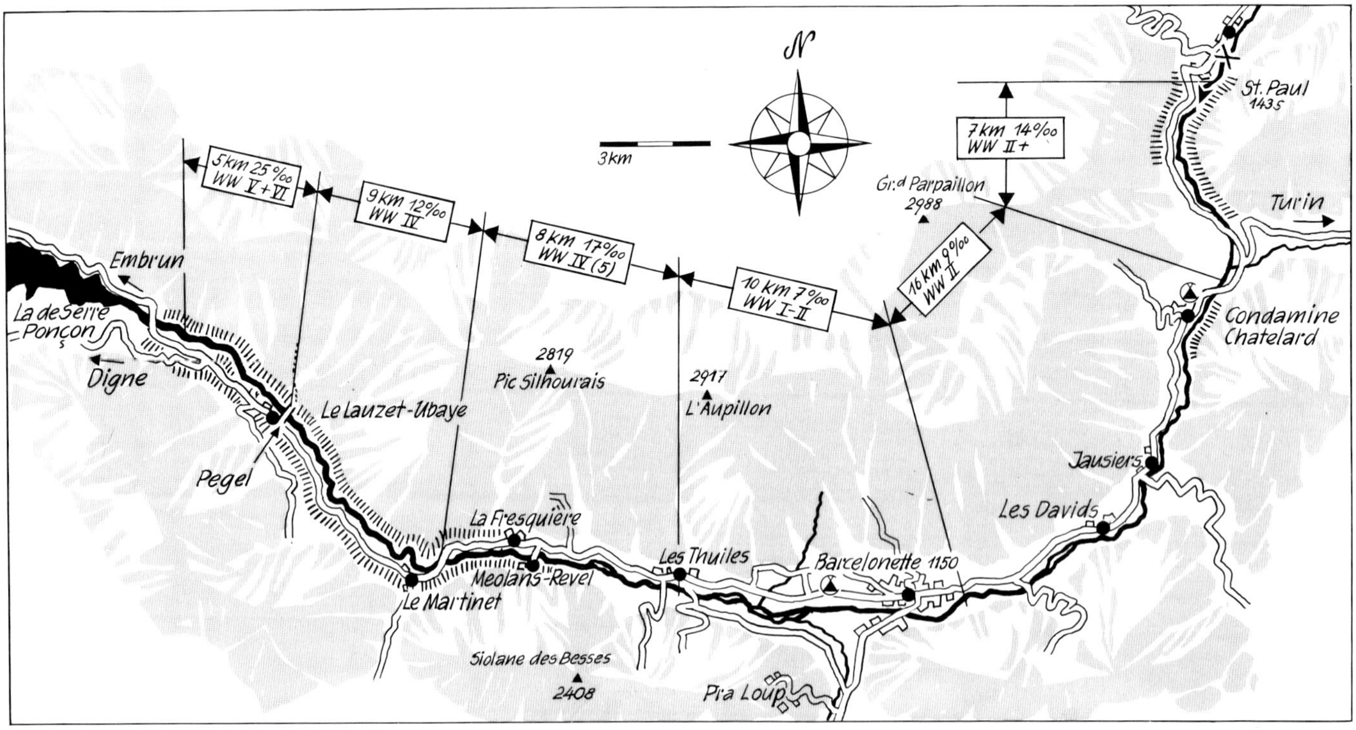

Fluß, aber nun artet das in einen S-förmigen Katarakt von gut 100 Meter Länge aus. Riesige runde Blöcke, dazwischen Abstürze, dahinter Walzen, Verzweigungen, ganze Pakete von Treibholz. Vor wenigen Jahren wurde die Stelle von den Franzosen als unfahrbar betrachtet, und auch heute kann sie immer noch als sehr schwer beurteilt werden.
Der Charakter ändert sich nun nicht mehr, auch die Probleme bleiben. Erwähnenswert ist vor allem das lange Gefällestück von Le Martinet, unter der Brücke hindurch, im Anblick der von Postkarten bekannten Kirche.
Normalerweise beendet man die Fahrt bei Le Lauzet. Hier befindet man sich bis zu 100 Meter unterhalb der Straße in der Schlucht.
Was nun folgt, ist schwerstes Wasser, ein fast ununterbrochener Katarakt zwischen steil aufragenden Hängen, die teilweise nicht begehbar sind. Doch zum Umtragen oder Abbruch der Fahrt findet sich immer wieder eine Gelegenheit, wenn das Ganze auch sehr anstrengend ist.
Gefährlich kann am Ubaye in seinen schweren Abschnitten die enorme Wassergeschwindigkeit werden, Kenterungen und Eskimotieren sind an manchen Stellen mit riskantem Schwimmen verbunden.

Überblick

Allgemeines bis auf kurze Abschnitte sehr ursprünglicher Wildfluß mit nach und nach zunehmenden Fahrproblemen in teilweise einsamer Landschaft, nach längeren Trokkenperioden glasklar, nach Regenfällen schnell undurchsichtig grauschwarz ▪ **Gebirgsfluß; Urlaubsfluß** ▪ **Wassermenge** ca. 15 cbm/sec ▪ bei **Pegel** 100 in Le Lauzet ▪ **Start** an der Brücke der D 900 oberhalb La Condamine – Chatelard, bei viel Wasser unterhalb St. Paul nach einem lebensgefährlichen, nicht umtragbaren Wehr ▪ **Ausbooten** für weniger Geübte in Les Thuiles, für sehr gute Fahrer in Le Lauzet, nur Extreme fahren weiter bis zum Stausee Lac de Serre Ponçon. **Flußcharakter** bis Le Thuiles teilweise mäandrierend, enge Kurven; schnelles Wasser, ab Le Thuiles lange Schwallstrecken und kataraktartige Abschnitte, große Blöcke, unübersichtliche Durchfahrten, Wasserwucht: ab Le Lauzet extremes Wasser, Abstürze, Katarakte, viele Stellen, die besichtigt werden müssen ▪ **Gefälle** bis Le Thuiles ausgeglichen, ab da lange Steilstücke, oft auch kataraktartig, stufenförmig, enorm steil ▪ **Ufer** bis Le Martinet fast immer begehbar, ab hier öfters Steilwände, ab Le Lauzet wird das Umtragen immer schwerer ▪ **Besondere Gefahren** extreme Wassergeschwindigkeit, schwer zu umtragende Abschnitte in der Schlucht ab Le Lauzet, Treibholz ▪ **Vergleichbare Schwierigkeiten** leichte Strecken etwa wie der Lech, schwere Strecken etwa wie oberer Tarn bei Pegel 100 ▪ **Autobegleitung** ist prinzipiell möglich. Kontakte sind teilweise schwer aufzunehmen ▪ **Boote** nur strapazierfähige Kunststoff-Einer ▪ **Übernachtung** Zelten in Barcelonette; Hotels, Zimmer in Barcelonette ▪ **Anfahrt** wie zur Durance bis Embrun, über Le Lauzet–Ubaye bis Barcelonette; insgesamt ca. 930 km ▪ **Literatur** DKV-Auslandsführer III ▪ **Karten** Michelin 1:100 000, Nr. 81; Carte Touristique 1:100 000, Nr. 54 vom Institut Geographique National.

Sehenswertes

Col de la Cayolle (2326 m) herrlicher Ausblick
Col de Var (2109 m)

In einem kataraktartigen Schwall bei La Fresquière kündigen sich erstmals die enormen Schwierigkeitsgrade an, zu denen sich der Ubaye bis Le Lauzet-Ubaye steigert.

42 Var

Leichtes bis mittleres Wildwasser

Frankreich
Alpes Maritimes/Var

Es ist nie gut, sich vor der Befahrung eines Flusses zu viele Schauergeschichten darüber anzuhören. Das gilt auch für den Var. Die Hunderte von Metern aufragenden Felswände scheinen manchen Wildwasserfahrer derart zu beeindrukken, daß die Beurteilung der Schwierigkeiten übertrieben, die Gefahren aber unterschätzt werden.

Der Blick von oben kann einem wirklich den Atem verschlagen, um so mehr der aus dem Boot, wo man sich der Natur und ihren Gewalten ausgesetzt fühlt wie selten auf einem Wildfluß. Die berühmten Gorges de Daluis, von denen hier die Rede ist, fanden dank ihrer bizarren Szenerie sogar Eingang in den Baedeker, eine Ehre, die sonst nur ganz wenigen Flüssen zuteil wurde. Hier am Var wirkt alles fremd, ja unheimlich. Das dunkle Rot der zerklüfteten Felswände, die direkt aus dem Fluß aufragen, dazwischen saftiges Grün der Vegetation, Hunderte von Metern unter der Straße das dahinschießende Wasser des Var, beinahe schwarz bei Hochwasser, die wenigen hellen Kiesbänke – man muß sich erst an derartige Eindrücke gewöhnen.

Außerhalb der Georges de Daluis wildert der Var herum, daß es eine wahre Freude für den Naturfreund ist. Sein buntes Kiesbett legt sich der Fluß mit jedem Hochwasser neu, wobei das ansonsten kleine Gewässer zu unglaublichen Dimensionen anschwillt. Dabei hinterläßt der Var den Eindruck einer aus der Fasson geratenen, in der Hitze zerflossenen Teerstraße.

Wer in den Gorges de Daluis schweres, womöglich technisch kompliziertes Wildwasser erwartet, wird sich wundern. Außer zwei ohne Aussteigen befahrbaren Blockstellen am Eingang gibt es in der Klamm nur noch eine tatsächlich unübersichtliche Passage mit höchstens WW III, vor der man anlanden kann. Die Schwierigkeiten liegen eher in der sehr hohen Geschwindigkeit (15‰), dem relativ seichten Wasser und den engen, mit Preßwasser auflauernden Kurven. Auf Grund der häufigen Eintrübung durch die Schiefervorkommen im Einzugsgebiet kann man leicht im Fluß liegende Felsen berühren. Probleme äußern sich ferner in der Zwangsvorstellung, daß man bei Bootsverlust die restlichen Kilometer der Klamm durchschwimmen und durchstolpern muß. Es gibt nämlich nur eine einzige Aufstiegsmöglichkeit zur Straße. So nimmt es nicht wunder, daß man mit angestrengten Nerven um die Kurven treibt, immer in der Erwartung, daß der Var wie eine gigantische Falle zuschnappt.

Irgendwo in der Klamm verstärkt sich das dumpfe Rauschen des Var und die ohnehin unheimliche Geräuschkulisse wird um einen Ton bedrohlicher. Doch ungefährlich, aber eindrucksvoll stürzt aus der linken Felswand ein Wasserfall, der Cascade de la Clue d'Amen.

Die Abschnitte vor und nach den Gorges, wo der Var mit faszinierendem Tempo dahinrast, bringen dem Wildwasserfahrer noch einige Überraschungen. Sie präsentieren sich in Form enger Kurven, mitten im Stromzug stehender Prallhänge und nicht enden wollender

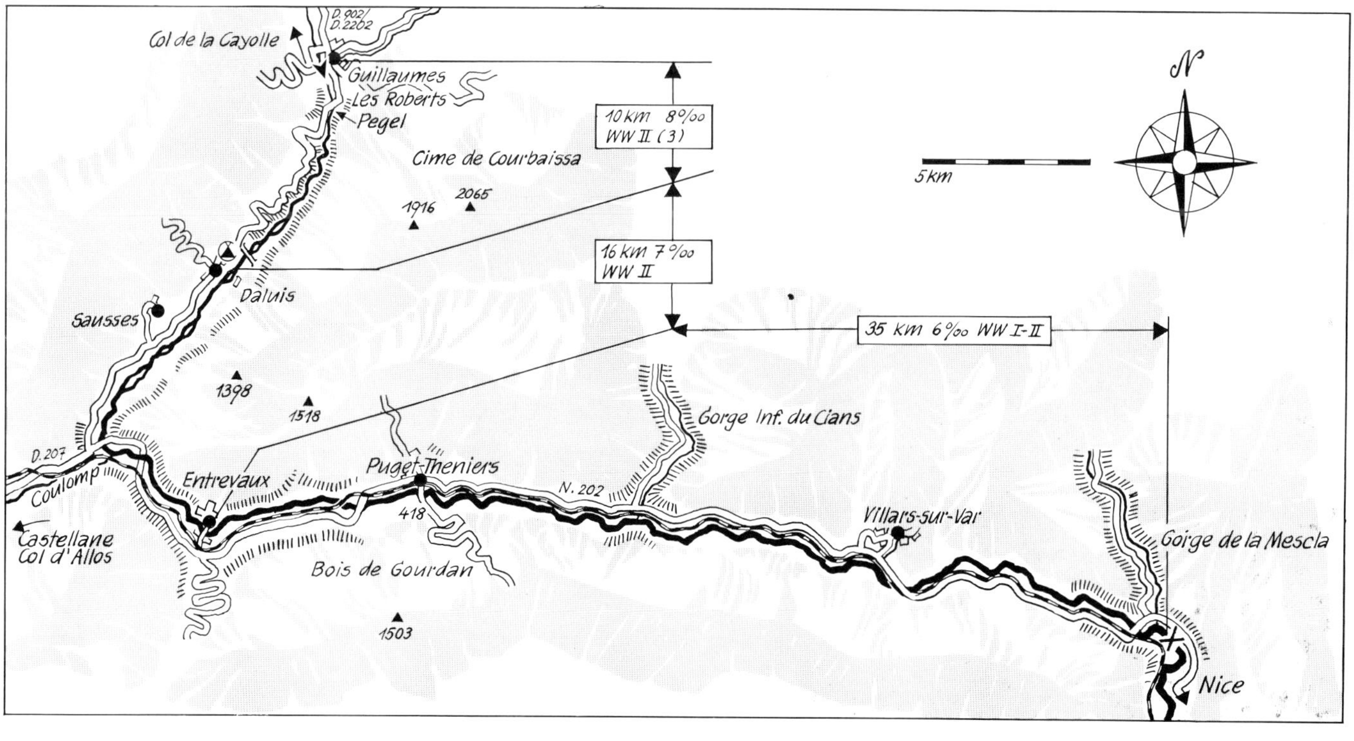

Schwälle; und das alles in einem Wildbett von urweltlicher Schönheit. Dies fordert höchste Aufmerksamkeit an jeder Ecke, riesigen Respektabstand vor mit Treibholz verrammelten Seitenarmen, ziemlichen Verschleiß an Boot und Paddel beim Landen und schließlich auch viele »Treffer« knapp überlaufener Steine.

Es folgen noch einige Klammen, doch sie erreichen bei weitem nicht die Dimensionen der Gorges du Daluis. Die teilweise bizarr geformten Berge treten immer weiter zurück.

Auch die Seitentäler sind einen Besuch wert: die Gorges du Cians, die Gorge de la Mescla und die Gorges de Vesubie (Tour 43).

Nur bei Pegeln um 50 sind hier die Kiesbänke noch auf kurze Strecken begehbar. Bei höheren Wasserständen sieht es damit schlecht aus. Manche Durchfahrten zwischen den Wänden – völlig unmöglich, sie zu umtragen! – sind nur einige Meter breit.

Eine besondere Tücke liegt in der heute üblichen steilen Schaftführung, denn um sich an Felswänden und Blöcken vorbeizuziehen, kommt man leicht auf Grund, und ehe man sich versieht, sitzt man ohne Paddel im Boot – fatal in den Gorges de Daluis.

Die Gefahren am Var resultieren also aus dem extremen Charakter dieser langen Klamm, der hohen Wassergeschwindigkeit, dem bei Regen eventuell auftretenden Steinschlag, der Gefahr, das Paddel zu verlieren, und nicht zuletzt der ausweglosen Situation, wenn an den engen Durchfahrten Treibholz hängen sollte. Die Strecken im Kiesbett können mit dem Lech bei Pegel über 100 verglichen werden.

Schon bei Pegel 50 ist die Schlucht ein einziger Schwall ohne ruhige Abschnitte, um so mehr bei höherem Wasser. Ab Pegel über 100 muß von einer Befahrung abgeraten werden.

Auf der Straße durch die Gorges gibt es viele Parkmöglichkeiten und Aussichtskanzeln, als hätte endlich jemand Mitleid mit den Fotografen und Filmern gehabt.

Die Schlucht des Var bei Daluis übertrifft an Dimensionen alles, was man von ostalpinen Flüssen gewöhnt ist.

Von urweltlicher Schönheit: das breite Kiesbett ▷ nach den Gorges de Daluis.

Überblick

Allgemeines landschaftlich unvergleichlicher Wildfluß in unberührtem Wildbett, berühmte Durchbruchstrecke durch die Gorges de Daluis, mit Hunderte von Metern direkt aus dem Fluß aufragenden Felswänden, sauberes, nach Regenfällen graues bis schwarzes Wasser ▪ **Gebirgsfluß; Urlaubsfluß** ▪ **Wassermenge** ca. 8 cbm/sec **Pegel** 50 der D 902 bei Roberts; ab Pegel 100 wird von der Fahrt durch die Gorges abgeraten ▪ **Start** bei Guillaumes, bei Niederwasser (um 50) an der Brücke beim Pegel ▪ **Ausbooten** genau erkunden wegen gefährlichem Wehr in der Gorge de la Mescla; ab hier oft zu wenig Wasser, Weiterfahrt ins Mittelmeer soll kaum lohnen ▪ **Flußcharakter** breites Wildbett, Verzweigungen, Treibholz, Inseln, hohe Geschwindigkeit, sehr lange Schwallstrecken, kurze Klammen; Gorges de Daluis: enorme Geschwindigkeit, Blockstellen am Eingang und in der Klamm, gerade noch vom Boot aus überblickbar, enge Kurven, seichtes Wasser, technisch relativ leicht, bei Pegel 50 noch (!) viele Landemöglichkeiten ▪ **Gefälle** sehr gleichmäßig ▪ **Ufer** in den Gorges nur auf den Kiesbänken begehbar; bei Kenterungen unbedingt Boots- oder Paddelverlust vermeiden; einzige Ausstiegsmöglichkeit zur Straße rechts gegenüber dem Wasserfall »Cascade de la Clue d'Amen« ▪ **Besondere Gefahren** Steinschlag besonders bei Regen, Treibholz, Ausrüstungsverlust, Wehr in der Gorge de la Mescla, Hochwasser in den Gorges de Daluis ▪ **Vergleichbare Schwierigkeiten** teilweise wie der Lech bei Hochwasser (über 100) ▪ **Autobegleitung** möglich, Kontakte teilweise sehr schwierig ▪ **Boote** Klamm nur im Kunststoff-Einer, sonst auch WW-Canadier. ▪ **Übernachtung** freier Zeltplatz in Daluis; Hotels und Zimmer in Puget-Theniers ▪ **Anfahrt** wie an die Ubaye, dann über den schmalen Col de la Cayolle, der wegen Schnee sehr lange gesperrt sein kann; insgesamt ca. 1000 km ▪ **Literatur** DKV-Auslandsführer III; Alpinismus 4/1971 ▪ **Karten** Michelin 1:100000, Nr. 81; Carte Touristique 1:100000, Nr. 61 vom Institut Géographique National

Sehenswertes

Entrevaux Befestigung (17. Jh.) ▪ mächtige Burg
Puget – Theniers Burgruine ▪ romanische Kirche, Madonnenbild von 1525
Col d'Allos schöne Aussicht
Guillaumes Burgruine
Col de la Cayolle (2326 m) herrliche Rundsicht
Nizza Casino Municipial mit Theater und Spielsälen ▪ Promenade des Anglais ▪ Schloßberg mit schöner Aussicht
Cimiez Amphitheater aus römischer Zeit

43 Vesubie

Mittelschweres Wildwasser

Frankreich
Alpes Maritimes

Unter den vielen herrlichen Durchbruchstrecken Frankreichs die schönsten auszusuchen, fällt schwer. Der Vesubie ist insofern ein besonderer Leckerbissen, als er bei genußvoll zu bewältigenden Schwierigkeiten eine Klamm bietet, die in puncto Nervenkitzel sogar den Var übertrifft. Denn das, was einen hier erwartet, ist eine reinrassige Klamm, kilometerlang und ohne jede Möglichkeit zum Aussteigen. Dabei in einer von Vegetation direkt tropisch strotzenden Vielfalt und Fülle, durch die Nähe des Mittelmeeres bedingt, tief in den Fels gesägt und mit beachtlichem Gefälle.
Am Grunde des V-förmigen Tales sucht sich in etwa 350 Meter Meereshöhe der Vesubie seinen Weg. Im Norden ragt der Aussichtspunkt Table d'Orient mit der Kapelle Madonne d'Utelle bis auf 1174 Meter empor. Das Ganze liegt nur etwa 25 Kilometer Luftlinie von der Cote d'Azur entfernt, der meistbesuchten Landschaft Frankreichs. Außerhalb der Klamm, den Gorges de Vesubie, sind die Talhänge und Wände kaum weniger steil.

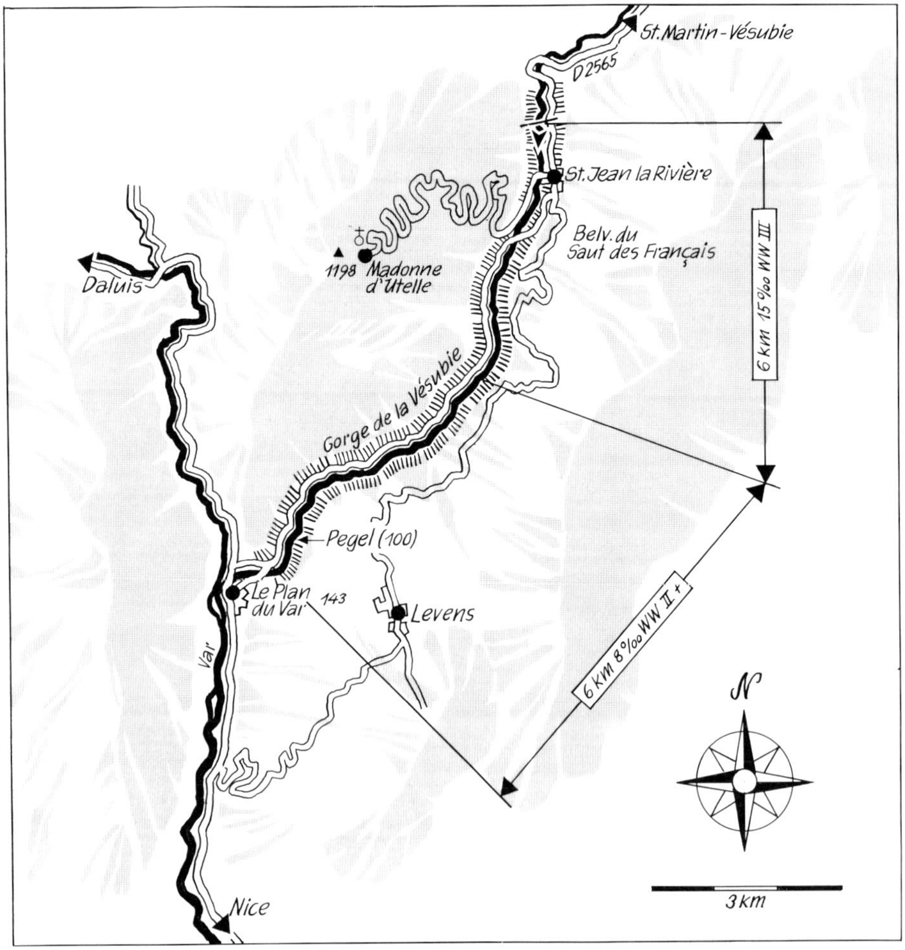

Man startet in St. Jean la Riviere am Kraftwerk. Dabei zeigt der Vesubie schon zum ersten Male seine Zähne. Man hat Mühe, in dem tobenden und rotierenden Wasser im Kessel nicht erfaßt und zum Wehr gerissen zu werden. Hier hilft nur ein Katapultstart. Kaum aus dem Kessel, geht's weiter, schnell, steil, die Blöcke direkt im Stromzug. Dazwischen liegen wieder beschauliche Abschnitte. Das Gefälle ist durchwegs gerade noch vom Boot aus zu übersehen, doch nicht ohne weiteres richtig einzuschätzen. Einige Passagen kann man von der Straße aus betrachten, doch fehlt wie üblich das Gefühl für die Größenverhältnisse.
Wer bis zur Brücke der D 2565, 1 Kilometer nach dem Start, schon Probleme hat, soll sofort aufhören, denn gleich schießt der Vesubie derart zwischen Blöcken in die Klamm hinein, daß einem jedes Konzept, ohne Kollisionen durchzukommen, verdorben wird.
Und schon ist man in der Klamm. Zum Glück kann man bis auf eine Ecke vorher alles von der Straße einsehen, wenn man sich zu Fuß auf den Weg macht. Die Angst vor Bäumen quer im Fluß verläßt einen erst wieder nach guten 4 Kilometern nervenaufreibender Fahrt. Ohne den berühmten »langen Hals« geht's auf dem Vesubie nicht. Keine Kiesbank, im Gegensatz zum Var, bietet die Möglichkeit zum Aussteigen und Vorausklettern. Wohl selten ist man auf die Eskimorolle so angewiesen wie hier in den Gorges de Vesubie. So treibt man im Rückwärtsgang paddelnd ins Ungewisse, sieht den Fluß aus dem Blickfeld verschwinden. Und wenn man dann so nahe ist, daß man vom Sog des nächsten Schwalles erfaßt wird, ahnt man, was auf einen zukommt: meist bis zu 100 Meter lange Schwälle, teils schon wuchtig, das Boot oft in unangenehme Nähe der senkrechten Wände werfend, dazwischen versteckt kleinere Abstürze, Felsbrocken und dabei alles ziemlich schnell. An einigen Stellen treten die Wände bis auf Bootslänge zusammen, einmal sogar auf 2 bis 3 Meter. In den Kehrwassern vor den Schwällen sollte man Abstand halten und überhaupt nur in Gruppen zu höchstens drei Booten fahren. Kurz vor dem Ende der Klamm liegt ein riesiger Block vom Ausmaß eines kleinen Hauses mitten in einer scharfen Kurve, so daß man zuerst denkt, nun sei es endgültig aus. Doch dann fällt einem ein, daß

man die Durchfahrt von der Straße aus gesehen hat.
Nach der Klamm behält der Vesubie sein Tempo noch lange bei, die Schwälle werden aber immer übersichtlicher. Einige große Felsen machen die Strecke ideal zum Training für Wildwasserkurse. Die Ufer sind wieder teilweise begehbar, die Geröllbänke von erstaunlicher Größe, die schön abgerundeten, farbigen Steine so groß, daß man sich bei einiger Fantasie die alljährlich durch die Gorges donnernden Hochwasser gut vorstellen kann.
Eine besondere Gefahr auf dem Vesubie stellt der Steinschlag dar. Gerade bei Regen prasseln Steine von den oft senkrechten Wänden direkt in den Fluß. Dazu kommt, daß einige Wände unterspült sind. Das kann gefährlich werden, insbesondere bei Wasserständen über etwa Pegel 100 in einer schnellen steilen Kurve (200 m links oberhalb der ersten Straßenbrücke vor der Mündung).
Vergleichbare Schwierigkeiten findet man am Eingang der Gorges de Daluis auf dem Var. Doch kann man dort nach einer Kenterung auf irgendeiner Kiesbank wieder ins Boot steigen.
Aus allem geht hervor: Gorges de Vesubie nur im Einer und nur mit perfekter Beherrschung der Eskimorolle fahren.
Wie bereits erwähnt, kann man die ganze Klamm von der Straße aus studieren. Ebenso ist die Begleitung zum Filmen und Fotografieren möglich, die Kontaktaufnahme dagegen in der Klamm nur optisch möglich.

Die mehrere Kilometer lange Klamm des Vesubie bietet im wahrsten Sinne des Wortes eine Fahrt in die »grüne Hölle«, weniger durch die Probleme der Befahrung als durch die Unmöglichkeit, den Fluß zu verlassen.

Überblick

Allgemeines schöner, sportlich sehr interessanter Fluß mit einer reinrassigen Klammstrecke, sauberes Wasser ▪ **Gebirgsfluß** in Zusammenhang mit dem Var für längeren Aufenthalt geeignet ▪ **Wassermenge** ca. 15 cbm/sec bei **Pegel** 100 etwa 200 m links oberhalb der ersten Straßenbrücke vor der Mündung ▪ **Start** in St. Jean la Riviere am E-Werk ▪ **Ausbooten** an der ersten Brücke vor der Mündung ▪ **Flußcharakter** ursprüngliches Wildwasser in einer tiefen, V-förmigen Schlucht, auf 4 km völlig unwegsame Klamm, Blockstellen vom Boot aus kaum mehr zu überblicken; in der Klamm heftige Schwälle mit kleineren Abstürzen, teilweise verblockt, dazwischen ruhigere Strecken, glatte senkrecht aus dem Wasser steigende Wände, teilweise unterspült; nach der Klamm weiter schnelle, verblockte Schwälle, enge Kurven, Prallwände, große Geröllbänke ▪ **Gefälle** unausgeglichen, ruhige und sehr schnelle Strekken wechseln ab ▪ **Ufer** völlig unbegehbare Klamm, außerhalb ebenfalls schwer begehbar; bei Bootsverlust in der Klamm muß diese durchschwommen werden, Beherrschung der Eskimorolle sehr wichtig ▪ **Besondere Gefahren** Steinschlag, mit Treibholz versperrte Durchfahrten in der Klamm, unterspülte Wände; nur in Gruppen von höchstens drei Booten fahren ▪ **Vergleichbare Schwierigkeiten** schwerer als Eingangsschwall zum Gorges de Daluis am Var bei Pegel 50 ▪ **Autobegleitung** auf der ganzen Strecke, Kontakte in der Klamm nur optisch möglich ▪ **Boote** am besten stabile Kunststoff-Einer, ab Klammende auch Canadier-Zweier ▪ **Übernachtung** in Puget-Theniers; eventuell Wildzelten am Var ▪ **Anfahrt** vgl. Durance, Ubaye, Var; insgesamt ca. 1100 km ▪ **Literatur** DKV-Auslandsführer III ▪ **Karten** Michelin 1:100000, Nr. 81; besser Carte Touristique Nr. 61, 1:100000, vom Institut Géographique National.

Sehenswertes

Siehe Var, Tour Nr. 42

An einigen Stellen treten die Wände der Gorges de Vesubie bis auf Bootslänge zusammen.

44 Verdon

Abenteuerliches, sehr strapaziöses und meist schweres Wildwasser

Frankreich
Var/Alpes des Hautes Provence

Grand Canyon du Verdon! Wohl kaum eine Schlucht übt auf den sportlichen Wildwasserfahrer eine derartige Faszination aus wie diese wohl großartigste unter den vielen Schluchten Frankreichs. Und Frankreich ist wahrlich verwöhnt mit Superlativen dieser Art.
Hier am Grand Canyon du Verdon finden wir das, was Herbert Rittlinger als »absolute Landschaft« bezeichnete. Damit meinte er »jene uns Zivilisierten schon so fern gewordenen Zonen, in denen sich die Elemente Fels, Wasser und Himmel rein begegnen und sich nicht gegenseitig durchdringen und mildern.«
Man muß sich mit diesem Fluß intensiv befassen, als Wanderer, als Kajakfahrer, als Fotograf, um sich vom ersten Schrekken zu erholen, der einen durchfährt, wenn man zum Beispiel von der Straße am Nordrand der Abgründe, der Barre de l'Escales, in die zu Füßen liegenden Wandfluchten schaut; wenn die Schwärme der Alpensegler haarscharf unter einem vorbeirasen, wenn man von weit unten das Rauschen des Verdon vernimmt.

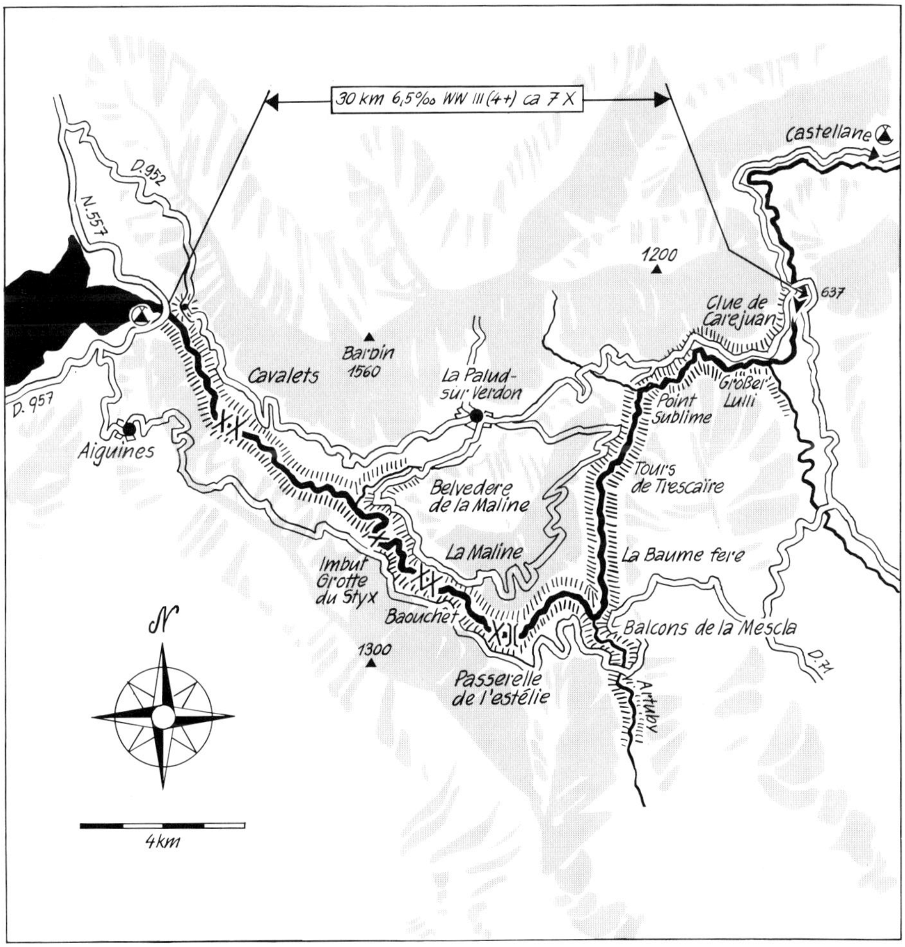

Absolutes Abenteuer in absoluter Landschaft, hier ist es noch möglich. Man verzichte auf Kajakführer, hinter denen man herfährt, man verzichte auf jegliche Literatur, wenn man schon anfängt, sich beim Wildwassersport zu langweilen. So machten es zwei meiner Bekannten. Sie brauchten für die Befahrung 12 Stunden: ein unvergeßliches Erlebnis.
Über die Geologie schreibt Roger Verdegen in seinem außergewöhnlich umfangreichen und trotz Fahrtanleitung empfehlenswerten Werk »Le Guide des Gorges du Verdon«: »Ein Abstieg auf den Grund des Canyon gleicht einer Rückkehr von 225 Millionen Jahren in die Urzeit ...«. Und über die Geschichte am Verdon: »Wenn heutzutage die Landschaft feindselig scheint, so hat auch sie unter der Geschichte gelitten, denn der Mensch war gezwungen auszuroden, um sein Land zu bestellen. Er brauchte immer mehr Land, um seine Abgaben an seine aufeinanderfolgenden Lehensherren entrichten zu können.«
Doch noch nie war die Bedrohung dieses Naturwunders so groß wie durch den modernen Materialismus, der mit dem Versprechen von der Verschönerung des Lebens auf den Lippen diese Erde Schritt für Schritt in eine unbewohnbare Wüste verwandelt. Dies möchte ich hinzufügen, denn die Gefahren, die dem Grand Canyon du Verdon durch die Energiewirtschaft drohen, sind brennender denn je zuvor.
Der komplizierte und faszinierende geologische Aufbau der Schlucht führt dazu, daß der Verdon eine Fülle von Risiken aufweist. Wer schon einmal erlebt hat, wie in glatten Klammen der leichteste Schwall zum nervenzersägenden Zischen und Rauschen verstärkt wird, wer sich weiter bis zu Hunderte von Metern aufsteigende senkrechte Wände vorstellt, mitunter völlig unübersichtliche Felslabyrinthe, um nur einiges zu nennen, versteht, daß psychisches Durchhaltevermögen ebenso gefordert ist wie Kondition und Können. Charakteristisch sind auch die vielen Syphone, das heißt Stellen, an denen die Strömung unter Felsen hindurchzieht. Sie machen das lässige Herantreibenlassen an die Hindernisse sehr gefährlich. Zu schnell könnte es passieren, daß man samt Boot unter Wasser verkeilt wird, wie es einem meiner Bekannten an der Passage »La Tourbine« zustieß.
Aber der Verdon hat neben zwei »un-

terirdischen« Strecken auch genügend erholsame Abschnitte aufzuweisen, auch sind überall Kehrwasser zum Vorbeimogeln oder Landen und Vorausklettern vorhanden. Dazu hat man am Verdon genügend Anlaß, es sei denn, man verstößt aus falschem Ehrgeiz gegen die wichtigste Verhaltensregel des Wildwasserfahrens: nichts fahren, was man nicht mit eigenen Augen gesehen hat!

Man könnte den Grand Canyon du Verdon in einem Tag durchfahren, aber die meisten ziehen es vor, am ersten Tag nur bis zur Passerelle de l'Estélié zu fahren, dort das Boot zu deponieren und entweder zu biwakieren oder 1½ Stunden rechts zum Gasthof La Maline hinaufzusteigen.

Der Hochwasser führende Verdon von einem der alpinen Wanderwege aus gesehen.

Wichtig zur Bewältigung der Verdonschlucht ist selbstverständlich die richtige Ausrüstung. Außerdem sollte man nur mit Kameraden fahren, deren Können und Verhalten man kennt.

Die Zahl der Umtragestellen sowie der Schwierigkeitsgrad hängen sehr vom Wasserstand ab. Die ideale Wassermenge beträgt ungefähr 15–20 cbm/sec. Ab 30 cbm/sec sollen im Canyon Verhältnisse herrschen, die eine Befahrung lebensgefährlich machen. Man muß den Fluß genau kennen, um dabei eine Fahrt riskieren zu können. Eine Gefahr besteht in der Unsicherheit, ob der Wasserstand bleibt oder aus nicht erkennbarem Grund ansteigt.

Es ist sinnlos, die Verdonschlucht mit anderen vergleichen zu wollen. Es lassen sich für denjenigen, der eine Fahrt plant, höchstens Anhaltspunkte liefern.

Kontaktaufnahme vom Auto aus ist unmöglich, man kann aber den ganzen Grand Canyon auf eindrucksvoller Straße mit vielen Aussichtsbalkonen umrunden. Es lohnt sich!

Überblick

Allgemeines Einzigartiger Wildfluß mit vielen technisch interessanten Stellen in einem etwa 25 km langen, bis zu 450 m tiefen Cañon, oft mit kristallklarem, türkisfarbigem Wasser ▪ **Gebirgsfluß** beste Zeit im Hochsommer, früher oft zu hoher Wasserstand. **Urlaubsfluß** ▪ **ideale Wassermenge** 15–20 cbm/sec; ab 30 cbm/sec ist von einer Befahrung abzuraten ▪ **Pegel** unbekannt▪ **Start** an der Pont Soleils (D 955), Zwischenstation am Fußgängersteg (Passerelle), nach Mündung des Artuby links ▪ **Ausbooten** beim Stausee am Ende der Gorges ▪ **Flußcharakter** Schluchten, Klammen, Felsen aller Größen im Fluß, Labyrinthe, überhängende Wände, Schwälle, zahllose vom Wasser unterlaufene Felsen (Siphone); zwei unterirdische Stellen: »Styx« und »Großer Siphon«; einige unfahrbare Stellen; man kann sich unmöglich alle Stellen merken, muß unbedingt nach der WW-Regel fahren: erst ansehen, dann fahren; zum Glück oder Unglück wurden alle gefährlichen Stellen durch rote Zeichen markiert: + oder ++ bedeutet Umtragen, ○○ bedeutet ansehen ▪ **Gefälle** eher stufenförmig, die schweren Stellen sind dadurch relativ

kurz ▪ **Ufer** außer in echten Klammstücken auf vielen Abschnitten begehbar, teils leichter, teils sehr schwierig; alle sehr schweren Stellen umtragbar ▪ **Besondere Gefahren** psychische Belastung, Siphone, Steinschlag, plötzliches Ansteigen des Wassers, Geräuschkulisse, mangelndes Fahrkönnen, Ausrüstungsverlust, zu wenig Proviant, mangelnde Kondition, schlechte Ausrüstung ▪ **Vergleichbare Schwierigkeiten** findet man etwa in der Sočaschlucht bis Trnovo bei Pegel 100 ▪ **Autobegleitung** nicht möglich, Umfahrung sehr empfehlenswert ▪ **Boote** nur stabile, nicht zu schwere Kunststoff-Einer ▪ **Ausrüstung** zum Üblichen kommen Reservepaddel, zwei größtmögliche Luftkörper, 1,5 m verlängerte Bootsleinen, 20 m Schwimmseil, Textilklebeband, wegen Hitze helles Baumwollhemd über Neoprenanzug, Schwimmweste, stabile Stiefel zum Umtragen, leichte und warme Reservekleidung, Bergsteigernahrung, Getränke, wasserdichte Taschenlampe, Schlafsack, Biwaksack, alles wasserdicht verpackt, Film- oder Fotoausrüstung, Plastikbeutel für Abfälle ▪ **Übernachtung** zelten zwischen Castellane und Cañon oder am Ende des Cañon; Hotels und Zimmer in Castellane ▪ **Anfahrt** vgl. Durance; insgesamt ca. 1100 km ▪ **Literatur** Roger Verdegen, Le guide des gorges du verdon, mit genauen Angaben für Kajakfahrer, Schwimmer und Fußwanderer; DKV-Auslandsführer III ▪ **Karte** Carte Touristique 1:100000, Nr. 61 vom Institut Géographique National

Die für Wildwasserfahrer, Geologen und Fotografen wohl aufregendste Schlucht Frankreichs dürfte der Grand Canyon du Verdon sein.

Sehenswertes

Castellane Kapelle auf dem Berg, Rundblick ins Verdontal
Moustiers-St.-Marie romantisch-gotische Kirche ▪ Kapelle Notre-Dame-de-Beauvoir
Aiguines Schloß
Riez Ruinen und Überreste aus der Vorzeit

45 Eyrieux

Stark wechselndes Wildwasser zwischen geringen und großen Schwierigkeiten

Frankreich
Ardèche

Das erstemal fuhren wir am Eyrieux vorbei, so sehr waren wir verplant und auf die Ardèche fixiert – ein Fehler, den man beim Wildwassersport nie begehen sollte. Beim zweitenmal, ein Jahr später, ließen wir uns drei Tage Zeit, aber das war bei weitem zu wenig, um die landschaftlichen und wildwassertechnischen Reize des Eyrieux auszukosten.

Wenn man von Norden kommend am Westufer der Rhône nach Süden fährt, stößt man eine gute Fahrstunde von der Ardèche entfernt bei der Ortschaft Beauchastel auf den Eyrieux, der harmlos und gemütlich in seinem Kiesbett dahinkurvt. Die Kiesbänke sind allerdings von einer Größe, die die Vermutung aufkommen läßt, das Flüßchen könne in der von Cevennenflüssen gewohnten Art mit gewaltigen Hochwassern überraschen.

Doch im Gegensatz zum unteren Tarn und zur Ardèche ist der Eyrieux gespickt mit einer Fülle von wildwassertechnisch interessanten Stellen – ein Leckerbissen für den guten Fahrer. Mehrere tiefe Schluchten und Klammen durchbrechend, bietet er Schwierigkeiten von hohem Niveau bei sauberem Wasser und, obwohl die Straße oft den Fluß begleitet, Strecken wohltuender Abgeschiedenheit.

Tief eingeschnittene V-förmige Schluchten, Kiefernwälder, mit Ginster bestandene Steilhänge – das alles gibt dem Eyrieux sein besonderes Gepräge. So sind auch die Durchbrüche weniger in ihren Ausmaßen als in der Vielfältigkeit der Formen eine Fundgrube für den Landschaftsfotografen.

Typisch, und darin auch ein echter Cevennenfluß, ist die Art, wie der Eyrieux sein Gefälle vom Startort Le Cheylard bis zur Rhône überwindet. Von der Straße aus sieht man fast ausschließlich die ruhigen Abschnitte, die Katarakte sind immer irgendwo hinter einer Biegung verborgen, fahrtechnisch sehr anspruchsvoll und raffiniert. Zum Beispiel Rapide de Sarny: ein Katarakt, der artistisches Fahrkönnen verlangt und den man zum Glück umtragen kann. Zwischen diesen Delikatessen bietet der Eyrieux auch gewöhnliche Schwallstrekken alpiner Art mit großen Blöcken dazwischen. Sie sind ein Genuß für den Slalomtechniker, wobei man aber nie sicher ist, ob nicht mittendrin eine Spezialität nach Cevennenart lauert: ein schräger Absturz, eine Walze dahinter, die das Boot wie einen Zwetschgenkern hinauskatapultiert.

Anders als beim Allier und beim Chapeauroux nehmen die Schwierigkeiten ab, je weiter man nach unten kommt. Vielleicht dadurch bedingt, daß die Rhône, in die der Eyrieux mündet, ihr Niveau durch ungeheuere Massen an erodiertem Material immer mehr anhob, vom Mündungsdelta angefangen bis weit hinauf zum Binnenland. Auch verlor der Eyrieux zunehmend an Gefälle und lagerte sein Geröll ab. Gerade aber an der »Korngröße« sieht man auch, welche Gewalt im Eyrieux steckt. Die Folgen für den Wildwasserfahrer – sowohl die hinterlistigen Katarakte des Oberlaufes,

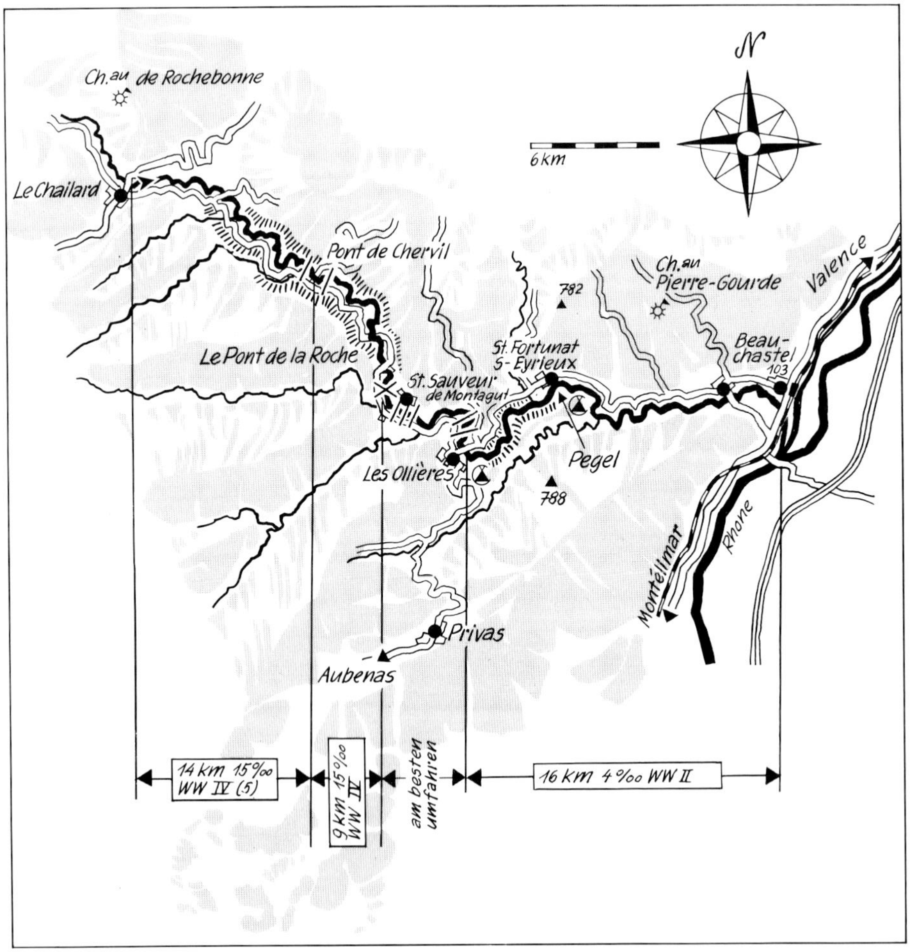

als die schönen, bei hohem Wasser wuchtigen Schwälle über grobes Geröll – machen den Reiz einer Befahrung aus. Doch noch immer gibt es enge Kurven, herausragende Felsrippen und zügige Geschwindigkeit, dazwischen riesige Gumpen, gelegentlich mit feinstem Sand, die zum Aussteigen, Trainieren und Baden auffordern.

Bedingt teils durch die mittelmeerländische Vegetation, teils durch die steilen Hänge und Felswände dürfte es am Eyrieux eine elende Schinderei sein, hinter einem verlorenen Boot her zu sein. Doch zum Trost kann gesagt werden, daß man fast überall ans Ufer kann, um etwa unklare Stellen anzusehen oder zu umtragen.

Im unteren Lauf ab Les Ollieres werden die Verhältnisse günstiger: der Fluß erinnert hier streckenweise an die Isar, je mehr man sich der Mündung nähert. Vergleiche mit anderen Flüssen fallen am Eyreux besonders schwer, denn die Schlüsselstellen sind gerade für den an Alpenflüsse Gewöhnten recht kurios. Was den abenteuerlichen Charakter betrifft, so erinnert manches vielleicht an die herrliche Brandenberger Ache. Doch bleiben die Schwierigkeiten deutlich darunter.

Logischerweise ist der stabile Kunststoff-Einer das richtige Boot. Bei höheren Wasserständen als Pegel 80 in St. Fortunat-s-Eyrieux kommt der Fluß ab Les Ollieres auch für Zweier und Schlauchboote in Betracht. Vorausgesetzt, die Mannschaft hat das Boot wirklich im Griff, denn mit unvorhersehbaren Hindernissen muß hier immer gerechnet werden.

Leider sind nicht alle Abschnitte des Eyrieux so genußreich befahrbar. Die Strecke vor Les Olliers ist nämlich durch einige Wehre so verbaut, daß es besser ist, die ganze Strecke per Auto zu umgehen. Am besten, man bootet nach der zweiten Brücke von Le Pont de La Roche aus und setzt erst in Les Ollieres nach dem letzten Wehr wieder ein.

Auf der Landkarte sieht es so aus, als wäre es kein Problem, mit dem Auto die Kajakfahrer zu begleiten. Doch gibt es

In der Gegend von St. Sauveur de Montagut weist sich der Eyrieux als typischer, sehr abwechslungsreicher Wildfluß aus.

genügend Abschnitte, auf denen man sich verlieren kann.
Für die Anhänger des in Frankreich oft praktizierten Freiluftlebens sei gesagt, daß das Tal zwar nicht dicht besiedelt, aber doch nicht so weit weg von aller Zivilisation ist wie etwa bei der Ardèche. Wer wild zelten will, findet bestimmt etwas Passendes, wenn nicht, dann sind die Zeltplätze in Les Ollieres zwar nicht gut ausgestattet, aber abseits der Straße gelegen. Auch der in St. Fortunat-s-Eyrieux scheint brauchbar, jedenfalls ist er ruhig gelegen.

Überblick

Allgemeines landschaftlich und fahrtechnisch sehr lohnender Wildfluß mit eindrucksvollen Durchbruchstrecken durch die nördlichen Ausläufer der Cevennen ins Rhônetal, sauberes, relativ warmes Wasser ▪ **Urlaubsfluß; Gebirgsfluß** ▪ **Wassermenge** ca. 20 cbm/sec bei **Pegel** 80 in St. Fortunat-s-Eyrieux ▪ **Start für Könner** in Le Cheylard ▪ **Ausbooten** am besten in Le Pont de la Roche, Weiterfahrt in Les Ollieres oder Le Moulinon, danach zwei Wehre ▪ **Start für schwächere Fahrer** in Lex Ollieres ▪ **Ausbooten** in Beauchastel ▪ **Flußcharakter** ab Le Cheylard schweres bis schwerstes Wildwasser, Katarakte, unübersichtliche, teilweise sehr enge Durchfahrten, die besichtigt werden müssen, dazwischen Schwälle mit hoher Geschwindigkeit, verblockt, teilweise gerade noch vom Boot aus zu beurteilen, dazwischen längere ruhigere Strecken; die schwersten Passagen können notfalls umtragen werden ▪ **Gefälle** sehr ungleichmäßig, ab Les Ollieres ausgeglichener, vornehmlich Geröllbankschwälle ▪ **Ufer** im oberen Abschnitt nur schwer begehbar; im unteren Teil weniger schwierige Verhältnisse ▪ **Besondere Gefahren** bei Hochwasser wird von einer Befahrung der Strecke ab Fußgängerbrücke bis Pont de Chervil dringend abgeraten; nicht zu nahe am Fluß oder auf Inseln zelten ▪ **Vergleichbare Schwierigkeiten** findet man in etwa auf dem Allier, Schlüsselstellen erinnern an die Brandenberger Ache, jedoch leichter; auf der Strecke wird alljährlich ein internationales WW-Rennen ausgetragen ▪ **Autobegleitung** möglich, doch Kontaktaufnahme häufig recht schwierig ▪ **Boote** nur stabile Kunststoff-Einer, ab Les Ollieres auch geschlossene Canadier und evtl. Schlauchboote ▪ **Übernachtung** zelten in St. Fortunat-s-Eyrieux, Les Ollieres und Le Cheylard; Zimmer ▪ **Anfahrt** München, Basel, Lyon, (in Valence von der Autobahn weg) ca. 950 km ▪ **Literatur** DKV-Auslandsführer III; Claude Pechier; Guide du Canoe-Kayak en ardèche ▪ **Karten** Michelin 1:100000, Nr. 76: Carte Touristique 1:100000, Nr. 52 vom Institut Géographique National

Sehenswertes

Valance Kathedrale St. Apollinaire, 1095 geweiht ▪ Maison Dupré-Latour (1522), bemerkenswertes Treppenhaus ▪ Maison des Têtes (1532)

Kiesbankschwälle und gelegentliche Blockstellen charakterisieren den Unterlauf des Eyrieux.

46 Ardèche

Meist leicht befahrbarer Wildfluß

Frankreich
Ardèche/Gard

Die etwa 30 Kilometer langen Schluchten der Ardèche dürften Europas beliebteste und bekannteste Wildflußstrecke sein. In ihren Dimensionen nicht so gewaltig wie die Gorge du Tarn übertreffen sie diese doch an Wildheit der Landschaft und Vielfalt der durch die Erosionskraft des Wassers entstandenen Formen. Wie die übrigen Flußsysteme des Zentralmassivs hatte auch die Ardèche lange vor der Entstehung der Alpen vor 70 Millionen Jahren bereits das Stadium erreicht, in dem sie mangels Gefälle in großen Schleifen eine Hügellandschaft durchzog.
Durch die Aufschiebung der Alpen änderten sich die Höhenunterschiede mit dem Ergebnis, daß die Ardèche bis zu 350 Meter, gemessen an den höchsten Erhebungen der Umgebung, in die Tiefe erodieren mußte, um ihr möglichst gleichmäßiges Gefälle zu erhalten. Die dabei in den Kurven entstehenden Zentrifugalkräfte waren so gewaltig, daß der Ardèche in den Tiefen ein Cañon glückte, was sonst einem Wildfluß nur in einem Schotter- oder Geröllbett gelingt. Am Pont d'Arc durchbrach sie ihre eigenen Ufer und schnitt eine ganze Flußschleife ab. Doch nicht genug damit, der

Mit einer geologischen Sensation, dem Pont d'Arc, eröffnen sich die herrlichen Schluchten der Ardèche.

Durchbruch gelang ihr mitten durch die Felswände in einer ehemals scharfen Linkskurve, und das Ergebnis kann man nur mit offenem Mund bestaunen und bewundern: ein Tor von gut 20 Meter Höhe und Spannweite, durch das die Ardèche seither strömt, während die Autostraße noch den alten Ufern um einen Bergrücken herum folgt.
Auch sonst kann man den Spuren der Ardèche, vor Millionen von Jahren entstanden, an vielen Stellen folgen. Zum Beispiel am Cirque de la Madeleine. Hier hat man fast das Gefühl, man könnte es abwarten, bis die Ardèche von neuem die Uferwände durchbricht, um einen »Pont d'Arc Neuve« zu schaffen.

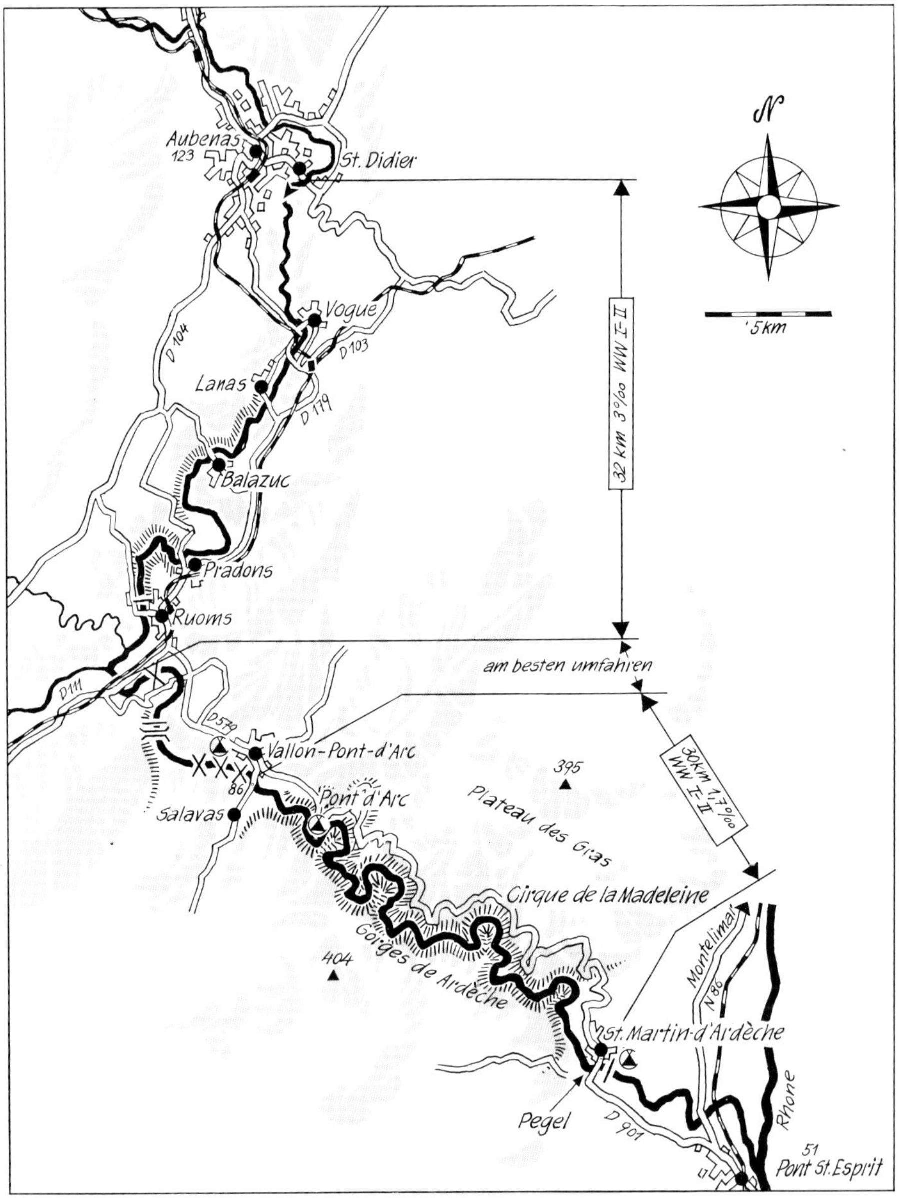

Diese Flußschleifen, von den Amerikanern »gooseneck« getauft, finden sich allenthalben. Beim Anblick der Ardècheschluchten reagiert mancher Oberbayer wohl mit: »Des gibts ja gar net!« Denn aus seiner Erfahrung heraus muß man erst gehörig lange bergauf gegangen sein, um so tief hinunterblicken zu können, doch die Anfahrt über die Plateaulandschaft der Umgebung läßt einen völlig ahnungslos.
So darf es uns nicht wundern, daß die Ardèche zu Europas Kanu- und Nudistenparadies Nummer eins avancierte. Man lasse sich's nicht verdrießen, meinte Herbert Rittlinger. Denn erstens kann man sich schon in den Osterferien auf den Weg zur Ardèche machen oder später im September oder Oktober, wenn der Touristenstrom abgeebbt und der Wasserstand gestiegen ist. Zweitens gibt es noch den Cañon zwischen Aubenas und Vallon Pont d'Arc. Drittens muß man sich ja nicht gerade zur Mittagszeit in seinen schwimmenden Untersatz setzen. Also: Vermeiden Sie nach Möglichkeit die Zeit der großen Ferien, die in Frankreich.
Die Schluchten der Ardèche an einem Tag zu durchfahren, ist heller Wahnsinn. Man muß den Gesang der Nachtigallen und Drosseln bei Nacht erlebt haben, das leise Dahinziehen des Flusses an den bizarren Wänden, vorbei an den Geröllbänken von unvorstellbarer Höhe, um dieses Naturschauspiel begreifen zu können. Die Ardèche ist einen ganzen Urlaub wert, mit Zelt und Boot. Wenn es nicht ausdrücklich verboten ist, darf man überall zelten, verständlicherweise aber kein Lagerfeuer machen. Wie von selbst reduzieren sich da unsere Ansprüche an die Freuden aus der Retorte.
Die Schwierigkeiten für den weniger geübten Kanuten bestehen weniger in den teilweise recht beachtlichen Schwällen als in den fast mit regelmäßiger Bosheit folgenden Wirbeln und Strudeln. Kaum hat er die hohen Wellen und Brecher überstanden, läßt seine Aufmerksamkeit nach, und ehe er sich versieht, schwimmt er mit dem Boot im Arm. Daher der dringende Rat, nur mit Schwimmweste zu fahren. Man lasse sein Boot nicht davontreiben in der Hoffnung, es werde schon im nächsten Kehrwasser landen. Mit dem Hinterherlaufen und Klettern sieht es im Cañon nämlich nicht rosig aus. Auch ist die Strömung schneller als man es ihr ansieht. Eventuell ist es unumgänglich, hinter dem Boot her zu schwimmen, denn aus der Schlucht führen nur wenige Wege hinauf zur Straße. Die muß man ohne Karte erst einmal finden. Das gilt alles für Pegel 285; bei sommerlichem Niederwasser kann das Flußwandern in Fußwandern umschlagen.
Man sehe sich an, in welch unglaubliche Höhen die Geröllberge aufgetürmt werden und wo das Treibholz in den Prallwänden steckt, um zu verstehen, warum überall Tafeln angebracht sind mit dem Hinweis, keinesfalls direkt am Fluß oder gar auf einer Insel zu zelten. Das Hochwasser steigt bis zu 10 Meter, und das vielleicht innerhalb einer Gewitternacht.

Dies soll Wassermengen zwischen 2000 und 8000 cbm/sec entsprechen. Der die Ardèche umgebende Karst ist so porös und arm an Vegetation, daß das Wasser innerhalb kürzester Zeit über riesige Höhlensysteme abfließt und im Fluß anlangt. Einige dieser Karstquellen und Höhlen kann man besichtigen.
In einer an der Ardèche angebotenen Fahrtanleitung wird gebeten, für die Abfälle einen extra Beutel mitzunehmen und ihn am Ende der Fahrt abzugeben. Dem Appell kann ich mich nur anschließen. Ich möchte sogar bitten: Sammeln Sie auch den Dreck ein, den andere vor Ihnen liegen gelassen haben und schaffen Sie ihn fort. Wir machen das auch oft an anderen Flüssen so, nach dem Motto: Saubere Ufer bleiben sauber.

Überblick

Allgemeines Europas beliebteste Wildflußstrecke durch wildromantische Schluchten mit der seltenen Gelegenheit, mit Boot und Zelt Wildwasser zu fahren; ab Aubenas sauberes Wasser, ab Vallon zunächst verschmutzt, in der Schlucht zunehmend sauberer ▪ **Urlaubsfluß** und Nudistengelände; Bootsverleih mit Rücktransport; ▪ **Karstfluß** beste Zeit im Frühjahr, Frühsommer und Herbst ▪ **Wassermenge** etwa 40 cbm/sec (Frühsommer) bei **Pegel** 285 in St. Martin; bei Hochwasser bis zu 2000 und mehr cbm/sec ▪ **Start** bei St. Didier, unterbrechen an der D 111, Weiterfahrt nach ca. 11 km in Vallon ▪ **Ausbooten** in St. Martin ▪ **Flußcharakter** Zwischen St. Didier und Lanas weites Tal, Kiesbankschwälle, leicht; in der Gegend von Ruoms herrliche Karstschluchten; ab Vallon völlig ursprünglich, kurze Schwälle: danach meist heftige Wirbel und Strudel; fast überall gute Landemöglichkeiten, oft riesige Felstrümmer im Fluß, gewaltige Kiesbänke und über 100 m hoch aufsteigende Felswände; auf weite Strecken ruhig, in den Schwällen hohe Geschwindigkeit ▪ **Gefälle** relativ gleichmäßig ▪ **Ufer** am Gleithang meist begehbar, bei Kenterungen unbedingt am Boot bleiben, bei Bootsverlust hinterherschwimmen, Straße nur auf wenigen Fußwegen erreichbar ▪ **Besondere Gefahren** schnell bis zu 10 m (!) ansteigender Wasserstand; keinesfalls am Ufer oder auf Inseln zelten; kein Feuer machen; Sonnenstich, Sonnenbrand, Schlangen, Proviantmangel ▪ **Vergleichbare Schwierigkeiten** bei Pegel 285 der Entenlochklamm der Tiroler Ache ▪ **Autobegleitung** zum Fotografieren möglich; Kontakte zwischen St. Didier und D 111 möglich, teilweise sehr zeitraubend, ab Vallon wegen der Höhenunterschiede unmöglich ▪ **Boote** Faltboote, stabile Schlauchboote, Kunststoffboote, ideal offener Canadier ▪ **Übernachtung** viele stark belegte Zeltplätze, Wildzelten in der Schlucht; Hotels und Zimmer in Aubenas und Vallon ▪ **Anfahrt** München, Basel, Lyon ca. 1000 km ▪ **Literatur** in Vallon gibt es französische und deutschsprachige Flußführer; DKV-Auslandsführer Bd. III Alpinismus 4/1973 ▪ **Karten** Carte Touristique 1:100000, Nr. 59 vom Institut Géographique National, Michelin 1:100000, Nr. 80

Einer der vielen herrlichen »Cirques« der Ardèche, die dem Betrachter eine Ahnung vom geologischen Alter des Flusses vermitteln.

Sehenswertes

Avignon Palais des Papes (1335–1367) ▪ Kathedrale Notre-Dame (12. Jh.) ▪ Kirche St. Didier (14. Jh.) ▪ Musée Calvet mit Stadtbibliothek, Antiken-, Skulpturen- und Gemäldesammlung ▪ Pont d'Avignon über die Rhône (1177–1185), 1669 zur Hälfte zerstört ▪ Stadtmauern (1350–1368) mit acht Toren und 39 Türmen
Montelimar Schloß (12.–14. Jh.)
Vallon südlich Höhle Aven d'Orgnac
Aubenas Kirche Saint Laurent ▪ Burg (12.–15. Jh.) ▪ Bürgerhäuser ▪ Blick über die Cevennen und das Tal der Ardèche
Mont Ventoux (1912 m) phantastische Fernsicht; Erstbesteigung im Jahre 1936 durch den Dichter Petrarca
Pont St. Esprit Rhônebrücke (13. und 14. Jh.) 1 km lang ▪ Aussicht von Terrasse der Pfarrkirche (15. Jh.)
Saint Martin d'Ardeche Ehemaliges Haus des Surrealisten Max Ernst (1891–1976)

47 Chassezac

Gelegentlich tückisches Wildwasser mit geringen Schwierigkeiten

Frankreich
Ardèche

Neben der Ardèche, der wohl bekanntesten Wildwassertour Europas, hat es der Chassezac etwas schwer mitzuhalten. Dies bringt aber für all jene Wildwasserfahrer, denen Menschenmassen ein Greuel sind, den Vorteil relativer Einsamkeit mit sich. Der Chassezac kann zwar nicht mit Superlativen aufwarten, hat aber andere Reize: sauberes Wasser, keine mit Touristen vollgestopften Schlauchbooten oder Barken und keine Straße am oberen Rand der Schlucht – also viel Natur.

Die Landschaftsbilder erinnern stark an die der Ardèche, vor allem in der Schlucht durch die Boîs de Paiolive. Ein großes Erlebnis, wenn man an senkrechten oder sogar überhängenden, bis zu 100 Meter aufragenden Felswänden lautlos entlangtreibt, einen äußerst vorsichtigen Abstecher in die unterwaschenen Felsformationen wagt, 5 Meter über sich das zu »Adlerhorsten« zusammengepreßte Treibholz in der feuchten, kalten Dämmerung entdeckt. Die Kontraste: hier üppige, typische Vegetation einer Aulandschaft, dort kahle, in der Sonne schimmernde Wände, dann die riesengroßen Geröllansammlungen an den Gleithängen, das von Kolk zu Kolk strömende, drehende und gurgelnde grüne Wasser, die über der Landschaft lastende Hitze. Der Chassezac reizt immer wieder auszusteigen und dazubleiben.

Man hüte sich, über der Begeisterung für die Schlucht zu vergessen, daß der Chassezac zwar leichtes Wildwasser, aber immerhin Wildwasser ist. Bedenkt man dies nicht, könnte man an einigen Stellen unversehens an die Prallwände getrieben, kentern und in die riesigen Unterspülungen gezogen werden, eine absolut lebensgefährliche Situation, die einen meiner Bekannten noch heute bis in den Schlaf verfolgt. Sein Sohn war an einer Wand gekentert, untergegangen und glücklicherweise an einer anderen Stelle wieder aufgetaucht. Der Vater hatte ihn nach vielen vergeblichen Versuchen erreicht, mußte sich mit dem Buben an der Hand in das Wasser vor der unterspülten Wand stürzen und nach unten ziehen lassen, um mit dem Strömungsfluß ins Kehrwasser getrieben zu werden.

Am empfehlenswertesten ist der Start bei Le Vans, genauer: von Le Vans auf der D 104 a nach Vompdes. Von da geht es bald abseits der Straße in die Schlucht. Gleich zu Beginn der Durchbruchstrecke, wenn rechts die Felswände ans Ufer treten, schließt der Chassezac über ein flaches Gefällestück, über glatte Felsplatten, und am Ende steht quer eine gut 10 Meter breite Walze. Sie ist senkrecht zur Drehachse leicht befahrbar, aber schon relativ geringe Abweichungen von der Ideallinie können zur Kenterung führen. Zum Glück ist das Wasser danach ziemlich ruhig, so daß man seine sieben Sachen wieder einfangen kann. Bei hohem Wasserstand sollte man mindestens 20 Meter vorher links an Land gehen und die Stelle an-

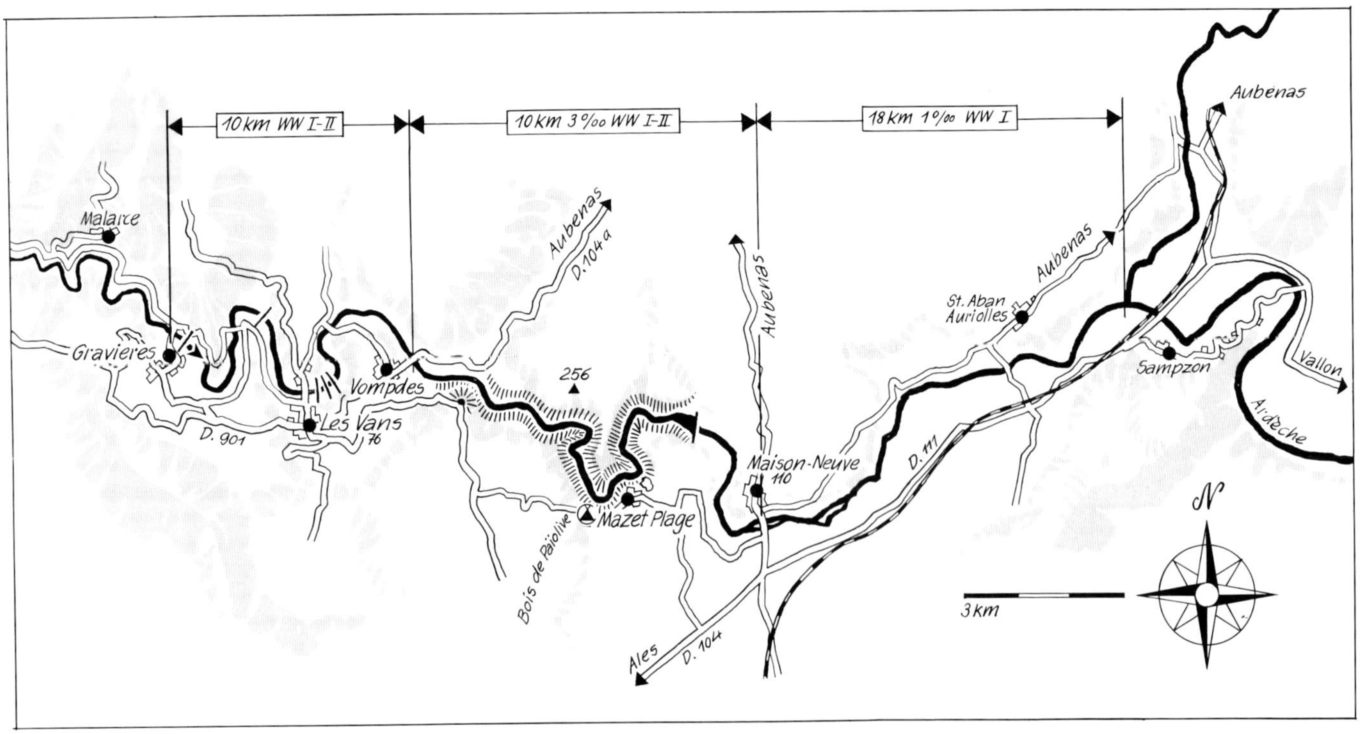

schauen. Im DKV-Auslandsführer wird die Walze mit WW IV eingestuft, was mir entschieden zu hoch erscheint. Abgesehen davon läßt sich die Stelle ziemlich leicht links umtragen.
Je nach Wasserstand muß mit Treibholz und überhängenden Bäumen gerechnet werden. Auch verzweigt sich der gelegentlich recht zügig dahinziehende Fluß zwischen den Bäumen, so daß man nicht ohne weiteres die freie Durchfahrt erkennen kann. Die schon erwähnten Kurven an Prallwänden erfordern wegen der lebensgefährlichen Unterspülungen die größte Aufmerksamkeit. Sie sind technisch leicht durch Abschwingen ins kurveninnere Kehrwasser zu umfahren, verlangen also absolut beherrschtes Manövrieren. Bei sehr niedrigem Wasser, wie es im Hochsommer oft vorkommen kann, werden die kritischen Stellen beileibe nicht einfacher, sondern man muß näher an die Prallwände heranfahren!
Da gerade auf dem Chassezac ansonsten schwächere, ungeübtere Kanusportler voll auf ihre Kosten kommen, wird hier auf das Problem der unterspülten Wände so genau eingegangen, um jede Unfallgefahr soweit wie möglich auszuschließen. Erkennbar sind die unterspülten Wände daran, daß sie in scharfen Kurven quer zum Fluß stehen und das sonst übliche Prallwasser fehlt. Die eine Wand hat auch über Wasser tiefe, auffällige runde Auswaschungen, anschließend liegen einige große Felsblöcke im Fluß. Wer sich unsicher fühlt, sollte rechtzeitig landen und umtragen. Nach der letzten unterspülten Wand wird die Schlucht immer offener, der Chassezac tritt schließlich in ein weites Tal, um sich nach weiteren guten 12 Kilometern in die Ardèche zu ergießen.

Ebenso schön wie für Wildwasserfahrer lebensgefährlich sind einige der unterspülten Prallwände des ansonsten eher harmlosen Chassezac.

Eine der unterspülten Wände des Chassezac mit ihren »Elefantenfüßen«.

Überblick

Allgemeines relativ selten befahrener rechter Nebenfluß der Ardèche mit einsamer Durchbruchstrecke zwischen an den Prallseiten direkt aus dem klaren Wasser aufragenden Wänden ▪ **Gebirgsfluß** die Wasserführung ist stark von Kraftwerken abhängig, die das Wasser unregelmäßig abgeben ▪ **Wassermenge** ideal ca. 20 cbm/sec; minimaler Wasserstand 5 cbm/sec, wobei Grundberührung nicht zu vermeiden ist ▪ **Pegel** unbekannt ▪ **Start** am besten an der Brücke der D 104 a bei Le Vans ▪ **Ausbooten** am Wehr von Tournayres oder an der Brücke der D 104 bei Maison-Neuve; bei genügend Wasser (20 cbm/sec) Weiterfahrt zur Ardèche, wobei von der Mündung bis Vallon fünf Wehre, davon vier fahrbar überwunden werden müssen ▪ **Flußcharakter** völlig unreguliert durch die Bois de Paiolive, stark wechselnde Geschwindigkeit, teilweise leichte Schwälle, einige scharfe Kurven, Prallwände, lebensgefährliche, umtragbare Prallwände mit Unterspülungen, riesige Felstrümmer im Fluß, eventuell Treibholz, jedoch viel Platz zum Manövrieren ▪ **Gefälle** relativ gering und gleichmäßig ▪ **Ufer** auf weite Strecken an den Kurvenaußenseiten nicht begehbar (wegen der oft direkt aus dem Wasser aufsteigenden Wände) ▪ **Besondere Gefahren** Treibholz, plötzlich ansteigendes Wasser durch Kraftwerke bedingt oder geologische Eigenart des Gebietes, lebensgefährliche, unterspülte Felswände ▪ **Vergleichbare Schwierigkeiten** auf der Ardèche, dem unteren Tarn, der Tiroler Ache in der Entenlochklamm ▪ **Autobegleitung** nicht möglich ▪ **Boote** Faltboote, stabile Schlauchboote, Kunststoffboote, offene Canadier ▪ **Übernachtung** Zeltplätze in Mazet-Plage; Hotels und Zimmer in Le Vans ▪ **Anfahrt** München, Basel, Lyon, ca. 1000 km ▪ **Auskunft** für Anfänger im Kanu-Club Le Vans oder Polizei fragen ▪ **Karten** Michelin 1:200000, Nr. 80; Carte Touristique 1:100000, Nr. 59 vom Institut Géographique National

Sehenswertes

Belvedere du Chassezac Aussichtsberg an der Straße Villefort – Langogne
Uzès Tour de Fenestrelle (12. Jh.) ▪ Kathedrale St. Theodorat (17.–18. Jh.) ▪ Schloß (11.–17. Jh.)
Avignon siehe Ardèche, Tour. Nr. 46
Pont du Gard 227 m langer, 48 m hoher römischer Aquädukt in dreistöckiger Bogenlage über den Gard

48 Chapeauroux

Mittlerer bis gelegentlich sehr schwerer Wildbach

Frankreich
Lozère

Der Maler Hans Thoma (1839–1924) könnte dieses Wildwasser gemalt haben. So bekannt und vertraut und nostalgisch erscheint einem der Chapeauroux, wenn man ihn zum erstenmal sieht, nach langer Fahrt über das weite, einsame und bizarre Bergland des französischen Zentralmassivs. Wir Europäer sind es nicht mehr gewohnt, einen Fluß inmitten von sanften Bergen, Wiesen und Wäldern seinen Weg suchen zu sehen. Das gestehen wir gerade noch einem Wildfluß zu, der inmitten einer urweltartigen Alpenlandschaft durch Klammen und über Geröllfelder dahinfließt. »Die Auvergne ist eines der interessantesten französischen Reisegebiete, das mit seinen eigenartigen Vulkankegeln und seinen bis annähernd 1900 Meter hohen Bergketten großartige Landschaftsbilder zeigt, während die Städte und Klöster prächtige Beispiele des auvergnatisch-romanischen Baustils bieten.« Soweit der Baedeker über die Umgebung des Chapeauroux.

Erinnert die Landschaft zwar an die des Allier, so ist sie doch weniger herb, eher vermittelt sie das Bild eines »harmlosen« Mittelgebirgsflüßchens. Doch ein Blick in die Karte zeigt, welches Gefälle der Fluß zu überwinden hat, bis er schließlich in den Allier mündet, wobei das Gefälle nach unten immer mehr zunimmt, um sich schließlich zu Katarakten hart an der Grenze des Befahrbaren hineinzusteigern. Immer wieder verblüffend ist dabei der Anblick des klaren Moorwassers. Moore sind auch die wichtigsten Wasserlieferanten des Chapeauroux und Allier. Die kargen Böden sind nicht geeignet, Niederschläge festzuhalten, so daß mit schnell steigenden Wasserständen zu rechnen ist.

Den Fluß zu erreichen, kostet einige Mühen, denn die Straßen der Auvergne sind alles andere als angenehm. 100 Kilometer in 3 Stunden, daran muß man sich gewöhnen. Doch wegen der in Zukunft vielleicht etwas häufiger kommenden Wildwasserfahrer sind kaum Verbesserungen zu erwarten, schon eher durch die Kennzeichnung der Straße als »route pittoresque« in der Michelin-Karte Nr. 76.

Der Chapeauroux entspringt an den Nordhängen des Signal de Randon und bezieht sein Wasser großenteils aus den Mooren westlich Chateau Neuf de Randon. Nach ca. 70 Kilometern mündet er in den Allier. Interessant wird der Fluß etwa ab Auroux, bei hohen Wasserständen im Frühjahr, Frühsommer und Herbst auch schon ab Castanier, wobei sich dann 25 Kilometer fahrbare Wildwasserstrecke ergeben.

Bei hohem Wasserstand, der normalerweise oft noch um Pfingsten anzutreffen ist, wird der Fluß auch weiter oben befahren. Eine Entscheidung über den richtigen Startplatz läßt sich natürlich nur an Ort und Stelle treffen.

Da das Flußbett des Chapeauroux aufgrund der geographischen Bedingungen von Haus aus nicht sehr breit ist, muß bei einer solchen rasanten Hochwasserfahrt mit besonderer Vorsicht entschieden werden. Seitlich hereinhängende Bäume, Treibholz und sogar Stacheldrahtzäune – das sind Hindernisse, bei deren Ansicht besonders schnell und konsequent reagiert werden muß. Das enorme Gefälle des sonst so sanft wirkenden Flüßchens erfordert absolut sicheres Erreichen eines Kehrwassers, um notfalls umtragen zu können.

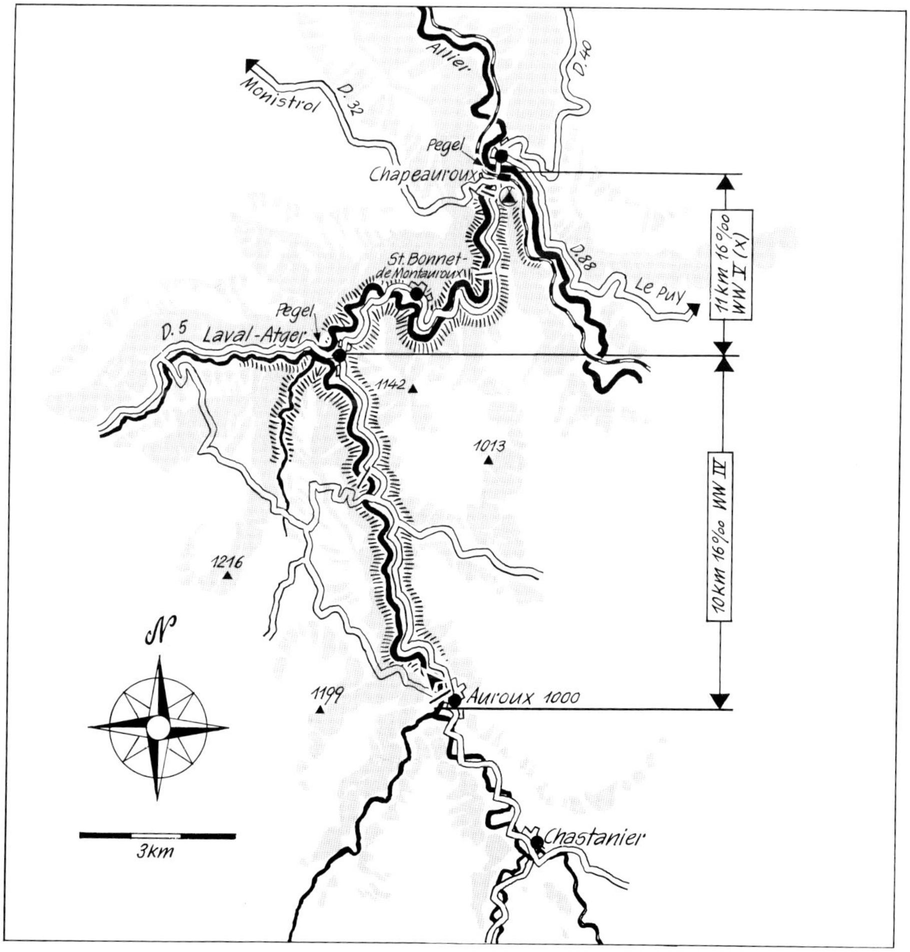

Die Wassermengen gehen bei der vorliegenden Beurteilung nicht weit über 6 cbm/sec hinaus. Das entspricht einem Pegel von 60 in Laval-Adger. Besser sind Pegel um 80, was die Wasserführung auf knapp 10 cbm/sec erhöht. Denn bei Pegel 60 sind häufige Grundberührungen unvermeidlich.

Die Faszination des Chapeauroux liegt in seiner eigentümlichen Mischung aus Wildheit des Flusses und Lieblichkeit der Landschaft, zumal im Frühsommer, wenn Frankreichs Fluren blühen. Da kann es vorkommen, daß an den Nordhängen noch Schneereste liegen, während wir ins Boot steigen.

Charakteristisch ist wie für jeden Fluß des Zentralmassivs das stufenförmige Gefälle. Dabei werden die Abstürze, in die man vom Boot aus oft nicht einsehen kann, nicht von großen Felsblöcken, sondern von dem unten anstehenden Fels gebildet. Dazwischen trifft man auf Schwälle alpiner Art mit grobem Geröll, Verzweigungen, bewachsenen Ufern und dem immer wieder gefährlichen Treibholz. Der ziemlich schmale Fluß bietet dabei streckenweise geringe Ausweichmöglichkeiten, so daß schnelles Reagieren und andauernde Aufmerksamkeit gefordert sind.

Über die Begehbarkeit der Ufer läßt sich sagen, daß keine ausgesprochenen Klammstrecken durchfahren werden, andererseits die Wildheit der Landschaft die Verfolgung etwa eines abgeschwommenen Bootes nicht gerade erleichtert. Jedoch: Alle schweren Abschnitte lassen sich besichtigen und notfalls umtragen.

Die Probleme des Chapeauroux lassen sich am ehesten mit denen des Allier, speziell in den Katarakten, vergleichen. Einer dieser »Lullis« kann getrost als unfahrbar bezeichnet werden, jedenfalls bei 6 cbm/sec. Für den weniger extremen Fahrer empfiehlt es sich, an der Brücke der D 988 unterhalb St. Bonnet de Montauroux aufzuhören.

◁ *Braunes Moorwasser, lange verblockte Schwälle und schwierige Katarakte kennzeichnen den Chapeauroux.* ▷

Überblick

Allgemeines kleiner, vor allem im Frühsommer lohnender Wildfluß in von Wäldern und Wiesen gekennzeichneten Schluchten mit sehr klarem Moorwasser ▪ **Gebirgs-, Moor- und Urlaubsfluß** ▪ **Wassermenge bei Pegel** 60 in Laval Adger ca. 6 cbm/sec, zweiter Pegel 90 an der D32 ▪ **Start** in Laval Adger bei höherem Wasserstand oder weiter oben ▪ **Ausbooten** für sehr gute Fahrer in Chapeauroux; für schwächere Fahrer an der D988 unterhalb St. Bonnet de Montauroux ▪ **Flußcharakter** bis auf einige Wehre unberührtes Wildwasser, sehr abwechselnde Schwierigkeiten, Katarakte, die alle unbedingt besichtigt werden müssen; von Auroux bis zur Brücke der D988 unterhalb St. Bonnet de Montauroux teilweise hohe Geschwindigkeiten, Geröll, Verzweigungen, überhängende Bäume, verblockte Durchfahrten, Treibholz ▪ **Gefälle** zunächst teilweise Wiesenfluß, ausgeglichen, dann zunehmend stufenförmig ▪ **Ufer** in den Schluchten praktisch überall begehbar, teilweise aber dicht bewachsene Steilhänge; bei Bootsverlust ist die Straße ziemlich leicht erreichbar ▪ **Besondere Gefahren** Treibholz, überhängende Bäume, zu knappes Heranfahren an die Katarakte; Schlangen; wer oberhalb Auroux startet, muß mit Stacheldrahtzäunen rechnen ▪ **Vergleichbare Schwierigkeiten** Katarakte wie auf dem Allier ▪ **Autobegleitung** relativ gut möglich ▪ **Boote** nur stabile Kunststoff-Einer ▪ **Übernachtung** Hotel in Chapeauroux, eventuell in Auroux; Zelten in Chapeauroux möglich ▪ **Anfahrt** von München über Bregenz, Basel, Lyon, St. Etienne, Le Puy, Chapeauroux, ca. 1050 km ▪ **Literatur** DKV-Auslandsführer III (als Nebenfluß des Allier) ▪ **Karten** Carte Touristique 1:100000, Nr. 50 vom Institut Géographique National; Michelin 1:200000, Nr. 76

Sehenswertes

Monts du Cantal (1858) Vulkanberge in der Auvergne
St. Flour zweitürmige Kathedrale (14. und 15. Jh.) in eindrucksvoller Lage auf Basaltkuppe stehend
Langeac Kirche (14. Jh.)
Sangues Tour des Anglais, ein alter Bergfried ▪ sehenswerte Kirche
St. Privat-d'Allier 5 km entfernte Schloßruine Rochegude mit guter Aussicht

49 Allier

Mittleres bis schweres Wildwasser

Frankreich
Lozère/Haute Loire

Obwohl in unmittelbarer Nähe des Chassezac entspringend, an den Hängen des 1503 Meter hohen Le Moure de la Gardille, zeigt der Allier doch einen gänzlich anderen Charakter. Er hatte nicht gegen die sich im Südosten aufwerfenden Cevennen anzurennen, um sie in tiefen Schluchten zum Rhônetal zu durchbrechen. Der Allier folgt dem allgemeinen Gefälle dieser abwechslungsreichen Gebirgslandschaft nach Norden, um nach 408 Kilometern in die Loire zu münden. Man fühlt sich teilweise in tiefe Waldschluchten des Bayerischen Waldes versetzt zwischen den von Kiefern, Birken und Farnkraut bewachsenen Steilhängen und den runden, wahllos im Flußbett verteilten Urgesteinsbrocken, die manchmal zu den unglaublichsten Formen ausgewaschen sind.

Der völlig fremde Eindruck wird noch verstärkt durch das klare Moorwasser, durch das Braun wildwuchernder Gräser, durch die auf den Felsblöcken wachsenden Blumen. Abgesehen von einer gelegentlich vorbeifahrenden Eisenbahn, deren Passagiere beim Anblick »echter« Wildwasserfahrer begeistert winken, strahlt der Fluß eine Atmosphäre weltvergessener Ruhe aus. Tatsächlich findet man auf der Strecke von Langogne nach Chapeauroux keine einzige Siedlung am Fluß, von den wenigen Häusern von Jonchères abgesehen. Nach dem Staudamm bei St. Etienne verengt sich die Waldschlucht immer häufiger zu kleinen, klammartigen Durchbrüchen: die Felsen liegen als riesige Trümmer im Fluß.

Nach dem Start in Langogne geht es abwechslungsreich, aber relativ ruhig auf dem Allier dahin. Informationen, die besagen, der Fluß sei schwerer als etwa der Verdon, erscheinen einem immer unglaubwürdiger. Denn bis zum erwähnten Staudamm, 15 Meter hoch, etwas mühselig links zu umtragen, ist jeder auf technische Probleme verrückte Wildwasserfahrer etwas enttäuscht. Zwar gibt es viele Naturslalomstrecken zwischen schönen runden Steinen, aber ihnen fehlen die Wasserwucht und das Gefälle.

Doch jeder, der bis zum Damm leidlich durchgekommen ist, sollte lieber aussteigen. Ab St. Etienne du Vigan geht's nämlich richtig los. Die »Lullis«, wie die Franzosen witzig derartige Katarakte getauft haben, sind von einer ausgesprochenen Hinterlistigkeit. Sie lassen einen so lange von Kehrwasser schwingend heran, daß man leicht in Gefahr gerät, das letzte Kehrwasser zu verpassen und womöglich rückwärts in das Schlamassel hineinzugeraten. Denn das dicke Ende kommt hier immer, in Form sensationellen Gefälles, gespickt mit großen Blökken, die einem hartnäckig im Wege lie-

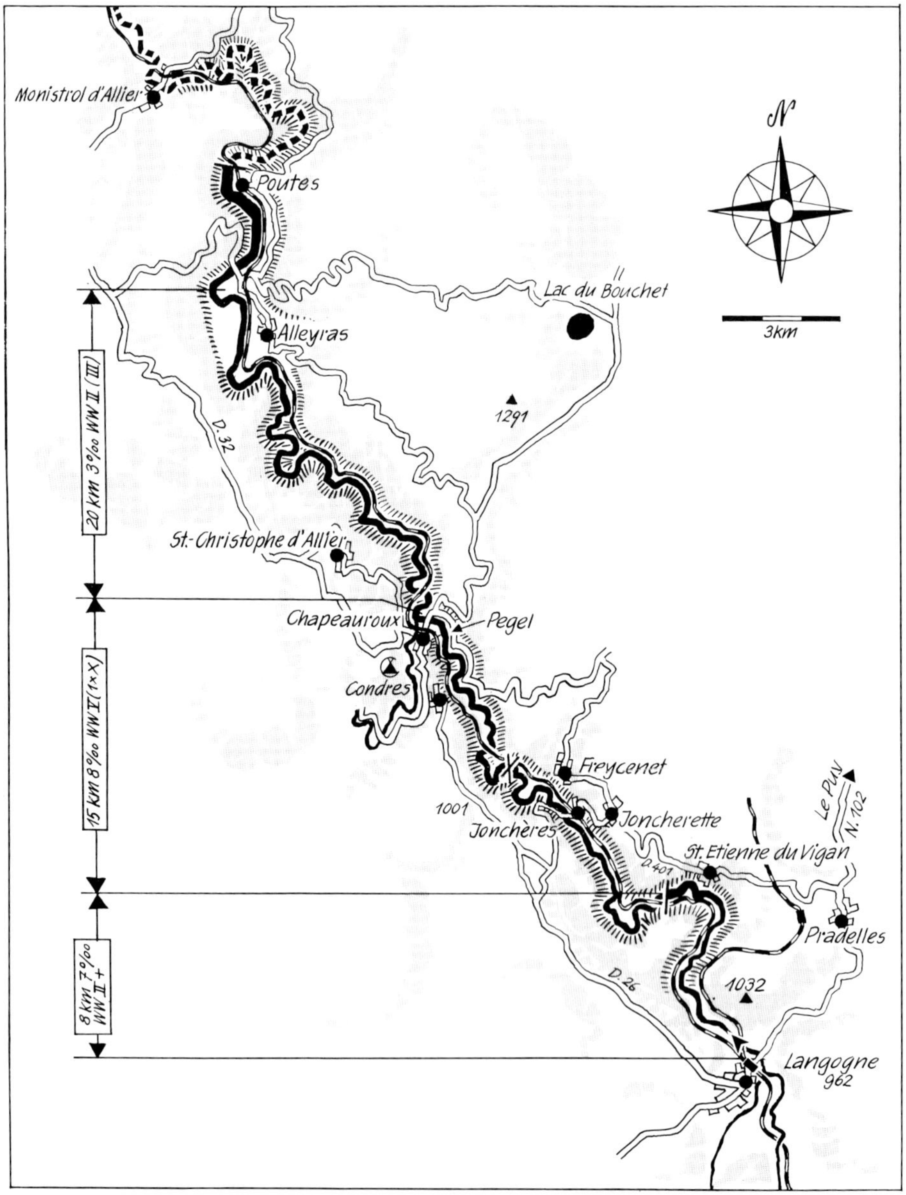

gen. Die Gefahr, schon die verblockten Einfahrten nicht zu überstehen, zu kentern und einen »Lulli« durchzuschwimmen, muß auf jeden Fall einkalkuliert werden. Tröstlich ist, daß man nach jedem Katarakt in großen Gumpen Nerven und Ausrüstungszubehör wieder sammeln kann.

Einer der etwa fünf »Lullis« ist als unfahrbar und absolut lebensgefährlich anzusehen. Er liegt unterhalb der Brücke von Jonchères; mehr will ich nicht verraten, um keinen zu tödlichem Leichtsinn herauszufordern. Der erste hohe Absturz des »Todeslulli« unterspült einen großen Felsen. Man kann etwa 150 Meter weit umtragen wie alle übrigen »Lullis«.

Die Strecke ab Jonchères weist noch häufiger labyrintartige Durchfahrten auf, teilweise mit starkem Gefälle, manchmal auch harmlos, so daß man nie recht weiß, wann es wieder losgeht.

Bei dem Pegelstand von 100 an der D88, etwa 1 Kilometer vor Chapeauroux am rechten Ufer, bei den Resten einer Eisenbahnbrücke, kann man den Fluß praktisch ohne Grundberührung fahren.

Die Ufer sind als begehbar zu bezeichnen, was bedeutet, daß man über große und kleine Brocken und durch dorniges Gestrüpp klettern muß.

Was die geeigneten Boote betrifft: Wir fanden zu unserer Verblüffung mitten in einem der leichteren Katarakte einen Faltboot-Zweier – besser gesagt, seine kläglichen Reste – um einen Felsen gewickelt. Der Fluß ist schweres und extremes Wildwasser, bei knapp 10 cbm/sec schon rabiat, bei mehr wird's bedeutend schlimmer, und er bleibt folglich nur Kunststoff-Einern vorbehalten. Der Allier ist schwieriger als die bekannte Albula-Waldschlucht!

Es gäbe am Fluß entlang sicher einige schöne Zeltplätze, aber man tut gut

Einer der typischen, »Lully« genannten Katarakte auf dem oberen Allier.

Am oberen Allier, kurz hinter dem Stausee von St. Etienne du Vigan, wo der sportlich sehr anspruchsvolle Abschnitt beginnt.

daran, mit möglichst leichtem Boot zu fahren. In Chapeauroux findet man einen offiziellen Platz, laut französischen Angaben auch unterhalb der Eisenbahnbrücke zwischen Jonchères und Chapeauroux.
Vor dem Ort Chapeauroux wird der Allier bedeutend leichter. Die folgenden Waldschluchten weisen nach französischer Version einige verblockte Schwälle auf. Durch den Chapeauroux gewinnt der Allier etwa 5–10 cbm/sec. Bei Alleyras empfiehlt es sich auszubooten, da nach dem unfahrbaren Damm von Poutès der Fluß durch einen Berg in ein Kraftwerk hinter Monistrol abgeleitet wird und bei dem für den bisherigen Abschnitt beschriebenen Wasserstand ungefähr 10 Kilometer trocken liegt.

Überblick

Allgemeines einsames, auf kurzen Passagen sehr schweres Wildwasser, abseits von Straßen und Siedlungen, mit sauberem, braunem Moorwasser ▪ **Urlaubsfluß; Gebirgsfluß** ▪ **Wassermenge** knapp 10 cbm/sec bei **Pegel** 100 an der D 88 rechts, ca. 1 km vor Chapeauroux ▪ **Start** in Langogne ▪ **Ausbooten** für schwächere Fahrer am Damm bei St. Etienne du Vigan; für sehr gute Fahrer in Chapeauroux; Weiterfahrt für schwächere Fahrer eventuell ab Chapeauroux bis Alleyras ▪ **Flußkarakter** völlig unreguliert, lange leichte Abschnitte wechseln mit kurzen, sehr schweren, die am Ende meistens in einen Katarakt übergehen, viele labyrinthartige Durchfahrten mit geringem und oft auch großem Gefälle; bei Pegel über 100 Steigerung bis zur Grenze des Möglichen; die leichteren Stellen sind ziemlich seicht, unzählige Blöcke aller Größen im Fluß ▪ **Gefälle** bis St. Etienne du Vigan ziemlich gleichmäßig, dann ausgeprägt stufenförmig ▪ **Ufer** der Schluchten sind meist begehbar, die schweren Abschnitte können umtragen werden ▪ **Besondere Gefahren** wer in den Felslabyrinthen nicht rechtzeitig landet, muß die schweren Katarakte unbesehen befahren; Treibholz, Schlangen ▪ **Vergleichbare Schwierigkeiten** schwerer als die Loisachschlucht, schwerer als die Albula-Waldschlucht, vergleichbar mit Ardezer Schlucht des Inn bei Pegel um 50 und der Koppentraun bei Pegel 110 ▪ **Autobegleitung** nicht möglich, Kontakt nur in St. Etienne du Vigan und Jonchères möglich ▪ **Boote** nur strapazierfähige Kunststoff-Einer, zum Teil Zweier-Canadier ▪ **Übernachtung** Hotel und Zeltplatz in Chapeauroux; Wildzelten im Tal des Allier schwierig ▪ **Anfahrt** von München über Basel, Lyon, St. Etienne, Le Puy, Langogne, ca. 1000 km ▪ **Literatur** DKV-Auslandsführer III ▪ **Karten** Carte Touristique 1:100 000, Nr. 50 vom Institut Géographique National; Michelin 1:200 000, Nr. 76

Sehenswertes

Monistrol Ruine des Château de Rochegude
Le Puy Kapelle St. Michel (11. Jh.) auf Felsrücken Corneille (755 m) mit bizarrer Felsnadel Rocher St. Michel ▪ Kathedrale Notre-Dame du Puy (12. Jh.), berühmte Wallfahrtskirche am Fuße des Corneille
Mende Kathedrale St. Pierre (14.–17. Jh.)

50 Tarn

Im Oberlauf schwerer, danach meist leichter Wildfluß

Frankreich
Lozère/Aveyron

Die Flüsse des Zentralmassivs existierten lange bevor es die Alpen gab. Damals, vor vielleicht 100 Millionen Jahren, hatten sie bereits das Altersstadium erreicht und mäandrierten in ausgeprägten Kurven durch ein hügeliges Land. Da wurden sie durch die sogenannte alpide Faltung angehoben; die Differenz zwischen Ursprung und Mündung gestaltete sich immer gewaltiger. Unter Beibehaltung ihres schon gegrabenen Bettes bohrten sich die Flüsse nun in die Tiefe. Es entstanden »antezedente Durchbruchstäler«.

Man ist sprachlos, wenn man über die Plateaus vom Norden kommend auf den Tarn stößt und jedes Gefühl für Dimensionen verlierend ein ausgewachsenes Kanu für ein im Wasser treibendes Stückchen Holz hält.

Der obere Tarn, vom Parc National des Cevennes eingeschlossen, schießt zu Tal, eingebettet in eine enge V-förmige Schlucht fast ohne Talboden. An den Hängen stehen Wälder aus Flaumeichen, Eschen, Rotbuchen, Kastanien und Nußbäumen; das Wildwasser, über Felsblöcke rauschend, ist sauber und klar. Mit seinem stufenartigen, enormen Gefälle und den unübersichtlichen Verblockungen ist der Tarn eher von alpinem Charakter, was die Probleme der Befahrung anbelangt.

Bei einem günstigen Wasserstand, was einem Pegel von ca. 100 an der Brücke von Florac entspricht, führt er mindestens 20 cbm/sec. Man kann sich gut vorstellen, daß diese Menge Wasser im Verein mit dem Gefälle und den im Fluß liegenden, zum Glück runden Riesenblöcken und den meterhohen Abstürzen schwerstes Wildwasser darstellt. Wenn der Tarn auf gewachsenen Fels trifft, schießt er über Platten, die an die schrägen Rippen im Rißbach erinnern, deren Dimensionen aber weit überbieten.

Zum Glück kann man die Schlucht fast überall zumindest auf einem Ufer begehen und selbst entscheiden, was man sich zutrauen will.

Bei einem Wildwasser, vergleichbar mit der Ardezer Schlucht des Engadiner Inn (WW V–VI), hat es wenig Sinn, detaillierte Fahrtvorschläge zu unterbreiten.

Die im DKV-Auslandsführer III mit unfahrbar bezeichnete Stelle ist auf einer kleinen Straße am linken Ufer erreichbar. Gegenüber der Ortschaft Cocurès kann man die kritische Stelle besichtigen. Wer in diese Klamm einfährt, hat keine Möglichkeit mehr zu landen. An ihrem Ende befindet sich ein schräger, ca. 2 Meter hoher Absturz, dabei ist der Tarn an dieser Stelle nur auf etwa 3 Meter zusammengepreßt.

Danach wird der Fluß wesentlich leichter. Vor der Brücke der N 107 vor Florac befinden sich an der Straße ein Zelt- und Fußballplatz sowie der Pegel. Hier kann für die Befahrung des »eigentlichen« Tarn eingesetzt werden.

Auch wenn der Tarn nun in einem immer enger werdenden Tal, zu Füßen der auf über 1000 Meter aufragenden Berge dahinströmend, im Vergleich zum Ober-

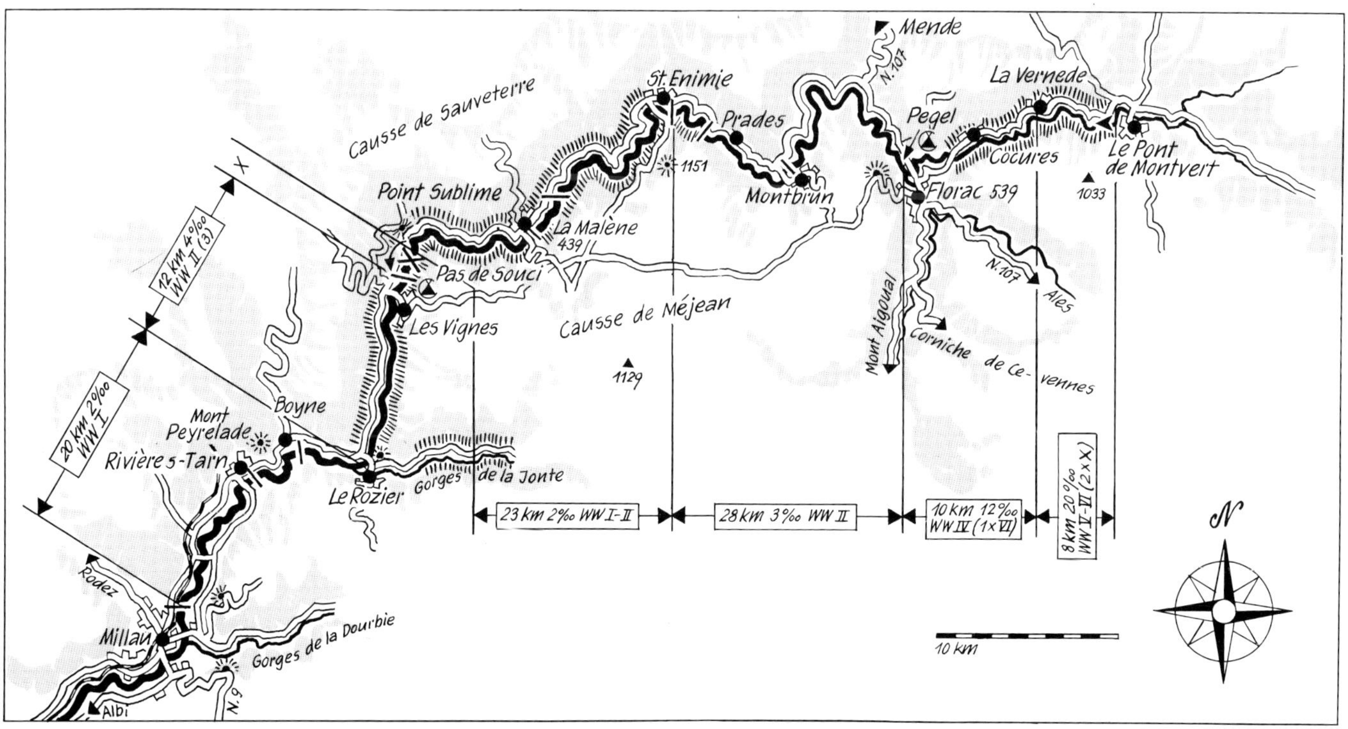

lauf recht harmlos wirkt, bleiben doch Wildwassertechnik und eine ordentliche Ausrüstung Voraussetzung für eine sichere und genußreiche Befahrung. Prallhänge, überhängende Bäume, starke Kehrwasser und viel, viel Wasser: Da kann man arg schwimmen und sein Gepäck verlieren. Die Landschaft erinnert in vielem an die der Ardèche. Die Felswände treten allerdings viel näher an den Fluß heran, die Höhenunterschiede sind gewaltig. Zwischen der Causse de Sauveterre (1000 m) im Norden und der Causse Méjean im Süden (1000 m) windet sich der Tarn etwa 500 Meter tiefer dahin. Dabei bietet er klammartige Strecken, Kiesbänke und oft sehr sauberes Wasser sowie eine teilweise üppige Mittelmeervegetation rundum. Gelegentlich tauchen herrliche, völlig in die Natur integrierte Dörfer und Städte auf. Sie sind aus Naturstein schief und winkelig ins Gelände gebaut.

Auf der Strecke ab St. Enemie bis La Malène wird der Fluß auf Barken befahren. Infolge des Tourismus findet man nicht mehr die Einsamkeit von ehedem, und es dürfte schwierig sein, wild zu zelten. Der Pas de Souci, bei dessen Anblick den Wildwasserfahrer immer wieder der grausige Gedanke plagt, was wäre, wenn man da hineinpaddelte, ist eine weitere Sensation des Tarn. Es handelt sich dabei um einen gewaltigen Felssturz, der den Fluß völlig unter sich begraben hat. Erkennbar ist die Stelle an dem 80 Meter hohen Felsturm des Roches Aiguille an der rechten Schluchtseite, wie der DKV-Auslandsführer III schreibt. Es muß rechtzeitig bei einem großen dunklen Block, der im Tarn liegt, ausgesetzt werden und gute 1,5 Kilometer umfahren werden. Und zwar bis zum Zeltplatz, besser bis zum nächsten Wehr, um Ärger mit dem Platzwart zu vermeiden.

Zwischen Les Vignes und Rozier folgen viele abwechslungsreiche, romantische Blockstellen und leichte Schwallstrekken, darunter eine durch Straßenbauarbeiten am rechten Ufer entstandene Strecke, durchsetzt mit scharfkantigen Blöcken. Speziell Faltbootfahrer sollten sich die kurze Passage genau ansehen.

Bis Millau gibt es noch einige Wehre, die Schlucht weitet sich, und nach Millau lassen eine Reihe von Stauseen eine Weiterfahrt nicht ratsam erscheinen.

Überblick

Allgemeines der Tarn, im Oberlauf ausgesprochen schweres Wildwasser, durchfließt auf beinahe 100 km eine der schönsten, tiefsten und abwechslungsreichsten Schluchten Europas, darunter die berühmten Gorges du Tarn am Nordabhang der Cevennen; relativ warmes, sehr klares Wasser ▪ **Gebirgsfluß** ab St. Enemie ganzjährig fahrbar; **Urlaubsfluß** ▪ **Wassermenge** im Oberlauf ca. 20 cbm/sec, nach Mündung des Tarnon etwa 30 cbm/sec ▪ **Pegel** 100 an der Brücke vor Florac der N 107 über den Tarn ▪ **Start für extreme Fahrer** oberhalb von La Vernède ▪ **Ausbooten** beim Pegel ▪ **Start für den Wildwasserwanderer** in Florac oder beim Pegel ▪ **Flußcharakter im Oberlauf** alpin, hohe Abstürze, riesige Blöcke, mehrere unfahrbare Stellen, alle unübersichtlichen Durchfahrten müssen besichtigt werden; ab La Vernède etwas leichter, aber immer noch schwerstes Wildwasser; trotz großen Zeitaufwands technisch und landschaftlich lohnend ▪ **Gefälle** meist stufenförmig bis zu 50‰, nach unten zunehmende Schwallbildung ▪ **Ufer** abgesehen von der

Bis zu 600 Meter und höher ragen die Steilhänge und Wände des Tarn empor.

Klamm bei Cocurès meistens begehbar ▪ **Vergleichbare Schwierigkeiten** Ardezer Schlucht des Inn (Pegel 70) ▪ **Flußcharakter im Unterlauf** Schwälle, leichte Verblockung ab Le Vignes, zahllose riesige Blöcke, aber leicht, langsame Strecken, Kiesbänke, Prallwände, Kehrwasser, eventuell überhängende Bäume, direkt aus dem Fluß aufragende Felswände ▪ **Gefälle** gering ▪ **Ufer** nicht überall begehbar ▪ **Ausbooten** am besten bei Millau; der restliche Fluß ist stark verschmutzt und durch Stauseen zerstört ▪ **Besondere Gefahren** der absolut unfahrbare Pas de Souci; plötzlich ansteigender Wasserstand bedingt durch Regenfälle ▪ **Vergleichbare Schwierigkeiten** teils wie Entenlochklamm der Tiroler Ache, teils wie der Lech ab Steeg ▪ **Autobegleitung** möglich, Kontaktaufnahme aber oft schwierig durch großen Höhenunterschied ▪ **Boote** am Oberlauf nur Kunststoff-Einer, am Unterlauf Faltboote, stabile Schlauchboote, Kunststoff-Kajaks und -Canadier, offene Canadier ▪ **Übernachtung** Zeltplätze in Molines, an der Mündung des Tarnon; im Touristenzentrum St. Enemie Zimmer und Zeltplätze; nach dem Pas de Soucis Zeltplätze ▪ **Anfahrt** von München über Bregenz, Basel, Besancon, Lyon, Nimes, Alès nach Florac, ca. 1100 km ▪ **Literatur** DKV-Auslandsführer III ▪ **Karten** Carte Touristique 1:100000, Nr. 58 und 59 vom Institut Geographique National; Michelin 1:200000, Nr. 80

Sehenswertes

Florac am Fuße des Rocher de Rochefort (1093 m) die Source du Pêcher
Mont Aigual (1567 m) mit Überblick über das ganze Cevennengebiet
Avend Armand Tropfsteinhöhle
Jonte Nebenfluß des Tarn mit sehenswerter Schlucht
Albi Kathedrale (1282–1390) ▪ Musée Toulouse-Lautrec ▪ Palais de la Berbie
Point Sublime mit Blick in die Tarnschlucht
Ispagnac mit kleiner romanischer Kirche aus dem 12. Jh.
Molines Château de Rocheblave und Chateau de Charbonaieres (beide 16. Jh.)
St. Enemie altertümliches Städtchen ▪ Pas de Souci (Felssturz im Tarn)
Col de Montmirat (1046 m) mit Blick ins Tarntal sowie über die Cevennen bis zum Mont Aigoual
Ales In den Religionskriegen wichtiges Städtchen der Calvinisten ▪ Kathedrale St. Jean, zum Teil noch romanisch
Mialet Grotte de Tabuc, mit 6 km Länge die größte der Cevennen ▪ in der Nähe Musée du Desért

Nur die Winzigkeit eines Kajaks vermittelt eine Vorstellung von Größe und Tiefe der Gorge du Tarn.

BLV Kombi-Bergsteigerbücher

Sepp Schnürer

Klettersteige Dolomiten – Brenta

Klettersteige, ein neues Bergerlebnis! Sepp Schnürer vermittelt in diesem Kombi-Bergsteigerbuch eine aktuelle, genaue Kenntnis der Klettersteige in den Westlichen und Östlichen Dolomiten sowie der Brenta. Neben der präzisen Beschreibung informiert das Buch über die Technik und Gefahren des Klettersteiggehens und gibt Anleitung für die richtige Ausrüstung und Verhaltensweise.

158 Seiten + 70 Seiten Begleitheft, 105 Farbfotos, 40 Tourenskizzen

Sepp Schnürer

Bergsteigen in Südtirol

Band 1

Zwischen Bozen und Sexten

Südtirol ist ein Bergsteigerparadies! Sepp Schnürer beschreibt für Bergsteiger und Wanderer die interessantesten und lohnendsten Touren im Tuxer Kamm und Zillertaler Hauptkamm, den Pfunderer Bergen, der Rieserferner-Gruppe, in den Sextener und Pragser Dolomiten, in der Kreuzkofel-Fanes-Gruppe, Geisler-Puez-Gruppe, in der Sella, am Langkofel, Schlern, Rosengarten, Latemar und in den Eggentaler Bergen. 56 Tourenvorschläge führen auf Normalrouten und Wanderpfaden zu 25 Dreitausendern und 56 Zweitausendern.

160 Seiten, 111 Farbfotos, 26 Tourenskizzen

Erscheint im Juli 1981

Sepp Schnürer

Bergsteigen in Südtirol

Band 2

Zwischen Bozen und Reschenpaß

In 75 Tourenvorschlägen führt Sepp Schnürer zu 50 Dreitausendern und 35 Zweitausendern in der Sesvenna-Gruppe, im Ötztaler Hauptkamm, den südwestlichen Ötztaler Alpen, der Texel-Gruppe, im Stubaier Hauptkamm, den südlichen Stubaier Alpen, den Sarntaler-Alpen, im Mendelkamm und in der Ortler-Gruppe. Beide Bände sind ein umfassendes Gesamtwerk, „Handbücher“ für jeden Bergsteiger und Wanderer in Südtirol!